T0148110

Printed in the United States
By Bookmasters

الإشراف التربـوي

لتعليم أفضل

الإشراف التربوي

لتعليم أفضل

الدكتورة أوجيني مدانات

المربية برزة كمال

مجدلاوي

عمان - الأردن

الطبعة الأولى

1423 هـ - 2002 م

رقم الإيداع لدى دائرة المكتبة الوطنية (1402 / 6 / 2002)
رقم الإجازة المتسلسل لدى دائرة المطبوعات والنشر (1329 / 6 / 2002)

371.2

مدا مدانات ، أوجيني

الإشراف التربوي لتعليم أفضل / أوجيني مدانات ، برزة كمال.-

عمان : دار مجدلاوي ، 2002 .

( ) ص

ر. إ. : 1402 / 6 / 2002

الواصفات : / التنمية التربوية // الأنظمة التربوية// التعلم / التعليم

* - تم اعداد بيانات الفهرسة الأولية من قبل دائرة المكتبة الوطنية

(ردمك) ISBN 9957 - 02 - 090 - 0

مجدلاوي

عمان - الرمز البريدي: 11118 - الأردن
ص.ب: 184257 - تلفاكس: 4611606

المحتويات

الإهـــداء

إلى أخي وصديقي ورفيق دربي

إلى من وقف إلى جانبي زمن الشدة والرخاء

إلى من شد من أزري في صحتي ومرضي

إلى من أخذ بيدي وأوصلني إلى ما تصبو إليه نفسي

إلى الشقيق الغالي جورج وزوجته الغالية مها

أهدي كتابي هذا

المؤلفة

د. أوجيني مدانات

إلى مـن أنجبتنـي بـلا صـخب أو ضجيج

إلى من أرضعتني لبن الحب والوفاء والانتماء

إلى من ربتنـي عـلى القيم والمثـل والأخلاق

إلى أمي الحبيبة ..

أهدي كتابي هذا

المؤلفة

برزة كمال

بسم الـلـه الرحمن الرحيم

المقدمـــة

الأشراف التربوي

عمليـة الإشراف التربـوي مـن العمليـات المهمـة جـداً في النظـام التربـوي وخصوصـاً في عمليتي التعلم والتعليم التي تعني التواصل الفعّال بين أربعة أطراف حساسة وأساسـية وهـي المشرف والمعلم والمدير والطالب وإذا كانـت العلاقـة بـين المعلـم والطالـب والمشرـف والمعلـم والطالب والمدير علاقة وثيقة متينة تعمل للصالح العام في ثقة متبادلـة بـين الأطـراف الأربعـة جميعها يتحقق تعليم وتعلم على مستوى تكون نتائجه أفواج الخريجين الـذين يعملـون بكـل جهد وجد لخدمة الوطن والمواطنين.

عمل المشرف التربوي يقوم أساساً على مساعدة المعلمين في تحسـين التـدريس وتطـوير المنهاج ووضع الكتب المقررة التي تفي بالغرض الذي يتوخـاه كـل محـب لبلـده. وإذا لم يكـن هناك علاقة صادقة وصريحة بين قطبي التعليم : المعلم والمشرف فلن تقـوم للعمليـة التربويـة التعليمية التعلمية قائمة ..

احتوت هذه الطبعة الجديدة المنقحة على أحد عشرـ فصـلاً ، تطرقنـا فيهـا إلى مفهـوم الإشراف التربوي وكيف تطور في مراحله ابتـداء مـن حركـة الإدارة العلميـة وانتهـاء بالسـنوات العشر الأخيرة من القرن الماضي ، كما أشرنا بشكل مسـهب إلى وظـائف الإشراف التربـوي الـذي يعمل بكل جد واهتمام في مساعدة الميدان من جميع جوانبه .

لم يقتصر العمل على هذا بل تطرق إلى عمل المشرف الجديد وأهم وظائفه كما ألقينا نظرة نهائية على مستقبل الإشراف التربوي.

إننا إذ نضع بين أيدي القراء المهتمين بهذا المجال هذه الطبعة الجديدة لنرجو أن يجدوا فيها ما يتمنون من علم وفائدة، وجلّ من لا يسهو.

المؤلفتان

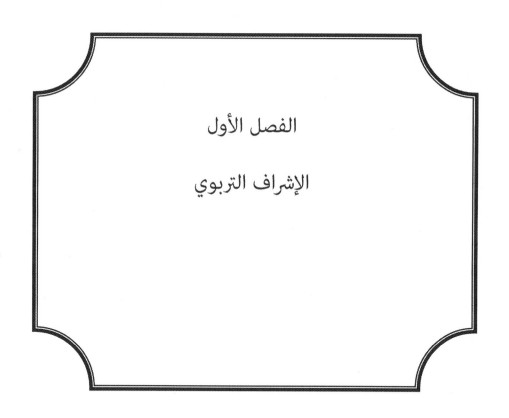

الفصل الأول

الإشراف التربوي

الفصل الأول

الإشراف التربوي

للإشراف معان عديدة مختلفة يترجمها كل فرد حسب خبراته القديمة وحاجاته وأهدافه. فيمكن أن يعتبرها المشرف قوة إيجابية لتحسين البرنامج، ويمكن أن يراها المعلم تهديداً لفرديته كما يمكن أن يراها معلم آخر مصدراً للمساعدة والدعم.

ويختلف شعور المعلمين كذلك نحو الإشراف لطرقه العديدة التي عرفها المشرفون وترجمت أدوارهم. وخلال نصف القرن الماضي كان الإشراف في دور التطور السريع، فحين يتبنى مشرف فلسفة معينة ويستعمل إجراءات متناقضة تماماً مع فلسفة مشرف آخر فإن أي معلم بخبرات سنين عديدة يكون قد واجه أنواعاً عديدة من المشرفين.

وفي الماضي كان الإشراف نشاطاً مباشراً موجها، ففي سنة 1910-1920 وجهت الكتابة في مجال الإشراف الناس مباشرة ماذا يفعلون، وبعدها أوصت بالتحري الدقيق عما أنجز من هذا التوجيه.

وفي سنة 1930 أكد الإشراف على التعامل الديمقراطي لأن الإشراف الديمقراطي يعني نوعاً من الممارسة التعاونية حيث يعامل المعلمون بلطف ويدربون من قبل المشرفين.

وفي سنة 1940 وصف الكتّاب الإشراف بأنه عمل تعاوني لأنهم رأوا جميع الأفراد في نظام مدرسي يوجه بعضهم بعضاً وبهذا يمكن أن يستبدل كلمة الإشراف بمساعدة الفرد للآخر .. يساعد ويوجه ويخطط أو يتحدث إليه عن كيفية تحسين وضع التعليم والتعلم، ويكون عمل الفرد الذي عين مشرفا أن يسهل عملية الإشراف

بين الأفراد أنفسهم واستمرت هذه الإجراءات حتى سنة 1957 (سبوتنك)[1].

ومن جراء ذلك اهتم المعنيون في الولايات المتحدة بتحسين نوعية التعليم وخصوصاً الرياضيات والعلوم واللغات الأجنبية، وطوّرت مشاريع كبيرة في المناهج المذكورة سابقاً واسند للمشرفين وظيفة تحسين البرامج التعليمية، وقد أدرك البعض أن هذا العمل هو إقناع المعلمين بتبني برنامج لتطوير المعلومات والمهارات الضرورية لتنفيذه.

وخلال سنة 1970 أصبح دور المشرف أكثر تشويشاً، وقد رأى المشرفون الموكول اليهم مهمة محددة رأوا أنفسهم موجهين إلى التغيير، وكان هذا هدفهم الرئيس في استراتيجية الإشراف، على حين رأى مشرفون آخرون أنفسهم مهنيين مساعدين لحل مشاكل التعليم والمنهاج واستمروا بالعمل للتحسين في طريقة صنع القرار والمشاركة في التغيير المنهجي ومن هنا ظهر اضطراب معنى الإشراف في أذهان المعلمين لأنهم واجهوا أساليب عديدة عند المشرفين الذين عرفوهم.

مفهوم السلوك الإشرافي التربوي :

يستمر سلوك الإشراف لمؤسسات التعليم العامة في التطوير استجابة لقوى النظام التربوي المتنوعة الداخلية والخارجية.

وتشمل القوى الخارجية تطوير المعرفة والعلوم والتكنولوجيا، والمعرفة الناتجة من العلوم السلوكية والعلوم الاجتماعية والنظرية التنظيمية والتخصص ومتطلبات التغيير التربوي.

وتشمل القوى الداخلية تأهيل المعلمين ورفع مستوى التخصص وتطبيق التطورات التكنولوجية وتنظيم التركيب التنظيمي وتطوير المنهاج والتأكيد على الأهداف السلوكية والإسراع في التغيير التنظيمي.

---

[1] سنة 1957 اطلق الاتحاد السوفيتي اول مركبة فضاء.

ومن الواضح أن السلوك الإشرافي يتواجد في النظام التربوي وهو في تغيير مستمر نتيجة لمجموعة العوامل المعقدة المتداخلة في ذلك النظام. إن السؤال الذي يطرح نفسه ليس هو إذا كان هناك سلوك إشرافي؟ ولكن السؤال ما إذا كان الفرد يستطيع أن يضبط طبيعة هذا السلوك في طريقة ما كأن يزيد في إمكانية تسهيلات وظيفة تعلم الطالب في اتجاهات محددة ومعينة؟

وحتى نستطيع أن نصل إلى هذا المفهوم علينا أن نطّور نظاماً من المفاهيم يستطيع أن يخدم كإطار تصوري لتصور ظاهرة سلوك الإشراف التربوي، وهذا الإطار من الضروري ألا يوفر فقط تعريفاً محكماً لسلوك الإشراف التربوي ولكن عليه أن يقدم مفهوماً لمجموعة كلية من السلوك المرتقب، وهذا يجب أن يعطي اتجاهاً لأصل طبيعة السلوك الإشرافي التربوي وهدفه ووظيفته بالإضافة إلى بعض مفاتيح الحل لنتائج محتملة لهذا النظام السلوكي المعين.

يجب أن يوفر كل تنظيم تربوي أنظمة سلوكية منوعة لها وظائف عامة لتسهيل تحقيق الأهداف التنظيمية وصيانة المؤسسة كما ويجب أن تشمل الأنظمة السلوكية في المؤسسة التربوية على نظام السلوك الإداري، نظام السلوك التعليمي ، نظام السلوك التوجيهي، نظام السلوك الإشرافي التربوي .. ومن الممكن أن يساعد الشكل رقم (1) في توضيح المفهوم.

تشير الخطوط المتقطعة إلى أن شكل المنظمة التربوية نظام مفتوح وأن أنظمة السلوك الفرعية مفتوحة أيضاً ومتفاعلة مع بعضها البعض كنظام كلّي.

وكل الأنظمة الفرعية لها وظائف محددة ومن المفروض أن تساهم في صيانة التنظيم وتحقيق أهدافه، ويتطلب تحقيق هذه الوظائف إنجاز أعمال معينة ونشاطات محددة مرتكزة على جسم من التشكيلات النظرية والنتائج العملية التجريبية. وهذا هو الأساس التطوير المهارات الفنية الملائمة وتطبيقها على أسس مهنية، ولكي نطور هذا الأساس النظري لنظام السلوك الإشرافي التربوي علينا أن نحدد وظائف هذا النظام.

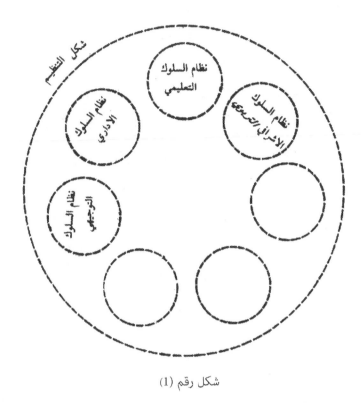

شكل رقم (1)

أنظمة سلوك التنظيم التربوي

ولاستيعاب نظام السلوك الإشرافي التربوي علينا أن نعتبره سلوكاً رسمياً حددته المؤسسة بهدف التأثير على النظام الفرعي للسلوك التعليمي بطريقة ما، وذلك لتسهيل تحقيق أهداف أنظمة المعلم والطالب.(Lovell، 1967)

ويمكن تحقيق ذلك إما عن طريق التأثير على المعلم الذي يؤثر بدوره على تحقيق الأهداف في أنظمة المعلم والطالب، وإما بالتأثير مباشرة على نظام المعلم والطالب، ومن المؤمل أن يتضح هذا في الشكل رقم (2)(Lovell، 1967)

ومن الواضح من الشكل التصوري أن المؤسسة التربوية نظام فرعي من نظام المجتمع وان المدخلات التي وفرها المجتمع تشمل أهداف تعلم الطلاب وأنظمة الدعم المادي ومعايير سلوك المعلمين والطلاب وسلوكاتهم مع الآخرين.

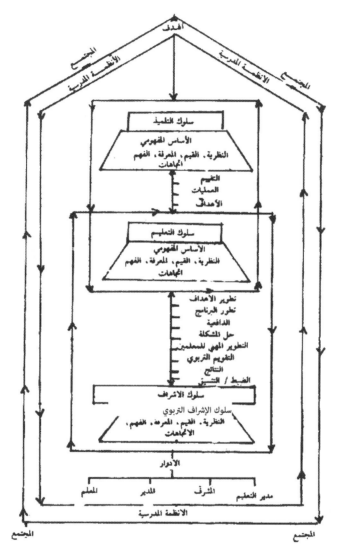

شكل رقم (2)

السلوك الإشرافي التربوي : الإطار التصوري

أسس هذا الشكل على الأعمال الأولى لـ(John Lovell، 1967) .

إن تعلم الطالب هو جوهر عمل المدرسة، وحتى تتحقق أهداف نتائج تعلم الطلاب المحددة وفرت المؤسسات التربوية سلوكات تعليم وأنظمة فرعية لها.

إن الفرد المعين رسمياً يعمل مع طالب أو أكثر لتحقيق نتائج تعلم معينة تشمل نظام سلوك المعلم والطالب، وحين يقوم بهذا العمل مدير تعليم، مدير مدرسة ، مشرف أو معلم فإنه يكون مشاركا في نظام سلوك التعليم، ووظيفة هذا النظام أن يخطط ليحقق الفرص المترابطة للطلاب التي يفترض فيها أن تنتج نتائج تعلم معينة، كما افترض أن تتنبأ بالتعلم الذي نحتاجه والفرص الكفيلة بتحقيقه، ولذا فإن توفر الأنشطة ضروري لتطوير الهدف ولتطوير الترابط في نظام سلوك الطالب / المعلم.

وقد أشار السلوك الإشرافي التربوي إلى نظام سلوك إضافي وفرته المؤسسة التربوية لغرض التفاعل مع نظام سلوك التعليم بطريقة ما ليحافظ ويغير ويحسن ويوفر فرص التعلم ويحققها للطالب. إن المشرف التربوي يعمل على أساس مفهومه المميز كي ينجز أعمالاً معينة من خلال عمليات ونشاطات متنوعة.

ومن هذا المفهوم فإن السلوك الإشرافي التربوي يمكن أن يكون مجالا لأدوار عديدة في المؤسسة التربوية، فمدير التعليم المؤهل ذو الكفاءة المختصة في تدريس القراءة يعمل مع مجموعة من معلمي المراحل الصفوف الدنيا لتقييم برنامج قراءة مقترح كما يمكن أن يشارك في السلوك الإشرافي التربوي ، والمعلم المعين من قبل الإدارة ليرأس لجنة تخطيط المنهاج يمكن أن يشارك في السلوك الإشرافي التربوي لإنجاز هذا العمل (تخطيط المنهاج) ومن الواضح أن السبب الأساسي لحرص المؤسسات على توفير السلوك الإشرافي التربوي هو تحسين عملية تعليم الطلاب. ومن الواضح أيضاً على أن التركيز والتعزيز لنظام السلوك هذا هو الرغبة في ان يتفاعل مع نظام سلوك التعليم بطريقة ما لتحسين إمكانية تعريف وتخطيط وتوفير فرص معينة يتفاعل معها الطلاب لتحقيق نتائج التعلم المتوخاة.

إن تعريف الإشراف التربوي بهذه الطريقة يعطى اتجاها لتشكيل وظائف محددة للسلوك الإشرافي التربوي .

وظائف السلوك الإشرافي التربوي :

هل من الضروري للمؤسسة التربوية أن يتوفر بها نظام السلوك الإشرافي التربوي؟

جوهر وجود المؤسسة هو نظام السلوك الإشرافي التربوي الذي عليه أن يوفر فرص التفاعل والتعاون والمشاركة بين المشرفين التربـويين وبـين هيئـات التـدريس والطـلاب كي يحقـق الأهـداف التربوية المتوخاة بعد أن يحدد الوظائف الأساسية لنظام ذلك السلوك والتي سنوردها فيما يلي:

1- تطوير الأهداف.

2- تطوير البرنامج .

3-الضبط والتنسيق.

4- الدافعية

5- حل المشكلات

6-التطوير المهني.

7- تقييم النتائج التربوية

1- تطوير الأهداف:

إن النظام التربوي نظام فرعي من المجتمع، وعلى المجتمع أن يمده بالمصادر الإنسانية وغير الإنسانية، ويتوقع من المدرسة أن تحقق أهدافاً معينة تتجاوب مع أهداف المجتمع، وبما أن المجتمع في تغيير مستمر لذا يجب أن تتغير توقعات الأهداف التربوية طبقاً لهذا التغيير، ومن الضروري أن تتجاوب المؤسسات التربوية مع التغييرات المتوقعة من خلال نظام السلوك الإشرافي التربـوي حتـى يتمكن المعلمون والمشرفون التربويون من تدقيق وتقييم وتغيـير أهـداف أنظمـة سـلوك المعلـم / الطالب.

وتعريف السلوك الإشرافي التربوي هو تسهيل الجهـد التعـاوني بـين المعلمـين والمشرفين في تطوير الأهداف.

2- تطوير البرنامج وتحقيقه:

إن تطوير أهداف سلوك المعلم / الطالب هو الأساس المنطقي لتحقيق وتطوير البرنامج وعلى البرنامج أن يوفر فرص التفاعل المتوخاة للطلاب، كما أن مسؤولية تخطيط وتحقيق برامج مجموعة معينة من الطلاب تعتمد على فريق من المعلمين المختصين، كما أن وظيفة الإشراف التربوي هو توفير الدعم التكنولوجي لنظام سلوك التعليم في شكل خدمات واستشارات ومبادرة وتنسيق كجزء من هذه النشاطات التي تعمل على تطوير البرنامج.

3- الضبط والتنسيق:

إن تحقيق أهداف المؤسسات التربوية يتم بفعالية معينة من خلال تشكيل أقسام مختصة معينة مترابطة أكثر مما يتحقق عن طريق تشكيل أقسام منفصلة، لهذا نرى أن هيئة التدريس تتألف من أفراد ذوي تخصصات وكفاءات عالية موزعة على وحدات تعليمية لها أهدافها الخاصة تعمل على تحقيقها إضافة إلى مساهمتها في تحقيق الأهداف العامة للمؤسسات التربوية.

ولذلك لا تستطيع كل وحدة تعليم معينة أن تعمل باستقلالية ولكن عليها أن تعمل بتناسق مع باقي نظام وحدات التعليم الأخرى.

وتهتم المؤسسة التربوية بتنسيق سلوك المعلم بطريقة فعالة لتعزز تحقيق أهداف نظام المعلم / الطالب، ويتطلب هذا التنسيق نظاماً شاملاً من الاتصالات بين مختلف الوحدات لتؤكد على إدراك كل وحدة بإسهامات وتوقعات الوحدات الأخرى.

ويحتاج المعلمون والمشرفون إلى المشاركة في تطوير أهداف هذا النظام وذلك للاستفادة من خبراتهم في تعزيز وتحقيق الأهداف العامة. وإذا ألمّ المعلمون والمشرفون بما يجري فانهم يرغبون في تبادل الآراء والخبرات لتوفير التنسيق المستمر في نظام سلوك المعلم / الطالب الذي سيوفر مناخاً تربوياً ملائماً لنمو التنسيق المقترح في السلوك الإشرافي التربوي .

4- الدافعية:

لقد وضح بارنارد الفكرة القائلة بأن رغبة أعضاء المؤسسة هي العمل على تحقيق الأهداف المؤسسية التي تعتبر الصفة الضرورية لها بشكل عام. ولذا يجب أن يتوفر هذا الواقع في المؤسسات التربوية لإنجاز عملها الأساسي من خلال أنظمة السلوك التعليمي، ويتم هذا الإنجاز من قبل هيئة تدريسية ذات دافعية عالية ويتوقع من المؤسسات التربوية تسهيل عملية تعلم الطالب في اتجاهات معينة. وعلى ذلك فإن نظام السلوك الإشرافي التربوي مطالب بالتفاعل مع نظام السلوك التعليمي ليكونا معاً نتاجاً واحداً يعزز الدافعية لكل من المعلمين والمشرفين للعمل سوية على تحقيق أهداف المؤسسة وأهداف الفرد.

5- حل المشكلات:

من الممكن أن نعّرف التعليم بأنه تلك العملية التي تتم من خلال أفراد معينين (المعلمين) عينوا رسمياً لتوفير مناخات تعليمية لأفراد آخرين (الطلاب)، وان التفاعل الذي يتم فيما بينهما من خلال هذه المناخات سينتج نتاجات تعلمية معينة للمتعلمين، وهكذا فالتعليم يتطلب عملية ثابتة لاختبار العلاقات بين نتاجات المتعلم المتنبأ بها ونتاجات ارتباطات التعليم والتعلم الحقيقي، ولكن إن حدث الفشل في تحقيق فرص الارتباط المرغوب بها أو في نتاجات التعلم تطلب تأكيدات وتوضيحات أو تفسيرات ومحاولات جديدة لأفكار جديدة. وهكذا يصبح حل المشكلات التعليمية محور التركيز لتحسين عمليتي التعليم والتعلم في المؤسسة التربوية، وعلى المؤسسة إذن تحديد أهدافها وتوفير مناخات ملائمة لتحقيقها وإجراءات شاملة للحصول على تغذية راجعة كفعالية لتحقيق الهدف. وعليه فإن تسهيل حل المشكلات التعلمية في أنظمة سلوك المعلم والطالب يجب أن تكون المحور الوظيفي للسلوك الإشرافي التربوي .

6- التطوير المهني

يجب أن يكون المعلمون في المؤسسات التربوية على مستوى عال من التطوير

والتخصص المهني لأنهم تلقوا تدريباً وإعداداً يتناسب مع كفاءتهم العقلية والفنية ومهاراتهم الإنسانية، وبما أن المجتمع يتوقع من التربية أن تستمر في التغيير لتواكب عصر التطور، وهذا بطبيعة الحال يتطلب تغييراً مستمراً في المعلمين، إن تعقيدات التربية مستمرة وتتطلب تخصصات أكبر وأوسع وهذا يستدعي إحداث التغيير والتطوير في كفاءة وتخصص المعلمين، لقد تضمنت تطورات التكنولوجيا ودراسة العلوم السلوكية وتطورات المنهاج تطبيقات في السلوك التعليمي، ولذا وجب على المعلمين أن يجدوا الفرص دوماً للتعلم والتطور كمهنيين وهذا بالطبع وظيفة السلوك الإشرافي التربوي لتوفير المبادأة الضرورية والتنسيق والدعم.

7- تقييم النتائج التربوية

من المفروض أن المؤسسات التربوية هي أنظمة فرعية في المجتمع، لذا يحدد المجتمع توقعات معينة وعلى النظام الفرعي التربوي أن يوفرها لتحقيق حاجات تربوية متوخاة، ولذا كان على المؤسسة التربوية والمجتمع أن يدركا البعد الذي تتحقق فيه الحاجات التربوية المعينة التي تتم من خلال العملية التقييمية الواجبة على أنظمة سلوك المعلم والطالب إنجازها، وليس بالإمكان تحقيق الأهداف التربوية المرجوة إلا بالتعاون والتفاعل المباشر مع السلوك الإشرافي التربوي الذي تمثل إحدى وظائفه توفير المناخ المناسب لتقييم نتاجات أنظمة المعلم والطالب.

صفات خاصة بالسلوك الإشرافي:

إن تحديد وظائف الإشراف التربوي يثير عدة أسئلة تتعلق بالسمات الخاصة بهذا النظام منها:

1- هل الإشراف التربوي يخطط، ويغير، ويطلق الطاقات البشرية الكامنة، ويضبط السلوك الإنساني، وينظم، ويراقب، ويضبط النوعية، ويطّور الأهداف التعلميّة، ويوفر الدعم النفسي-والفني، ويتطلب سلوكاً مرناً يضبط نظام مكافآت المعلمين، ويخطط المنهاج، ويقيم نتاجات تعلم الطلاب ويوفر قيادة تعليمية؟

2- ما هو أساس طبيعة القوة التي ينبع منها عمل الإشراف التربوي ؟ وهل

المؤسسة التربوية توفر سلطة تشريعية للدور الذي يقوم به؟ أو هل يعتمد المشرف التربوي على قوة الإقناع فقط؟

3- ما هي الأدوار التي يجب أن توفرها المؤسسة التربوية وكيف تحددها؟ وما هي مسمياتها المناسبة ؟ وهل المسميات - مثل المدير ، المشرف ، مساعد مدير التربية للشؤون التعليمية، مساعد معلم، مدير مناهج - لها أهمية محلية أو عالمية؟ وإذا كانت لهذه الأدوار أهمية عالمية فما هي هذه الأهمية ومن يستطيع تحديدها ؟ وإذا لم تكن كذلك فالسؤال الذي يطرح نفسه لتحديد الدور يجب أن يتعلق فقط بالمستوى المحلي.

4- ما طبيعة تفاعل المشرف مع نظام السلوك التعليمي؟ هل المعلمون مستقلون؟ أو هل يتدخل المشرف التربوي فقط حين يطلب المعلمون إليه ذلك؟ أو هل يعقد المشرف التربوي لقاءات مع المعلمين أو يقوم بزيارات صفية منتظمة؟ وما هدف هذه الزيارات؟ هل على المشرف التربوي أن يعمل مع المعلمين فرادى أو مجموعات أو مع كليهما؟

5- هل يصمم المشرف التربوي ويخطط للتغييرات والخبرات التربوية ويستعمل نظام السلوك التعليمي لتنفيذ الخطة أو هل يخطط المعلمون التغييرات الخاصة بهم ويستعملون نظام السلوك الإشرافي التربوي كدعم لتحقيق الذات؟ أو هل يشرك المشرفون المعلمين في عملية التقييم المستمر والتركيز على التقييم الذاتي - لغرض تخطيط وتحقيق التغييرات التربوية؟

6- ان التفاعل المبذول وتأثير نظام السلوك التعليمي يشير إلى حاجة ماسة للتواصل الفعال والقيادة الفعالة والعلاقات الإنسانية الإيجابية التي تقوم على عمل الفريق ، فهل هناك معرفة مبنية على النظرية ونتائج البحث يمكن استعمالها لتحسين التطبيق المهني؟

7- هل فعالية وملاءمة نظام التفاعل الإشرافي هي جزء من توقعات المعلمين، وطبيعة الوضع، والأساس الإدراكي لعمل المشرف وتوقعات المؤسسة التربوية؟

إن الإجابة على تلك الأسئلة تشير إلى جزء من وظائف الإشراف التربوي، والذي تجدر الإشارة إليه أن هناك عوامل عديدة تستحق المناقشة باعتبارها محددات مهمة لملاءمة وفعالية نظام السلوك الإشرافي التربوي ، وتفسيرا للمحددات نقول:

يقوم المعلمون بأعمالهم في المؤسسة التربوية باعتبارهم أشخاصاً فنين قادرين على تنفيذ أعمال خاصة ومحددة، وفي الوقت نفسه هم أداة طيعة لعمل الإدارة، ويستجيبون لنظام مكافآت المؤسسة التربوية، وان لهذا النوع من المعلمين تضمينات مهمة لتحديد السمات الأساسية الخاصة بنظام السلوك الإشرافي التربوي، كما يعتبر المعلمون أيضاً أشخاصاً مهنيين أكفاء مختصين قادرين على خلق الاستجابات الفعالة لظهور أية حالة، وحلالين للمشاكل بطريقة ذاتية ، أو صانعي قرار بطريقة تتلاءم وفعالية نظام السلوك الإشرافي التربوي .

ومن تحديدات الإشراف التربوي أيضاً أن النظام المؤسسي يبحث عن التأثير في نظام سلوك المعلم والطالب وهكذا فإن طبيعة التعليم والتعلم لها تضمينات في طبيعة الإشراف منها:

من يحدد أهداف أنظمة المعلم والطالب؟ ومن يخطط فرص تفاعل الطلاب؟ ومن هو المسؤول عن تحقيق فرص التفاعل ونتائجها؟

هناك اعتبارات مهمة في تطوير السلوك الإشرافي التربوي المناسب ويحدث السلوك التعليمي عادة من خلال تطبيقات النظام المدرسي، وبما أن مهمة الإشراف هي التأثير في السلوك التعليمي فإنه يتطلب التفاعل المباشر وغير المباشر في نظام السلوك الاجتماعي التعليمي . وقد وصفت الأنظمة الاجتماعية بالخصائص التالية:

كثرة المشاكل الداخلية والتوتر، المواقف الدفاعية، الانفتاح، التوازن، عدم التوازن، التغذية الراجعة وحل المشكلات.

إن تأثير التفاعل وعدمه يعتمد جزئياً على طبيعة النظام الاجتماعي حيث يحدث السلوك التعليمي، وتظهر السلوكات التعليمية والسلوك الإشرافي ضمن بناء أية مؤسسة، وكما هو معلوم فإن للمؤسسات أهدافاً ولأعضاء المؤسسة أدواراً ، وللأدوار توقعات.

هذا وتعتبر العوامل الأربعة التالية ملامح مميزة للسلوك الإشرافي في المؤسسات التربوية:

1- العوامل المتعلقة بالمعلمين.

2- العوامل المتعلقة بطبيعة التعلم والتعليم

3- العوامل المتعلقة بطبيعة النظام الاجتماعي في المؤسسة التربوية.

4- العوامل المتعلقة ببناء المؤسسات التربوية

وسنتناول فيما يلي كل عامل منها بالشرح والتفصيل .

1- العوامل المتعلقة بالمعلمين

لقد تميزت المؤسسات التربوية في الواقع بالمستوى العالي لمعلميها في الإعداد والتخصص، فنمو أعداد الطلبة وتفتح آفاق المعرفة الجديدة المتعلقة بالتعليم والتعلم والتطور التكنولوجي السريع وتوسع حاجات الأفراد التربوية في المجتمع ، هذه كلها قد أسهمت في تحسين إعداد المعلمين وكفاءتهم.

إن الاعتراف بالمعلم وتقبله كفرد مهني كفء يجعل السلوك الإشرافي التقليدي مثيراً للتساؤل من حيث مراقبة وتوجيه تفاعل نشاطات المتعلمين وتحمل مسؤولية تحقيق تفاعلات التعلم، ان تعقيدات المؤسسة التربوية تتطلب أساساً عريضاً من السلوك التخصصي- لكثير من المعلمين كي لا يكون الإشراف بواسطة الإدارة العامة المبني على الخبرة فقط مستحيلا.

وعلى المعلم أن يستفيد الكثير من المهارات في التخصصات المختلفة مثل تمكنه من مادة الدرس وقدرته على تشخيص حالات الطلاب ، وإلمامه بأساليب التدريس باستشارة أشخاص مرجعيين في المجالات الآنفة لتقديم المساعدة والعون وقت الحاجة، كما يجب ألا يغيب عن الأذهان أن طريقة حبك عناصر الوضع التعليمي في نموذج فعال لإتاحة فرص تعلم جماعة معينة من الطلاب تتطلب استجابة فعالة من معلم مهني متخصص.

إن المعلمين بشر لهم قيمتهم وكرامتهم التي يجب أن تؤخذ بعين الاعتبار، فمثلا كيف يشعرون وبماذا يفكرون وما الذي يحتاجون إليه أمر على قدر كبير من الأهمية، ليس بارتباطه بتحقيق الأهداف المؤسسية فقط بل باعتبارهم بشراً أولا ثم معلمين. أن التقبل المنطقي لقيمة المعلم وكرامته تحتم على السلوك الإشرافي التربوي وضع النواحي السيكولوجية والفيزيولوجية للمعلمين موضع الاهتمام بالإضافة لفعاليتهم كمساهمين في إنجاز عمل المؤسسة.

إن الاعتراف بكفاءة المعلمين وتخصصهم يجب أن يكون أساس السلوك الإشرافي التربوي الذي يفتح المجال أمام المعلمين للاشتراك في تطوير المنهاج ووضع أطر سياسة النشاطات بتبادل المساعدة فيما بينهم كمعلمين وتبادل المساعدات بينهم وبين المهنيين الآخرين في المؤسسة التربوية، وبذلك تفتح أبواب الصفوف لتفاعل المعلمين بعضهم مع بعض بالإضافة إلى تفاعلهم مع هيئة الإشراف.

إن إمكانية تأثير التفاعل الشخصي والنمو الإنساني يمكن أن يعزز إسهامات المشرف لانجاح هذا التفاعل من وضعه الاستراتيجي . ومن أمثلة هذه النشاطات التي تسهم في إنجاح التفاعل: التخطيط المشترك والتعليم المشترك والتقييم المشترك وزيارة المعلم للمعلم وتوضيح أسس التعلم.

من الضروري أن تستفيد المؤسسات التربوية من مهارة وكفاءة كامل الهيئة (معلمين ومشرفين) كي تستمر في عملية حل المشكلات وتطوير البحث وتشكيل سياساتها وصنع قراراتها.

2- العوامل المتعلقة بطبيعة التعلم والتعليم:

إن التعلم هو تحديد الهدف وتطوير عمليات تحقيقه وتقييمها ، وأن مجال تحديد الهدف أمر صعب إذ يتطلب توفير مناخات لتطوير فرص تفاعل الطلاب بالإضافة إلى توفير أساس لتقييم فعالية النظام الفرعي للسلوك التعليمي . إن مصدر وتشكيل أهداف التعليم تتطلب إجابة عن الأسئلة التالية : من وضعها؟ وكيف؟

هذه الأسئلة كانت وما تزال مسائل ملحة في التربية . وكما نعلم أن المؤسسة

التربوية هي نظام فرعي من المجتمع، وأن للمجتمع توقعات للنتائج التعليمية التي تعتبر العامل المهم في تشكيل الأهداف.

وبما أن المعلم لا يستطيع أن يعمل كوكيل مستقل في عملية تحديد الأهداف لذا كان على العملية التربوية أن تنسق وتضبط حتى تؤكد أن كل وحدة تعليمية تسهم إسهاماً فعالاً في الخبرة التربوية لكل طالب. ويتطلب نظام السلوك الإشرافي التربوي سلطة وامتيازا ومصادر كي تعمل مع المعلمين في جهد مستمر لتطوير وإنجاز وتقييم أهداف أنظمة المعلم والطالب لتنسجم مع أهداف الأنظمة المدرسية وتتفق مع أنظمة المعلم والطالب.

وبما أن المعلمين أعضاء مهنيين أكفاء لذا وجب أن يستمتعوا بسلطة ومصادر ليطوروا ويحققوا فرص تفاعل مهمة وملائمة للطلاب وهم في الوقت نفسه مسؤولون عن نتاجاتهم التربوية.

لا يفترض في المعلمين أن يختصوا في جميع مجالات المعرفة التي لها تطبيقات في التعلم لأن محتوى التعليم قد اشتق من مجال أو أكثر من مجالات البحث والاستفسار التي تعتبر حالة امتداد سريع لمجالات المعرفة، ويحتاج المعلمون للمساعدة من ذوي الاختصاص والكفاءة والمصادر ليحافظوا علي التطوير في هذه المجالات، كما يحتاجون إلى مساعدة المعلمين ذوي الاختصاص لأن هناك تطورات مهمة في مجال التكنولوجيا التربوية والبحث والتقييم والمنهاج والعلوم السلوكية لها تضمينات هامة لتزويد المعلم بفرص التفاعل، لذا وجب على نظام السلوك الإشرافي التربوي أن يساعد المعلمين على جني الفائدة من هذه التطورات.

يجب أن تتداخل عملية التنسيق كي تكشف عن نظام سلوك المعلم والطالب الذي يعني مشاركة المعلمين في عملية التخطيط والتعليم والتقييم، وهذه النشاطات تتطلب تطويراً تعاونيا وتنفيذا للتجديدات التربوية كي يسهل على المعلمين تنفيذها لمشاركتهم في إيجاد فرص التعاون للطلاب، والأهم من ذلك أن عملية التنسيق عملية تعلم مستمرة بين فرد آخر، فالإثارة والنشاط والتعاون وتقييم هذه

النشاطات جميعها هي المجال المهم في الإشراف التربوي.

بما أن تطوير الهدف وتقييمه لا يترك للمعلم منفرداً، لذا كان على المؤسسة أن تطور إجراءات تنظيمية لتحديد فعالية نظام المعلم والطالب طبقاً لإسهامها في تحقيق الأهداف المدرسية، ومن المفروض أن يكون هذا المجال المهم للنظام السلوكي الإشرافي التربوي ، كما يجب أن يكون للمعلمين مصدر مستمرا للتغذية الراجعة يتناسب مع فعالياتهم في تحقيق النتاجات المرجوة، لأن الهدف ليس تقييم المعلم فحسب بل تزويد المعلمين بالمعلومات التي تساعد على توفير فرص التفاعل للطلاب التي من الممكن وصفها وتحليلها وتغيير تقييمها أو إبدالها ببدائل مناسبة.

طبيعة النظام الاجتماعي في المؤسسة التربوية الذي يتم من خلاله نظام السلوك الإشرافي التربوي:

يحدث السلوك التعليمي في سياق النظام الاجتماعي وهكذا الإشراف التربوي، ومن خلال تفاعل هذين النظامين يمكن للنظام الإشرافي أن يؤثر في النظام التعليمي، ولكي نفهم عملية التفاعل هذه يجب أن يكون لدينا فهم لطبيعة النظام الاجتماعي.

توصف الأنظمة الاجتماعية بالنسبة لحدودها بالتوتر والتوازن وعدم التوازن والتغذية الراجعة، وتوفر حدود النظام الاجتماعي تعريفاً خاصاً له يجعله نظاماً مختلفاً عن البيئة الخارجية، فمثلاً في حالة معلم يعمل مع مجموعة معينة من التلاميذ بهدف تغيير سلوكاتهم التي تمثل أهداف النظام وأسباب وجوده .. ففي النظام المفتوح تتلاشى الحدود وهناك إمكانية لمدخلات من الخارج إلى داخل النظام ومخرجات من داخل النظام إلى البيئة الخارجية له. وهذا يجعل إمكانية تأثير نظام السلوك الإشرافي التربوي في نظام السلوك التعليمي سهلة ويتحقق هذا في طريقتين :

الأولى:- أن يكون هناك اشتراك مباشر في نظام سلوك المعلم مثل تخطيط النشاطات، وصف وتحليل التعليم، وتقييم وتوضيح أشياء أخرى كثيرة.

الثانية :- أن يكون هناك تفاعل غير مباشر يركز على التأثير على المعلم حيث يفترض أن المعلم عامل مهم في نظام المعلم والطالب وهذا يعني إذا تغير المعلم فإن نظام المعلم والطالب يتغير طبقاً لذلك، فمثلاً التفاعل غير المباشر من الممكن أن يكون لقاء المشرف بالمعلم أو لجان تخطيط خاصة أو ورشة عمل أو دورات مدرسية صيفية أو مؤتمرات عامة.

والسؤال الذي يطرح نفسه عن فعالية التفاعل هو ماذا يحدث في عملية التفاعل؟

نتيجة للمدخلات الخارجية وبالإضافة للمشكلات الداخلية يتطور التوتر في النظام ويطغى على التوازن، لذا كان على النظام أن يجد مستوى جديداً من التوازن لتخفيف التوتر أو تحل الكارثة، ولهذا تقاوم هذه الأنظمة التدخل الخارجي. إن أعضاء النظام غالباً ما يتخوفون من عدم قدرتهم على مواجهة المتطلبات الجديدة ولا يريدون بذل الجهد، لذا يضعون العقبات أمام التغيير فمثلاً يقاوم المعلمون محاولات الإشراف للتدخل وذلك بعدم دعوتهم لزيارتهم في صفوفهم وعدم ممارستهم لأي نشاط بغية عرضه حين قدومهم للمدرسة، وإعراضهم عن الاستماع إلى مقترحاتهم ورفض أية محاولة لتجريب أفكار جديدة.

وفي نفس الوقت فإن أنظمة المعلم والطالب هي عملية دائمة التغيير إذ يحتاج النظام إلى التغذية الراجعة التي هي انعكاس لمخرجاتها لإيجاد السبل لمعرفة ما إذا كانت هذه الأهداف قد تحققت أم لا، وهذه التغذية الراجعة تسبب التوتر في النظام وتنتج عدم توازن وتفرض على النظام أن يبحث عن مستوى جديد من التوازن لتخفيف التوتر وهذه هي عملية التغيير التي يأمل المشرفون وضعها موضع التنفيذ في أنظمة المعلم والطالب.

ماذا نعرف عن عملية التغيير في الأنظمة التربوية الاجتماعية؟ هل يمكن ضبط هذه العملية أو أن الأفراد فقط هم ضحايا أحداث لا يستطيعون السيطرة عليها؟ وهل من الممكن دراسة النظام الاجتماعي وتحديد الأجزاء المغلقة فيه مثل

الضعف، والصعوبات؟ أو تطوير التغيير المبني علي اتجاه التصميم الذاتي؟ وهل يستطيع المشرفون والمعلمون العمل سوية لتحسين أوضاع الطلاب؟ وهي يستطيع المشرفون التدخل في أنظمة المعلم والطالب بطريقة لجني الفوائد الإيجابية لكل من المعلمين والطلاب؟

من المفروض أن يحدث هذا النوع من التدخل نتيجة لتطبيق مبادئ القيادة والتواصل والمشاركة في المشكلات والتقييم. وان الإشراف التربوي يشمل نظام السلوك المؤسسي الذي يعمل بطريقة تدفع بنظام المعلم والطالب إلى وضع من عدم التوازن ، ويحدث هذا نتيجة تحسس المعلمين للأفكار الجديدة أو التطورات التي تعطي وعداً كبيراً في تحقيق الأهداف وتسهيل العملية التعليمية من خلال حصول المعلمين على التغذية الراجعة لفعاليتهم أو عدم فعاليتهم في تحقيق الأهداف.

وهكذا فعلى النظام أن يستفيد من عملية حل المشكلات التي من خلالها يمكن تحقيق مستوى جديد من التوازن. ويوضح الشكل (3) كيف تتلاءم هذه الأفكار مع بعضها البعض. المعلم (أ) والطالب (ب) والطالب (ج) يمثلون جميعاً نظام المعلم والطالب، ويترابط أعضاء النظام بالعمل لأن ذلك الترابط يساعدهم في تحقيق أهداف معينة بفعالية أكثر، مما لو كانوا يعملون فرادى. إن وحدة ترابط الأعضاء هي العامل الذي يوفر الأساس لاستمرار نشاطات النظام من أجل تحقيق نتاجات مرجوة. وهكذا يتفاعل النظام بعملية مستمرة من التغيير الذي تحقق من خلال نوع من النشاطات يسمى بنشاط حل المشكلات.

هناك عوامل داخلية وأخرى خارجية تؤثر في عملية تغيير النظام ومن هذه العوامل التغذية الراجعة من البيئة الخارجية والتي تتعلق بالتأثير الذي يفرضه النظام على الأنظمة الخارجية، ومن العوامل الخارجية التي تسبب التوتر في نظام المعلم والطالب وتخلق وضعاً من عدم التوازن هي توقعات جديدة ومصادر موزعة، ومكافآت لأعضاء النظام، وتهديدات من الأنظمة العليا. وفي هذه الحالة يحاول النظام تحقيق وضع جديد من التوازن، وهكذا يحدث التغيير من خلال العملية المستمرة

لعدم التوازن ومن ثـم إعـادة التـوازن مـن خـلال نشـاطات حـل المشـكلات، لـذا يحـاول المشرفون التربويون تسهيل عملية التغيير من خـلال قيـادة وتواصـل ومشـاركة في حـل المشـكلات والتقييم ومن خلال هذه العمليات يمكن إيجـاد عوامـل خارجيـة تثـير التغيـير المطلـوب في نظـام المعلم والطالب.

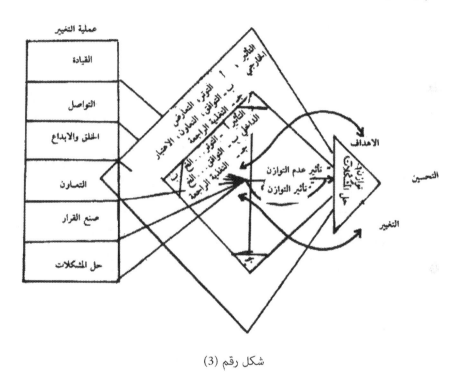

شكل رقم (3)

أخذ الشكل عن الأعمال الأولى لـ(John Lovell ، 1967)

أما العوامل الداخلية في نظام المعلم والطالب التي تخلق التوتر الذي يحرك عملية التغيـير فهي المشكلات الشخصية، مشكلات الأدوار ، مشكلات أعضاء النظـام الجديـد ، اهتمامـات أعضـاء النظام الجديد، لذا ومن خلال الإشراف غير المباشر يمكن مساعدة المعلمين في تطوير روى جديـدة أو إدراكات نستطيع استنتاجها من التغييرات في نظام المعلم والطالب.

أما من خلال الإشراف المباشر فيمكن توفير دعم ضروري للنظام يعزز التغيير ، وهذا الدعم يتمثل في القيادة الديمقراطية وفتح قنوات الاتصال والمشاركة في حل المشكلات والتقييم. وهذه كلها عمليات أساسية للنشاطات الإشرافية المباشرة وغير المباشرة.

طبيعة بناء المؤسسة التي يحدث فيها السلوك الإشرافي التربوي:

يحدث السلوك الإشرافي التربوي ضمن البناء المؤسسي وفي الأساس تشتمل المؤسسات على مجموعة من الأجزاء المترابطة والمتواجدة بهدف الإسهام في تحقيق الأهداف الكلية للمؤسسة، وأن أي نظام في مؤسسة ما أو نظام مدرسي هو العامل الرئيس في تصميم سمات السلوك الإشرافي الخاصة، وإذا كان التركيز على عمليتي الضبط والإذعان والتدرج في السلطة ووضعية الأشياء فان توقعات الإشراف التربوي يجب أن تكون على هذا الخط، كما يجب أن يكون التركيز أيضاً على عملية صنع القرار ، لذا كان على المشرف أن يعمل بقوة سلطته الشرعية المخولة له في تنفيذ ذلك ويركز على تطوير القوانين العامة وتطبيقها وتوقعات السلوك من خلال استعمال السلطة الرسمية ، وان يكون التواصل بإرسال المعلومة إلى التابعين وعودتها موضحة كيفية سير العمل وهذا يتطلب نظاماً خارجياً من التقييم. وإذا كان التركيز على الوظيفة والتكيف والمرونة والاستجابة الخلاقة، فعلى المشرف أن يعمل من نقطة القوة التي أساسها السلطة الوظيفية المنبثقة من الخبرة والإقناع. وبالطبع ستكون هناك قوانين عامة أكثر اتساعاً ومرونة لتترك مجالاً واسعاً كي يتصرف أعضاء المؤسسة بحرية، ومن جراء ذلك يتقبل المعلمون والمشرفون السياسات التي هم جزء من عملية تطويرها وتفتح بذلك قنوات الاتصال طواعية بين كافة مستويات بناء القوة، وسيصبح المعلمون والمشرفون هم المعلومة التي ترسل وتستقبل وهم المساهمون فيها ويكون التركيز قوياً على التقييم، وسيعمل المعلمون والمشرفون سوية لتعزيز التقييم الذاتي والتصحيح الذاتي، وستكون التغذية الراجعة هي المصدر الخصب للمعلمين نتيجة بذل جهودهم التعليمية الفعالة.

ومن المهم أن نلاحظ أن المؤسسات ليست كلها من نوع واحد بل هي تمثل نوعاً من التوازن يمكن دراسته وتغييره، ويفترض في المشرفين أن يفهموا البناء التنظيمي من خلال العمل الذي يقومون به حتى تأتي جهودهم بثمرات جيدة.

من هو المشرف؟

المشرف هو شخص عين رسميا من قبل سلطة معينة ليتفاعل مع أعضاء نظام السلوك التعليمي بغية تحسين نوعية تعلم الطلاب ، ولا توجد فرضية تقول أن هؤلاء الأفراد المعينين هم المساهمون الوحيدون لتحسين نظام سلوك المعلم. وعلى العكس فمن المعلوم أن هناك نظاماً مهماً للدعم غير الرسمي، أي أن المعلمين يساعدون معلمين آخرين وطلاباً يساعد بعضهم بعضاً بالإضافة لمساعدتهم لمعلميهم بالمشاركة في ضبط النظام والنشاطات غير المنهجية. وهذا يعني أن الأفكار مشتركة والمهارات متطورة من خلال نظام السلوك غير الرسمي، ومن المعلوم أيضاً أن هناك قادة معينين رسمياً لهم دور مهم يقومون به لتسهيل عملية فهم المعنيين بتسيير الأمور لأنهم يساعدون في فتح قنوات الاتصال بين الأشخاص الذين لهم مشكلات متشابهة وبين الناس (المرجعيين) الذين يستطيعون تقديم المساعدة كما يقومون بإثارة أعضاء هيئة التدريس لمتابعة مدى تنفيذ المصادر والأفكار المشتركة ومعرفة درجة تشجيع ودعم الأشخاص الذين جربوا الأفكار الجديدة.

انهم يسهلون عملية تنفيذ المقترحات الناتجة اثر لقاءات التقييم فهم يستمعون إلى الأفراد ويناقشون مشاكلهم ويوصون بمراجع أخرى يمكن أن تقدم المساعدة في إيجاد الحلول الممكنة، انهم يهيئون للمعلمين - الذين يتمتعون بثقتهم - المقترحات المناسبة والمواد اللازمة. كما انهم يتحسسون قدر الإمكان شعور المعلمين عن النظام وسياسته ويوصون الإدارة أن تتحرى مواطن السخط والغضب بين أعضاء هيئة التدريس كي يوفروا استغلال الخبرة لعمل الفريق ويوفروا مجالاته ويهيئوا مكان اللقاء ووقته لتسهيل عملية التواصل، انهم فوق كل شيء مهتمون بمساعدة الأفراد كي يتقبل كل منهم الآخر لأنهم يعلمون أن إحساس الفرد بقيمة

الآخر سيعمل على نموهم أكاديمياً واجتماعيا وانفعاليا من خلال تفاعلهم ويوفر مناخا تربويا افضل لنمو التلاميذ.

إن دور المشرف في الدعم والمساعدة والمشاركة افضل بكثير من التوجيه إذ أن سلطة المشرف الأساسية لا تتناقص بل تترجم بطريقة أخرى فعالة وتستعمل لدفع مجالات النمو من خلال تحمل المسؤولية وعملية الخلق والإبداع وليس من خلال الاعتماد والخضوع.

دراسة وتحليل السلوك الإشرافي التربوي:

أن تحديد السلوك الإشرافي التربوي في المؤسسة التربوية يضع حجر الأساس لدراسة وتحليل هذا النوع من النظام السلوكي الذي يساعد تحديده في عملية التنبؤ وضبط السلوك الإشرافي السابق واللاحق. هل هناك أشكال من المعرفة أو تشكيل نظري له تضميناته لتحسين فهم وتطبيق نظام السلوك الإشرافي في المؤسسات التربوية؟

إن الدراسات السابقة لم تكشف شكلا تاما أو تشكيلا نظريا أو نتائج تجريبية تساعدنا في وضع أساس لاستخلاص وظائف الإشراف في المؤسسات التربوية، ولكنها كشفت عن عدد من أنظمة السلوك لنظريات قد طورت ولها تضمينات لدراسة وفهم السلوك الإشرافي التربوي، وهذه الأنظمة قد حددت بمجالات للدراسة واشتملت علي ما يلي:

1- التواصل.

2- التنظيم.

3-عملية التغيير.

4- القيادة.

5- الصحة العقلية.

6-التعلم.

7- تطوير المجموعة.

8- العلاقات الإنسانية.

ويساعد شكل (4) على توضيح الفائدة من شكل التنظيم التربوي وأشكال المعرفة المنظمة.

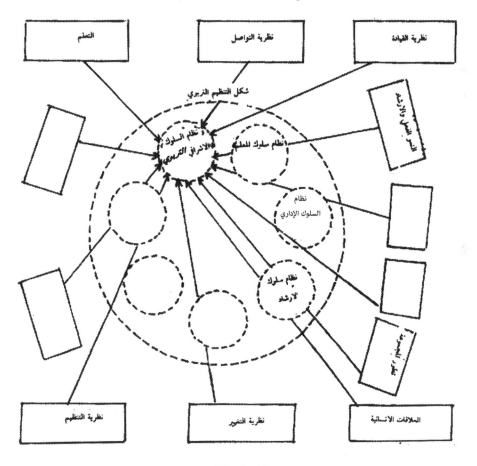

شكل رقم (4)

شكل التنظيم التربوي وأشكال المعرفة المنظمة

هناك فرضيات قد حددت لفهم نظام سلوك الإشرافي التربوي في المؤسسات التربوية منها:

- فرضيات تتعلق بالعمال الفنيين / المهنيين

1- لكل عامل أهميته وكرامته.

2- لكل عامل القدرة على حل مشاكله وله اقتراحات فعالة خلال العمل المشترك.

3- لكل عامل طاقات كامنة في قدرته للنمو

4- العمال كأفراد فريدون في نوعهم.

5- يمتلكون الدافعية لتحسين فعاليتهم كفنيين.

6- لهم كفاءة خاصة ورغبة وقدرة في التوجيه الذاتي

- فرضيات تتعلق بالمؤسسات التربوية:

1- المؤسسات التربوية ديناميكية.

2- أنشئت المؤسسات التربوية لخدمة الطلاب، الآباء ، العمال الفنيين والمجتمع.

3- الاستفسار العلمي هو الأساس الفعال للتغيير المؤسسي.

4- الإنسان عاطفي كما هو عقلاني وشعور الإنسان مهم وحاجاته موضع الاعتبار

5- من الممكن تحسين مفهومنا للمؤسسة التربوية باستعمال نظرية النظام الاجتماعي.

6- السلوك الإشرافي هو نظام فرعي في المؤسسة التربوية.

7- المؤسسة التربوية نظام فرعي من المجتمع ولهذا على المجتمع أن يوفر مدخلات مثل تحديد الأهداف التربوية ومصادر المواد البشرية.

8- المجتمع مستهلك مستخرجات المؤسسة التربوية.

- فرضيات تتعلق بالسلوك الإشرافي التربوي

1- السلوك الإشرافي التربوي هو سلوك معين رسمياً من قبل سلطة معينة بهدف توجيه تأثير النظام الفرعي للسلوك التربوي بطريقة ما ليسهل تحقيق الأهداف.

2- وظائف السلوك الإشرافي التربوي هي:

- تطوير الأهداف.

- التنسيق.

- تطوير البرنامج وتحقيقه.

- إثارة الدافعية.

- حل المشكلات.

- تطوير العمال المهنيين.

- تقييم النتاجات التربوية.

3- يفترض أن تكون العمليات التالية الأساس للسلوك الإشرافي التربوي.

- القيادة.

- التواصل.

- إطلاق الطاقات البشرية الكامنة.

- تطوير المنهاج.

- تحسين التعليم.

- تقويم التعليم.

- إدارة الصف.

4-حدود السلطة الإشرافية :

حددت المسؤولية ومتطلبات العمل.

5-الاعتماد على المعرفة العملية والاستفسار العلمي في نشاط حل المشكلات هي

الطريقة الفعالة.

6- عملية التغيير أساسية ولكن هناك اعترافا بأهمية صيانة العمليات والمحافظة عليها.

7- من الممكن أن نتحكم لأبعد حد في الاتجاه والنوعية وكمية التغيير في الأسس الفرعية للسلوك التعليمي في المؤسسة التربوية.

8- المفاهيم والتشكيلات النظرية في مجالات الاستفسار العلمي يمكن أن تساهم في تشكيل نظرية الإشراف.

9- معظم المصادر القيمة للمفاهيم لفهم السلوك الإشرافي هي السلوكات العلمية: علم النفس بالتركيز على التعلم والدافعية والصحة النفسية، علم النفس الاجتماعي بالتركيز على القيادة، تطوير المجموعة والعلاقات الإنسانية، علم الاجتماع بالتركيز على بناء قوة المجتمع والتواصل.

الفصل الثاني

تطور الإشراف التربوي

الفصل الثاني

تطور الإشراف التربوي

إن التطبيق والتطوير النظري للإشراف التربوي هو جزء من وظيفة تطوره التاريخي، لذا وجب إلقاء نظرة على الماضي لتوفير أبعاد تحليل الحاضر وفهمه لتساعد في إيجاد أساس لتطوير أفكار جديدة وتطبيقها في المستقبل.

هناك قوى دافعة أساسية في تطوير الإشراف التربوي يمكن تحديدها زمنيا، وقد علمنا أن هذه التحركات الأساسية لا تبدأ وتقف في مكان وزمان محددين، ولكنها تبدأ بالتدريج في أماكن كثيرة وتستمر لتقاوم خيوط تطبيق الماضي التي ما تزال لها جذور في التطبيق الحالي، وقد تأكد من خلال دراسة التطور التاريخي للإشراف التربوي أن باستطاعة كل فرد أن يتعلم من أخطاء الماضي ونجاحاته لأن الاقتراحات والتوصيات التي تنادي بالتغيير التربوي منبثقة من الماضي وتعطي قرارات فعّالة تتلاءم مع الحاضر فمثلاً الصرخة القائلة بضرورة تحديد أهداف سلوكية مسؤولية تربوية نابعة من حركة الإدارة العلمية، وان التطورات الأساسية التي تدور حول السلوك المؤسسي- والمتعلقة بالفرد ككائن حي قد جمعها كل من مارش وسيمون March &Simon سنة 1961 في ثلاث مجموعات هي:

1- إن أعضاء المؤسسة وخصوصا العاملين فيها هم في الأساس أدوات تنفيذية قادرون على إنجاز العمل ويتقبلون التوجيهات ولكن ليس باستطاعتهم مبادأة العمل أو إظهار أي تأثير في عمل ما.

2- أن للأعضاء في المؤسسات اتجاهات وقيماً و أهداف خاصة بهم وعليهم أن يستجيبوا للمؤثرات التي تدفعهم إلى الاشتراك في نظام السلوك المؤسسي

ولكن هناك توازيا ناقصا بين الحاجات الشخصية والأهداف المؤسسية.

3- إن أعضاء المؤسسة هم صانعو القرار وهم حلالو المشاكل وان ادراكاتهم وعملياتهم الفكرية هي المحور الرئيس في توضيح السلوك المؤسسي.

وفي عصر التفتيش الإداري وما بعده اتصفت الإدارة العلمية بالفرضية التي تقول أن الفرد آلة تنفيذية أو أداة طيعة في يد الإدارة يمكن التلاعب بها بأية طريقة لتحقيق أهداف المؤسسة ، وقد بدأت فكرة الإدارة العلمية في العقد الأول من القرن العشرين وما زالت العامل المهم في الإشراف، وفي أواخر الربع الأول من القرن نفسه ونتيجة للتشكيلات النظرية والدراسات التجريبية في الإدارة العلمية أثيرت أسئلة عديدة تريد الاستفسار عن عجز الإدارة العلمية في تفسير الأحداث. وهذا تسبب في ظهور حركة العلاقات الإنسانية التي ما تزال العامل المسيطر في التطبيق الإشرافي.

أما النظريات الحديثة فقد تطرقت إلى فرضية تنادي بعقلانية الإنسان مع الأخذ بعين الاعتبار عواطفه واتجاهاته وكانت هذه بداية تأثير السلوك الإشرافي في المؤسسات التربوية.

التفتيش الإداري:

في العقد الأول من القرن العشرين وصف بيرتون وبروكنر Burton & Brueckner سنة 1966 الإشراف بأنه لجان من المواطنين العاديين قد عينوا لتفتيش المؤسسات والتجهيزات بالإضافة إلى فحص تحصيل الطلاب وكان تركيز هذه اللجان على تحديد مدى إنجاز المعلمين لأعمالهم.

هناك عوامل عديدة تجدر الإشارة إليها بالنسبة للتفتيش الإداري:

أولاً : إن المفتشين مواطنون عاديون تنقصهم الكفاءة المهنية.

ثانياً: لا حاجة لبذل جهود لتحسين المعلم والتعليم أو لمعرفة ما إذا كان الطلاب

يتعلمون، وإذا حلت أية مشكلة تعليمية لا يتوقع من المعلمين التحسن أو عدمه لأن مهارة التعليم برأيهم لا يمكن ان تعلم أو تتعلم.

ثالثاً : لا يوجد ما يشير إلى أن المفتشين يهتمون بعواطف وشعور واتجاهات ومعنويات المعلمين.

رابعاً : إن المفتشين مواطنون عاديون لذا نجدهم يحّملون المعلمين مسؤولية تحصيل الطلاب دون المشاركة في تحمل هذه المسؤولية التربوية الكبيرة، ومع ازدياد اعداد المدارس كان من الضروري مضاعفة اعداد المعلمين بعد ان كان المعلم يقوم بدور المدير والمعلم ولا يفترض به تحمل مسؤولية تحسين البرنامج.

وفي الجزء الأول من القرن العشرين اتسعت المدارس وازداد عدد السكان وازدحم الأفراد في المدن. وهذا لا يستدعي فقط مضاعفة عدد المعلمين بل عدد المدارس ايضاً. ونتيجة لتعدد الأنظمة المدرسية المعقدة ازدادت المهام المناطة بالمواطنين المختصين بتقديم الخدمات التربوية مثل مديري التعليم واصبح تحسين التعليم الوظيفة المهمة لهذه المراكز. وفي النصف الثاني من القرن العشرين انصب اهتمام مديري التعليم على إيجاد السبل لتحسين مستوى المعلم والتعليم ورفضهم التعليم غير الفعال.(Lucio & McNeil) سنة 1969.

ومع تعدد الأنظمة المدرسية وازدياد عدد المعلمين وجد مديرو التعليم صعوبات جمة في تحمل مسؤولية برنامج الإشراف التربوي ولهذا أضافوا مهاماً إضافية لهيئة التوظيف ترجمت إلى مهام المشرفين العامين وبدأوا في تطوير أدوارهم، وبما أن هؤلاء المشرفين قد عينوا من قبل مدير التعليم كان من الطبيعي أن يعملوا تحت سيطرته وإمرته، وبهذا أًصبح تطوير النظام الإشرافي مركزياً وتسبب في حدوث مشكلات بين مديري المدارس والمشرفين العامين الذين حاولوا التدخل في تطوير مهام القيادة التربوية لمدير المدرسة (تنازع السلطات).

وكلما تطورت المدارس في النمو كلما ازدادت مقاومة السلطة المركزية ولهذا قدم المربون الرواد أمثال John Goodlad اقتراحات جاء فيها أن من أهم العوامل

التي تساعد في تفسير وحل مشكلات أنظمة المدارس الكبيرة محاولاتها للتغيير.

هناك مهمة أخرى تطويرية للإشراف أضافت إلى المنهاج مواضيع جديدة محددة تتطلب كفاءة خاصة لا تتوفر لدى معلم الميدان، لذا عين معلمون مختصون لتدريس هذه المواضيع وهؤلاء يتحولون إلى معلمين عاديين لهذه المواد أحيانا، وهذا يوضح ان هؤلاء المعلمين المختصين يشرفون ويعملون مع المعلمين العاديين أحيانا يدرس المعلم العادي مواد خاصة تحت إشراف معلم مختص يصبح فيما بعد مشرفا مختصاً.

وباختصار فإن الإشراف قد كان في فترة التفتيش الإداري يتوافق مع الفرضية التي تقول أن المعلمين أدوات تنفيذية للمؤسسة التي يعملون بها ومن المفروض ان يقدموا أفضل ما يتوقع منهم، وكان المشرف يفتش ويدقق ويشرف ويصنف . وحتى نهاية القرن التاسع عشر- لم تكن عملية تحسين مستوى المعلمين والتعليم الوظيفة الأساسية للإشراف التربوي.

الإدارة العلمية:

في بداية القرن العشرين كانت الثورة الصناعية العامل المسيطر في أوروبا وأمريكا وكان الأسلوب العلمي هو الوسيلة الرئيسة المتبعة في ذلك الوقت ، وأصبحت الإدارة العلمية هي النظرية المسيطرة للتحسين المؤسسي من خلال الجهود التربوية الخلاقة لجماعة صغيرة هم علماء النظرية المؤسسية، وكان أول من نادى بالإدارة العلمية فردريك تايلور Fredreck Taylor الذي اتسم اهتمامه الأساسي في تحسين فعالية المؤسسات الصناعية على أساس أن العمال أدوات خاملة يمكن تحويلهم إلى أدوات فعالة لتحقيق أهداف المؤسسة، وهذه نفس الفكرة التي استخدمت في تطبيق التفتيش الإداري. ولكن تطبيق الأسلوب العلمي قد حقق اكبر قدر من الفعالية وقد وصف مارس وسيمون March & Simon مبادئ تيلور كالتالي:

1- استغل الوقت وادرس الأساليب لتجد افضل الطرق لإنجاز العمل.

2- وفر الدافعية للعامل لإنجاز العمل بأنجح السبل وأفضل زمان ومكان.

3- استغل الخبراء المختصين لتوفير البيئة الملائمة التي تحيط بعمل العامل وأساليب عمله وفرصها.

هذه المواصفات قد حددت بوضوح لاستغلال العلم في تحديد أفضل أساليب الإنتاج واستثارة الفرد بالكسب المادي لذا كان على المشرفين أن يوفروا أوضاع العمل المناسبة وأفضل الأساليب للتقدم ومراقبة العمل.

قد استخدم الوقت والدراسات الحافزة لتحديد أفضل السبل لإنجاز عمل معين، ولذا يتوقع من العمال إنجاز العمل المعين وعلى المشرفين مراقبة إنجاز ذلك العمل.

إن للإدارة العلمية تضمينات هامة للمؤسسات التربوية وللقادة التربويين المختلفين، لذا عليهم أن يتخذوا منها درعا واقيا لجعل المدارس العامة أكثر كفاءة . وقد أشار كبرلي Cubberley إلى أن الصناعة تعمل لتحويل الإنتاج إلى إنتاج قياسي واستخراجه بأساليب اكثر فعالية ، وهذا بطبيعة الحال يستدعي دراسة علمية لأساليب الإنتاج وقياسه ، وقد خصص هذا النموذج لاستعماله في المدارس العامة التي ترى فيها المصانع والأطفال كمواد خام يمكن تحويلها إلى فعالية عالية طبقاً لمواصفات المجتمع، وقد نادى كذلك باستعمال الأساليب العلمية الأكثر فعالية للتعليم وقياس نتاجات التعليم وتحصيل الطلاب.

إن لفكرة التقسيم في المؤسسات تضمينات هامة للمؤسسات التربوية وهذا يعني أن وضع أهداف معينة لأية مؤسسة هي إمكانية تحديد العمل الضروري والمركز الملائم، وهذه المراكز يمكن أن تنظم في وحدات فعالة مثل الأقسام والمديريات لأنها تسهم في تأسيس النظام الرسمي المتدرج في السلطة والمسؤولية.

وهذا التقسيم له ارتباط وثيق بتعريف ماكس ويبر Max Weber المعروف بالنموذج المثالي للمؤسسة الرسمية التي دعاها بالبيروقراطية، ولها سمات أساسية وقد عرفها بلو Blau 1956 بالسلطة المتدرجة والإدارة الموضوعية والأعمال المنجزة من خلال مراكز محددة وضبط فعال يحافظ على الأنظمة والقوانين العامة.

ومن خلال التفحص السريع لكل من النموذج المثالي للمؤسسة الذي نادى به ويبر وتركيب المؤسسة التربوية يكشف عن علاقة إيجابية بينهما، كما أكد كليبارد Kliebard 1971 على تأثير الأفكار البيروقراطية في المؤسسات التربوية.

والحقيقة تقول أن هناك عملاً متخصصاً في المؤسسات التربوية وتدرجاً تربوياً يحدد السلطة والمسؤولية في تطوير سياستها وتنفيذ إجراءاتها. وهناك توقعات مؤسسية وقوانين عامة تؤثر في السلوك المؤسسي، وهذا لا يعني أن تلك التوقعات والقوانين واضحة إلى حد ما في جميع المؤسسات، كما لا يعني أيضا أن البيروقراطية والتقسيمات عوامل هامة في تطوير المؤسسات التربوية وذلك لأن مكتب مدير التربية قد نظم وقسم إلى أعمال يجب أن تنجز، ويشاركه في المسؤولية مساعدون لمدير التربية والتعليم، وشؤون التوظيف يرأس كل منهم دائرة مناسبة.

وهكذا قسمت المدارس إلى أقسام بالنسبة إلى موادها ومستواها وهناك تدرج في السلم الوظيفي وسواء أكان المشرف التربوي هو رأس السلم أو أحد أعضاء هيئة التوظيف فسيبقى المجال قابلا للنقاش.

وكان بوبت Bobbitt 1912 واحدا من أكثر المؤيدين للإدارة العلمية للمدارس كما كان مهتماً في تخفيف الهدر والضياع وزيادة كفاءة المعلمين واستمرارية استعمال التسهيلات وبإيجاد اكثر الأساليب التربوية كفاءة وفعالية كي يستغلها المشرفون لمراقبة المعلمين في تنفيذها.

إن للتحرك نحو المعيارية والتخصصية في الأساليب والأهداف التربوية تضمينات هامة لتطوير الإشراف التربوي. وبعد تحديد الأهداف وإيجاد افضل السبل لتحقيقها بكفاءة كان على المشرف متابعة المعلمين في تنفيذ المواصفات.

وان إتمام المواصفات لا تهم المعلمين من بعيد أو قريب بوصفهم أدوات استخدمت لإنجاز العمل، وبما انهم موظفون (تدفع لهم رواتب) يتوقع منهم إنجاز العمل بكفاءة، فإذا لم ينفذ العمل حسب المواصفات يعزز عملهم بالتدريب، وإذا لم يفلحوا يستغن عنهم، وعلى المشرف والحالة هذه أن يوضح ويعزز الأعمال ويصنف

ويكافئ المعلمين، وعلى العموم فهذه مهمة الإشراف التربوي في الربع الأول من القرن العشرين، ومن الطبيعي أن تكون هناك نماذج عديدة لإنجاز العمل، بعضها يعمل على سياسة عدم التدخل أي يتوقع من المعلم أن يعمل وينتج حسب اجتهاده الخاص، وهناك في الوقت نفسه نظام قاس من التفتيش والتصنيف تمتد جذوره إلى الفترة الأولى من التفتيش الإداري. وحسب الفرضية الأساسية التي تقول أن المعلم أداة يمكن استعمالها وتشكيلها عن طريق الإدارة لتسهيل تحقيق أهداف المؤسسة التربوية، ولا يعطى اهتمام لمشاعر واتجاهات وحوافز المعلمين كما لا يعطى مجال للتعبير عنها. وان مجموعة العوامل التي شملت تطوير التشكيلات النظرية والنتائج التجريبية بالإضافة إلى التطورات الاجتماعية قد أصبحت تحديا لنظرية الإدارة العلمية كما اعتبرت أساس الاهتمام المستمر في الناحية السيكولوجية للأعضاء العاملين في المؤسسة.

الإشراف والاهتمام الإنساني:

العلاقات الإنسانية في المؤسسة التربوية:

وصف الإشراف التربوي في خلال الربع الثاني من القرن العشرين بالاهتمام المتطور المتعلق بطبيعة وحاجات الأفراد في المؤسسة التربوية، كما عزز الفرضية التي تقول بأن للأفراد في المؤسسات أهدافاً وحاجات وقيماً وشعوراً وأحاسيس خاصة بهم تؤثر في سلوكاتهم بطرق معينة ، والمؤسسة تتوقع من أعضائها أن يعملوا بأساليب تتوافق مع حاجات وأهداف المؤسسة ، ولكن الأهداف المؤسسية وحاجات الأفراد قد تتطابق في نظرية الإشراف هذه ، إن دراسات هوثورن Hawthorne المشهورة التي قام بها التون مايو Elton Mayo وآخرون قد قادت إلى تحديات خطيرة لمبادئ الإدارة العلمية ، وقد أظهرت نتائجها أن هناك علاقة بين العمال والمشرفين يمكن أن تكون عاملا فعالا في الإنتاج اكثر من تأثير تنوع البيئات التي هزت التفكير العلمي المتعلق بالإشراف في ذلك الوقت.

والخلاصة أن النظام الاجتماعي الذي يشكله العمال يمكن أن يكون الحافز الهـام في وضـع المعايير لتحسين الإنتاج كما وكيفاً.

إن دراسة المجموعات الاجتماعية النابعة من السلوكات العلمية لها تأثير فعال على دراسة مادة الإشراف التربوي وتطبيقه.

لقد تنوعت فكرة بناء المجموعـة ومنهـا الأفكـار الفرعيـة التـي تمثلـت في تفاعـل ونشاط وحساسية المجموعة وحددت لتصف البناء الداخلي للمجموعة. وقد دلّت نتـائج البحـث علـى أن أعضاء المجموعة الذين يشتركون في عملية صنع القرار يكونون اكثر قبـولاً وتنفيـذا لـه، لان مركـز الفرد في المجموعة الاجتماعية عامل مهم في سلوكاته الإيجابية التي تعبر عـن نتاجـات عملـه، إن لأعضاء المجموعة مبادئ سلوكية وهذه المبادئ عوامل مهمة في سلوكياتهم تجعلهـم اكـثر انجذابـاً إلى المجموعة وأشد التزاما في تصرفاتهم طبقاً لمبادئ مجموعتهم.

إن لدراسات السلوك القيادي تأثيراً هاماً على الإشراف التربوي، إذ كان التركيز منصباً علـى أهمية السلوك القيادي المؤسسيـ ومـن جـراء ذلـك أثيرت عـدة استفسـارات ، ودرسـت طبيعـة السلوك القيادي والمتغيرات التي تتعلق بفعالية القيادة، أن دراسة سمات القادة ومحاولة ربطها بمعايير محددة لفعالية القيادة كانت المحاولة الأولى لدراسة أنماط السلوك القيادي، وقد دلّـت النتائج على أنه إذا عملت المجموعـة نفسـها أو مجموعـات متشابهة معهـا تحـت أنماط قياديـة مختلفة فإنها تطور تراكيب مجموعة مختلفة ونتاجا مختلفا. ومنذ الدراسات الأولى التـي أجريـت للأنماط القيادية الديمقراطيـة والاستبدادية ظهـر أن النمط الـديمقراطي اكـثر قبـولاً وبهـذا اخـذ الإشراف الديمقراطي أهمية جديدة.

وكان عقد الثلاثينات من القرن العشرين فترة انحطاط وعجز اقتصادي وعدم تـوفر فـرص عمل في المجتمعات الغربية، وسمعت صرخات الشباب ضد الوضع المتـدهور مطالبـة بالحقوق الإنسـانية والمبـادئ الديمقراطيـة، ولهـذا لـيس بمسـتغرب أن نجـد اتجاهـا قويـاً لإيجـاد مبـادئ ديمقراطية في المؤسسات الحاكمة، وقد اصبح هذا عاملاً هامـاً

في الإدارة التربوية والإشراف التربوي . كما ظهر تأثير هذه الأفكار واضحاً كمؤشر للاتجاهات الديمقراطية، في عناوين الكتب التي صدرت آنذاك مثل الإشراف والعلاقات الإنسانية، الإشراف الديمقراطي في المدارس الثانوية، الإشراف عملية اجتماعية.

لقد طور وايلز Wiles فكرة الإشراف مبتدئاً بالأفكار الفرعية مثل المهارة في القيادة ، المهارة في عمل مجموعات الأفراد، المهارة في التقييم، المهارة في العلاقات الإنسانية، وكان محور تركيزه بناء معنويات هيئة الموظفين، إطلاق الطاقة الخلاقة لأعضاء المجموعة المشاركة في القيادة، المشاركة في صنع القرار، التقييم الذاتي وتطوير هيئة القيادة، وركز كذلك على سلوك المشرف وكيف يؤثر في سلوك المعلمين ونتاجاتهم، لقد اكد كل من بيرتون وبروكنر Burton & Brueckner على العملية الاجتماعية والتغيير الاجتماعي ومبادئ الإشراف الديمقراطي ، التخطيط المشترك والقيادة الفعالية، كما أكدا على تحسين البرنامج التربوي من خلال دراسة المتعلم والتعليم والمنهاج واستعمال وسائل التعليم ، وقد شارك أساتذة التربية في تيار حركة العلاقات الإنسانية، وجددت المبادئ الديمقراطية وطبقت على الدور الإشرافي، وعلى المعلمين أن يكونوا قادرين على الاشتراك في عملية صنع القرار المتعلّق بالتعليم والمنهاج، وعلى المشرف أن يهيئ جواً يساعد على تحقيق ذلك، ونتج عن ذلك مؤسسة تدعى مؤسسة الإشراف وتطوير المنهاج.

ومن جراء ذلك استبدل لقب المفتش بلقب المستشار أو الإنسان المرجع أو مساعد المعلم أو المنسق، ودعت حاجة المعلمين للّقاء والمناقشة أو لإضفاء جو من السعادة أو الراحة النفسية فيما بينهم، ولكن وجهة نظر مديري التربية عن المشرفين انهم أناس مرجعيون فقط ولا يتمتعون بأية سلطة في المؤسسة، ويعتبر ذلك تعبيرا عما كان يجري في الربع الأول من القرن العشرين حين كان يتمتع المفتشون بسلطة مركزية نابعة من سلطة مدير التربية كأشخاص ممثلين له. وفي فترة الإدارة العلمية تعددت مواد الدراسة وتطور المنهاج من خلال المكتب المركزي للإدارة وأعطى المشرفون صلاحية في المدارس التي يشرفون عليها، لكن الكثيرين من

مديري المدارس لم يكونوا على مستوى من التدريب والخبرة أو الاستعداد لتحمل مسؤولية القيادة في البرنامج التربوي، ولهذا فإن ادوار المسؤولية والسلطة لم تكن واضحة في كثير من الحالات مما أسهم في ضعف التواصل أو بناء علاقات فعالة بين المكتب المركزي للإشراف ومديري المدارس، وكان التواصل ضعيفا في بناء علاقة عمل بين المشرفين ومعلمي الميدان. وحين بذل المشرفون استعدادا للعمل الديمقراطي مع المعلمين لتحديد مشكلاتهم وحلها لم يثق الكثير من المعلمين بهذه الطريقة الجديدة التي استعملها المشرفون لأنهم في نظرهم لم يكونوا سوى مشرفين فقط، لقد فشل المشرفون في التعايش مع توقعات المعلمين الذين ما زالوا في أعماقهم متلهفين للعمل مع نوعية المشرف القديم.

وهكذا لم تكن الصورة مشرقة تماماً للعلاقة بين المشرف والمعلم وذلك لوجود الكثير من المشكلات الصعبة التي واجهتهم، ولم يمض وقت طويل حتى لاحت بارقة الأمل في الأفق معلنة ظهور حركة العلاقات الإنسانية التي كانت الجواب الشافي لكل التساؤلات التي أثارها ذوو الاهتمام.

التحرك تجاه نظريات التفاعل

خلال الربع الثالث من القرن العشرين استمر التحدي للبيروقراطية الرسمية كما استمر الاهتمام بالأفراد في المؤسسات باعتبارهم محور الارتكاز وصانعو قرار وحلالو مشاكل. وأجريت الأبحاث والدراسات النابعة من السلوك العلمي وبذلت الجهود لتطوير نظريات تفاعل الإشراف.

استمرار التحدي للبيروقراطية:

ازداد اهتمام الكثير من الطلبة بالنتائج غير المتوقعة للبيروقراطية أمثال Merton و Argyris وMiles و Blau فمثلاً حدّد Argyris الاقتراحات التالية لوصف تأثير المؤسسة الرسمية على الفرد:

1- عدم وجود الانسجام بين حاجات الأفراد ومطالب المؤسسة الرسمية.

2- أن عدم الانسجام يتسبب في إشاعة الفوضى والإحباط والفشل والتعارض وضعف الإدراك.

3- طبيعة هذه المبادئ المؤسسية تدفع التابعين إلى التنافس والمشاحنة والعداء والتركيز على الجزء بدل الكل.

4- يستجيب المستخدمون للمؤسسة بخلق نشاطات عادية لا تتلاءم مع أهدافها.

5- يتبنى المستخدمون سلوكات تساعد على تكامل ذاتية الفرد فقط وتعيق تكامل المؤسسة الأساسي.

6- إن سلوكات المستخدمين المتبناة لها تأثير سيئ وتغذية راجعة سلبية تعمل على خنق المؤسسة.

7- إن بعض ردود الفعل الإدارية تعمل على زيادة العداء ضمن السلوك المتنبأ.

ونتيجة للتفاعل السلبي بين المؤسسة والأفراد طّور كليبارد Kleibard فرضيات تقول أن حاجات المؤسسة التربوية البيرقراطية تقود إلى تجريد التربية الحقيقية من الصفات الإنسانية.

ثم توصل ليكرت Likert إلى الاستنتاجات التالية: أن الرؤساء الذين يولون اهتماماً بالتابعين أكثر من اهتمامهم بإنجاز العمل يحصلون على نتاج عمل جيد وان الإنجاز الضعيف هو نتيجة إشراف مباشر ينقصه التفاعل الإيجابي، وعلى عكس ذلك فإن إسهامات السلطة و إشراكها التابعين في عملية صنع القرار ترتبط بفعالية المؤسسة وتؤدي إلى نتاج عال.

ولقد أصبح من الواضح أن النموذج البيروقراطي له عواقب خطيرة على المؤسسة بشكل عام وخاصة لعدم ملاءمته للمؤسسة التربوية للأسباب التالية:

- أن إنجاز العمل في المؤسسة التربوية يؤدى من قبل أفراد مهنيين مختصين على مستوى عال من التدريب.
- صعوبة قياس وتقييم مدخلات ومخرجات المؤسسة التربوية.

❖ الاهتمام بتخصص الفرد اكثر من الاهتمام في تخصص مجال العمل.

❖ ان عزل نظام التواصل بين المعلم والطالب يؤدي إلى الحاجة إلى نظام إشرافي شامل مستمر.

❖ الحاجة إلى الحرية الفكرية.

❖ الحاجة إلى العلاقات الإنسانية في عملية التعلم.

❖ الحاجة إلى المرونة والتكيف.

تحتاج المؤسسة التربوية عادة إلى ضبط وقوانين عامة واستجابات متناسقة ملائمة ومبادأة وتكيف وحرية دون إجبار أو إكراه لأن ذلك يقود المعلم إلى سلوكات تشير إلى الاستياء والنفور والعداء. وهذه السلوكات تؤدي إلى خنق عمليات حل المشكلات والمرونة والرغبة في تعلم مهارات وأفكار جديدة وإلى غلق أقنية الاتصال الفعال بين الأفراد وإلى انعدام فرص التفاعل وتبادل الآراء والأفكار كي يتعلم كل فرد من الآخر، وبهذا أصبحت المؤسسات التربوية بحاجة إلى بناء لا يوفر فقط التنسيق بين العاملين بل بحاجة إلى دعم نفسي ونمو مهني متطور واستجابة خلاقة ومعرفة بالتحصيل الأكاديمي وعدم خنق فرص المشاركة في تطوير المؤسسة من خلال الخبرة الفعالة والنشاطات المتطورة.

الاستفادة من النظرية والبحوث المشتقة من العلوم السلوكية:

لقد استفاد المربون في حقل الإشراف التربوي من النظرية والبحوث المشتقة من العلوم السلوكية ، وقد ظهر ذلك واضحاً حين صدرت الكتب المتعلقة بالإشراف التربوي والتي كشفت الاعتماد على البحث والنظرية في الحقول التالية:

التواصل، القيادة، التنظيم، الصحة العقلية، علم النفس، علم الاجتماع وهذه المواضيع كلها محور ارتكاز الإشراف التربوي.

السنوات العشرون الأخيرة من القرن العشرين:

لقد بذلت جهود مهمة خلال السنوات العشرين الأخيرة من القرن العشرين، للتوفيق بين التطورات النظرية والبحثية المنبثقة من الإدارة العلمية والعلاقات الإنسانية، وبعد الدراسة الدقيقة لكل من النظرية والبحث استنتج ليكرت Likert أن هناك عدم توافق في النظريات التنظيمية والإدارية التي اعتمدتها المؤسسة الأمريكية في إجراءاتها العملية، وافترض أن الحاجة ماسة لإجراء تعديلات على النظريات الإدارية وإعادة بنائها من جديد على أفضل الأسس والتطبيقات، مثل تحديد الأهداف، استغلال الكفاءة البشرية ومصادر الإنتاج المادي واستعمال افضل الأساليب في تخطيط موازنات المؤسسات التربوية، وهذه وجهة نظر ليكرت الأولى.

كما يبين ليكرت في وجهة نظره الثانية ضرورة إيجاد حوافز معنوية داخل المؤسسة تساعد على تحقيق أهدافها بالإضافة إلى الحوافز المادية، وقد حدد بعض العوامل الدافعية التي تعمل على إشباع الحاجات النفسية للعاملين مثل حاجتهم إلى الانتماء، احترام الذات، التقدير وتحقيق الأهداف والخلق والإبداع.

وقد كانت وجهة نظره الثالثة تتعلق بتنسيق الجهود الإنسانية، وهذا التنسيق يتطلب فتح قنوات التواصل في جميع الاتجاهات ويحتاج ذلك لقاعدة عريضة من التأثير المتبادل ومشاركة فعالة في عملية صنع القرار بين المسؤول والتابعين تعتمد على الخبرة اكثر من اعتمادها علي المركز.

أما وجهة نظر ليكرت الرابعة فقد حدد فيها أهمية القياس ولكن ليس بالأسلوب التقليدي بل بالاعتماد على المجالات الإنسانية مثل الدافعية وفعالية التواصل وفعالية عملية صنع القرار.

وقد أكدت نظرية ليكرت المعدلة على أهمية المشاركة الإنسانية في أعمال المؤسسة، وهذا يشير إلى أن التوجه نحو التغيير لا يعني التغيير في الإدارة العلمية إلى العلاقات الإنسانية ولكنه يعني تنقيح وتعديل النظرية التنظيمية الموجودة حتى نحافظ على أفضل تطبيقاتها بالإضافة إلى أن التغيير حاجة أساسية للمؤسسة.

لقد ميزت النظرية المعدلة أهمية الدافعية وأكدت على إيجاد أسس عريضة من التفاعل الإيجابي الذي يؤثر في النظام ويكون باستطاعته خلق الدافعية والإبداع لدى أعضاء المؤسسة.

وقد تحرى ارجرس Argyris بدقة عن صعوبات المؤسسات الرسمية وطّور نموذجاً تجريبياً عن طبيعتها وفهم تراكيبها، كما أكد على الحاجة إلى التفهم والضبط لأن الضبط هو الوظيفة الإنسانية للتعرف على أهداف المؤسسة وكيف تتوافق مع حاجات تابعيها لإيجاد علاقة فعالة بين الأهداف الفردية والأهداف المؤسسية.

أما بالنسبة لمجريجور McGregor فقد قارن بين مجموعتين متناقضتين من الفرضيات استعملتا كإطار لإدارة المؤسسات ووضعتا في نظريتي X & Y وعلى الإدارة أن تتحمل مسؤولية تنظيم عناصر الإنتاج لتحقيق غايات اقتصادية معينة. ففي نظرية X تقول الفرضية أن الإنسان بطبعه كسول لا يتحمل المسؤولية، غير قادر ولا يرغب في التوجيه الذاتي أو الضبط الذاتي ويقاوم التغيير، ولهذا كان على الإدارة أن توجه وتضبط وتثير الدوافع وتعدل سلوكات الأعضاء في المؤسسة لتتلاءم مع أهداف الإدارة.

وتقول نظرية Y أن الكسل ليس من طبيعة الفرد بل أنه قادر على التوجيه والضبط الذاتي ، وعلى الإدارة أن توفر المناخ الصحي الذي يساعد أعضاء المؤسسة على تطوير مواهبهم وإظهار الخلق والإبداع وإثارة حوافزهم من خلال مشاركتهم في عملية صنع القرار ونشاطات حل المشكلات كي يحققوا أهدافهم بتوجيه ذواتهم للعمل تجاه أهداف المؤسسة.

أن الأعمال الكثيرة التي أنجزت في درس وتحليل البيئة التنظيمية قد تركزت علي المؤسسات الصناعية وأظهرت مواقف إيجابية لها تضمينات مهمة في المؤسسات التربوية، ولقد ساهم كل من هالبن وكرفت Halpin & Croft مساهمة فعالة في هذه الأعمال وطورا استبانه لوصف المناخ التنظيمي كطريقة لوصف المناخ التربوي في مدارس متعددة نتج عنها ستة مناخات متميزة تتدرج من المفتوح إلى المغلق،

وحددت هذه المناخات الستة بتحليـل السـلوك الـذي وصـف بالسـلوك الإداري نتيجـة استجابات المعلمين على الاختبارات الفرعية الثمانية المتعلقة بـ:

عـدم الالتـزام - الإعاقـة - التضامن- المـودة - الانعزاليـة - تحسـين الإنتاج - قـوة الـدافع والاعتبارية. وقد كانت أعلى نسب لاستجابات المعلمين في المناخ المفتوح في التضامن وأقلها في عدم الالتزام والإعاقة حيث تعمل المجموعة سوية وبفعالية دون حاجة إلى مودة قويـة. وتتوقع أعلـي نسبة للسلوك الإداري في قوة الدافع والاعتبارية وأقلها في الانعزالية والاهتمام بتحسين الإنتاج. انه يستحث همم العاملين بالتفاعل والمشاركة وليس بالإشراف المباشر لتحسين إنتاجهم.

أما المناخات المغلقة فقد كانت أعلى نسبة لاستجابات المعلمـين في عـدم الالتزام والإعاقـة والكراهية والانعزالية والتركيز على الإنتاج.

وقد أوضح كل من هالبن وكرفت أن السلوك الملاحظ للعاملين في المؤسسات ذات المناخات المفتوحة اكثر التزاما ومصداقية من سلوكات الأفراد في المناخات المغلقة، إذ يقوم الأفراد بجزء مـن العمل بينما في المناخات المفتوحة يقومون بالعمل ككل.

وبالإشارة إلى المناخات المغلقة والمفتوحة تبين ان الاهتمام منصب علي الأهداف التنظيمية والأهداف الإنسانية وطريقة ترابطهما، وأن الحاجة ماسة إلى بناء تنظيمي يؤكد على:

1- حاجة الأفراد لاستغلال مواهبهم الخلاقة وحاجة المؤسسة لهذه المواهب.

2- حاجة الأفراد للتفاعل في عملية صنع القرار ونشاطات حل المشكلات كما أن المؤسسـة بحاجـة لهذه القرارات والمشكلات المحلولة.

3- حاجة الأفراد للاشتراك في فتح قنوات التواصل والمساهمة فيها، وحاجة المؤسسة لهذا التواصل.

4- حاجة الأفراد للمصداقية وحاجة المؤسسة للسلوك المصداقي.

5- حاجة الأفراد للضبط وتوفير الفرص للمشاركة في تطوير عملية الضبط وحاجة المؤسسة لهذا الضبط.

6- حاجة الأفراد للتقدير والعمل الخلاق والاقتناع بإنجاز احسن الأعمال وحاجة المؤسسة إلى عمّال اكثر دافعية.

ظهور وجهات نظر:

بالاعتماد على دراسات الأبحاث وتطوير نظرية وتطبيق الإشراف التربوي خلال السنين القليلة الماضية تشكلت أفكار أساسية لها تضمينات مهمة في تطبيق الإشراف التربوي.

وما زال الإشراف التربوي يدرس كنظام فرعي تنظيمي له وظيفة التأثير المباشر على السلوك التربوي بطريقة تسهل عملية تعلم الطالب، وبما أن المؤسسات التربوية تقع في العادة تحت تأثير ضغوطات تقاوم التغيير لتحسين عمليات التعلم والتعليم لذا كان على الإشراف التربوي أن يظهر تفاعلا ونشاطاً في فترات التغيير هذه، وهناك عوامل عديدة تشير إلى أن التأكيدات تتزايد على تحديد الأهداف العلمية منها :

- تحديد مواقف التعلم - تقييم النتائج - الاعتراف بحاجة أعضاء المؤسسة للإحساس بالأهداف التنظيمية والتأكيد على أن أحسن الأساليب لتحقيق الأهداف هو من خلال تفاعل المعلم مع ذوي العلاقة، ولهذا كان على المشرفين التربويين أن يهتموا كثيراً بإشراك المعلمين في تطوير السياسة وحل المشكلات ونشاطات صنع القرار، وهذه المقترحات تبنى على الفرضية التي تقول أن المعلمين مربون مهنيون بمهارات متخصصة يمكن استغلالها بحثّ المعلمين أن يكونوا محور اهتمام المشرفين التربويين الذين يصبون بعض اهتماماتهم على المكافآت المادية والمواقف العملية، لأن المعلمين أكثر حاجة للتقدير والخبرة الخلاقة والاقتناع بإنجاز عمل جيد والانتماء واحترام الذات، لذا كان على النشاطات الإشرافية التربوية أن تدرك أهمية هذه الحاجات وضرورة إشباعها.

أن فعالية القيادة لا تعني وظيفة إشغال المركز الرسمي ولكنها وظيفة عوامل معقدة ومتعددة تشمل الكفاءة المتخصصة الملائمة واحترام وتقدير الزملاء ، وبما أن هذه المعطيات هي المعطيات الأساسية التي يتبادلها أعضاء هيئة التدريس فيما بينهم، فمن الملائم توزيع السلطة الإشرافية لتحقيق سلوكات إشرافية متعددة، وبهذا ستكون وظيفة الإشراف التربوي تحديد وتنظيم أعمال هيئة التوظيف لإنجاز هذه النشاطات.

وستزداد أهمية عمليات التنسيق وكفاءة الضبط ولكن الأهم من ذلك هو مشاركة المعلم في تطوير الأهداف التنظيمية، وفوق ذلك كله التركيز على التوجيه والتقييم والتصحيح الذاتي للمعلم. وهذا يشمل استغلال وتطوير جميع الموارد المادية والبشرية التي تسهل للمعلمين تحديد نتاجات الجهود التعليمية.

أن اتساع آفاق المعرفة في محتوى المواد وأساليب التعليم لها تضمينات مهمة في عمليتي التعلم والتعليم، ومن المفترض أن يكون المعلمون على مستوى من الكفاءة المهنية، وهذا لا يعني انهم ليسوا بحاجة إلى نظام دعم من التخصص العالي لأن التغييرات التكنولوجية والعلوم السلوكية والمنهاج والتقييم والمصادر التعليمية تتطلب من المعلمين تبني هذه التغييرات، وانهم في الوقت ذاته بحاجة إلى العون والمساعدة لكونهم مركز اهتمام للإشراف التربوي ، وقد تطلبت التعقيدات المستمرة للمؤسسات التربوية وتطوير الاختصاص وتفاعل المعلمين في تطوير السياسة وفي عملية صنع القرار وصعوبة التنسيق بين الأطراف المتفاعلة مصداقية التواصل في جميع الاتجاهات لأن فتح قنوات التواصل يساعد المعلمين أن يكونوا صانعي قرار وحلالي مشاكل وإعطائهم صورة واضحة عن كل ما يجري في المؤسسات التربوية.

وباختصار فإن المؤسسات التربوية ستستمر تصب جلّ اهتمامها في تحديد مستخرجات التعليم وإيجاد مناخات ملائمة لتحقيق هذه المستخرجات وتقييمها، وسيكون هذا كله وسيبقى الوظيفة الأساسية للأشراف التربوي. ومع استمرار

الاهتمام بالأفراد في المؤسسات سيعزز الاهتمام بالمعلمين كحلالي مشـكلات وصـانعي قرار وعملاء تغيير. أن المهمة الأساسية للإشراف التربوي هي تطوير المعلمـين وتـوجيههم لهـذه الأنـواع من النشاطات وسيكون التركيز على توزيع المصـادر البشرـية والجهـود والسـلطة والمهارة لإيجـاد الحلول المناسبة للمشكلات التي تعترض السبيل.

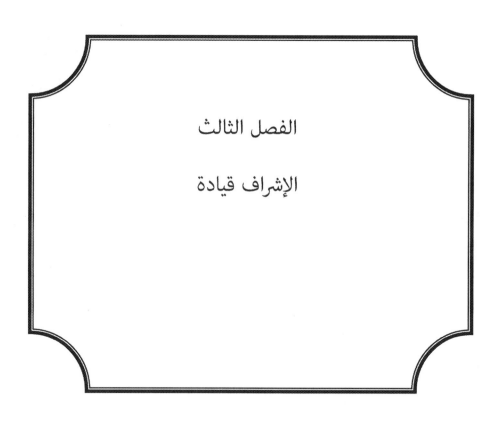

الفصل الثالث

الإشراف قيادة

الفصل الثالث

الإشراف قيادة

يعرف السلوك القيادي بأنه سلوك الفرد الذي يؤثر على سلوك الأفراد الآخرين، ولهذا يفترض أن السلوك القيادي عنصر هام في السلوك الإشرافي .

قبل أن يبدأ المشرف عمله عليه أن يلمّ بالمفهوم الوظيفي للقيادة ، وأن تكون الصورة واضحة لديه عن المركز الذي يرغب الحصول عليه، كما وأن تكون الرؤية جلية في خططه التي سيستغلها للتأثير في سلوك الآخرين في المؤسسة التربوية، ولهذا فإن هدف هذا الفصل هو تطوير مفهوم السلوك القيادي كمظهر من مظاهر السلوك الإشرافي، بالإضافة إلى التعرف على نظريات السلوك القيادي المحددة والنتائج التجريبية التي عرفت وطبقت فيما بعد في شرح وتفسير السلوك القيادي للمشرف.

طبيعة القيادة :

لقد بذلت مساع كثيرة لتحديد طبيعة القيادة ومنذ سنة 1900 وجدت أكثر من 300 ورقة بحث منفصلة تبحث في طبيعة القيادة ، وقد تحدت نتائجها العديد من الإشاعات والمقولات المقبولة عن القيادة، فقد رأى البعض أن القائد هو الخطيب المفوه بينما اعتبره آخرون الإنسان الحاد الذكاء على حين قال آخرون انه خادم البشرية.

وهناك فرضيات تقول يمكن للشخص القائد في مجال ما أن يكون قائداً في كل المجالات، وأن أشخاصاً قلائل ولدوا قياديين على حين لا تتوفر هذه الصفة في كثير من الأفراد، وهذا يعني أن القيادة مقصورة على أشخاص قلائل وأنها منزلة رفيعة

تعطي الشخص قيادة والقيادة بطبيعة الحال منزلة لها امتيازاتها، وأن القائد هو الشخص الذي يستطيع التأثير على الآخرين حتى يتقبلوا أهدافه.

ولكن نتائج الأبحاث لم تدعم هذه الفرضيات، فإن إحدى الدراسات الأولية لدراسة القيادة كانت محاولة لإيجاد العلاقة بين سمات القائد والقيادة وكانت النتائج سلبية بشكل عام كما لم تكن هناك علاقات إيجابية بين الذكاء والقيادة أو بين الثقافة والقيادة أو بين الرفعة والقيادة اذ لم تعط هذه السمات الفرد امتيازاً في الموقف الذي يمارس فيه القيادة.

وهناك طريقة أخرى لدراسة القيادة وهي دراسة أنماط القيادة وقد أجريت دراسات عديدة لاكتشاف العلاقة بين الأنماط المحددة للقيادة وتحصيل الجماعة ومناخاتها، وقد أظهرت نتائج هذه الدراسات أن نفس المجموعات أو مجموعات متشابهة تعمل تحت إمرة قيادة مختلفة الأنماط ستطور مناخات مختلفة ونماذج مختلفة من التحصيل .

وكان الدليل واضحاً إذ حدّد نمط القيادة بأشكال مختلفة كالقيادة الديمقراطية والقيادة غير المباشرة وقيادة مبادأة العمل والاعتبارية التي ترتبط أكثر ما يكون بتحصيل الجماعة والمحافظة عليها. ومما يثير الاهتمام أن هالبن وونر Halpin & Winer استعملا أسلوب تحليل العوامل في بعدين أساسيين للسلوك القيادي هما المبادأة في العمل والاعتبارية وقد توافقت هذه النتائج مع صفات القيادة الديمقراطية وحددت عمليا في دراسات لوينين Lewinian كما أكد هالبن سنة 1966 صحة هذه الفكرة بما يلي:

قال : (هذا انطباعنا ونحن نتأمل ما كنا نعزيه عادة إلى الإدارة الديمقراطية أو القيادة الديمقراطية هو في الواقع ما حدد عملياً بالسلوك القيادي الذي وصف بالتفوق في المبادأة بالعمل والاعتبارية).

وفي الواقع فإن هذين الباحثين المستقلين قد استعملا أسلوباً متميزاً وخرجا بنتائج متطابقة تعزز التعميم والتطبيق حسب ما جاء في نظرية جيتزلز وجوبا Getzels & Guba أن النتائج المستخلصة من أساليب وسمات الطرق القيادية قد أدت إلى طريقة مختلفة لدراسة القيادة،وقد

أجمع كل من ماركس وميرفيلد وجيلفورد Marks, Merrifield, & Guilford سنة 1959 على ما يلي : (لقد اضطررنا أن نسلم مع التقارير المتعددة التي ميزت القيادة من وجهة النظر السلوكية والموقفية التي تعني أن القيادة هي وظيفة الموقف ومتطلباته، والتابعين وتوقعاتهم إضافة إلى سمات القائد).

ان دراسة القيادة قد أثارت العديد من الأسئلة مثل : من الـذي حاول أن يشغل مركـز القيادة ولماذا؟ ومن هو الأكثر فعالية في موقف ما ولماذا؟ وقد توصلت الدراسة إلى النتائج التالية:

1- القيادة هي دور الجماعة: فالقائد هو الشخص القـادر عـلى إظهار قيادته بمشاركة فعالة في عمل الجماعة.

2- القيادة بتساوي الأشياء تعتمد على تكرار التفاعل: فإذا أغلق شخص باب مكتبه ولم يجد لديه الوقت الكافي للتفاعل المستمر مـع الهيئـة العاملـة فلـن يكـون باستطاعته أن يمارس قيـادة حقيقية.

ومن الواضح أن الشخص الذي يستطيع إظهار قيادة في مجموعة هو الذي يحمل قيماً مشتركة مع المجموعة التي قبلته عضواً فيها، أما إذا كان من خـارج المجموعـة أو أرفع منها منزلة ولا يستطيع مشاركتها قيمها فلن يستطيع إظهار قيادة ناجحة.

3- المنزلة الرفيعة لا تعطي بالضرورة قيادة . أن المراكز العالية لا تصنع قادة لأن القيادة الناجحـة هي التي تعمل بكلتا السلطتين الرسمية وغير الرسمية لتكسب احـترام الـذات، وأن المشرف الذي يشغل منصباً رسمياً عليه أن يضع في الحسبان أن المنصب لا يعزز فعاليته كقائد.

4- القيادة فعالة في أية مؤسسة واسعة ومنتشرة: أن دور القائد ذي المنزلة الرفيعة لا يعني فقط قيادة المجموعة ولكنه يعني التعـاون والتنسيق بالإضافة إلى مسـاعدة الجماعة باستعمال القيادة الموجودة فيما بينهم، وإذا توقع شخص ما ممارسة

قيادته على الجميع فقد حكم على نفسه بالإحباط والفشل لأن هناك أفراداً داخل المؤسسة أو جماعة يظهرون قيادة لأفراد آخرين.

وقد وضح ذلك وايت Whyte في دراساته على عصابة زاوية الشارع وقال بأن للعصابة أكثر من قائد وكل قائد له مساعدان أو ثلاثة وهؤلاء المساعدون لهم اتباع لا يتبعون قائد العصابة، وإذا لم يستطع قائد العصابة استمالة مساعديه فلن يستطيع استمالة العصابة.

5- معايير المجموعة تحدد القائد: تبحث المجموعة دوماً عن القيادة بين أولئك الأفراد الذين ترى فيهم دعماً لمعاييرها.

وإذا جمع الفرد بين المعرفة والكفاية اللازمتين لإشغال أي منصب فالمؤهلات التي تساعده ليكون عضواً فعالاً في جماعة طبقاً لمعاييرها ستكون هي نفسها التي تساعده أن يكون قائداً أو تابعاً.

يثير تعميم القيادة هذه مشاكل رئيسة للقادة ذوي المراكز الرفيعة .. فإذا عمل شخص قائداً لمجموعة فسيكون هو الشخص الذي يعزز معاييرها، وكيف يتسنى لهذا القائد ذي المنزلة الرفيعة الذي يشغل مسؤولية تحسين برنامج عمل مستمر تحدي وتطوير هذه المعايير دون أن يفقد قيادته ؟!

6- مؤهلات القيادة ومؤهلات التابعين متفاعلة ومتبادلة فالقائد الفعال هو التابع الفعال.

7- الأشخاص الذي يسعون لإقناع الآخرين بمبادئهم أو إظهار رغبة للتحكم أو التسلط هم في الواقع أشخاص مرفوضون للقيام بأي دور قيادي.

وقد قام كل من لبت ووايت Lippitt & White سنة 1947 بدراسة تأثير ثلاثة أنماط مختلفة لقيادة يافعين في الرابعة عشرة من العمر، أحدهم وجه وألزم واستعمل العقاب لإرغام الأفراد على تلبية ما يريد. وحاول الآخر أن يخطط مع الأفراد ويشجع الأعضاء كي يعملوا مع أفراد آخرين ، يرغبون العمل معهم، وحاول مساعدة أعضاء المجموعة في تقييم التقدم الذي أحرزوه. أما الثالث فلم

يفعل شيئاً بل قدم المساعدة حين طلبت منه.

وقد وجد لبت ووايت أن النمط الثالث هو السائب والأقل فعالية، والنمط الأول هو القيادة الاستبدادية التي لم تتمتع بفعالية القيادة الديمقراطية التي مثلها النمط الثاني وأعطت مجالاً للأفراد كي يعملوا مجتمعين متعاونين ، أن النمط الاستبدادي في القيادة قد أنتج روحاً عدوانية بين الأفراد الذين يعملون في المجموعة بنسبة ثلاثين ضعفاً عما هو عليه في المجموعة التي ترأسها قيادة ديمقراطية.

8- أن الشعور الذي يحمله الأفراد تجاه شخص ما هو عامل أساسي إذا ما استعملوا سلوكه كقيادة: أي أن يكون سلوك شخص ما داخل مجموعة على مستوى يجعل الناس يقبلونه كشخص ذي قيمة إذا أرادوا إعطاء معطياته اعتبارات ملائمة.

وقد قدمت هيلن جيننك Helen Gening سنة 1950 تقريراً عن دراسة لقيادة فتيات مراهقات في مؤسسة للأحداث الجانحين جاء فيه أن القائدات الفتيات اللواتي يتحسسن مشكلات الأخريات ويتفاعلن معهن هن القائدات الحساسات فإذا أراد فرد أن يمارس صلاحية القيادة على الآخرين عليه أن يهتم بشعورهم وأحاسيسهم وإلا ينزعج لأفعال وأقوال الآخرين، كما أن على المشرف أن يعمل بفعالية مع المعلمين يتحسس مشكلاتهم ويتفاعل معهم وأن يشعر كل فرد فيهم أنه واحد منهم.

9- تنتقل القيادة من موقف لآخر:

وجد ستيرلنغ وروزنثال Sterling & Rosenthal سنة 1950 انه إذا هوجمت مجموعة خارجية تحولت المجموعة إلى الأعضاء الأكثر عدوانية لاستلام القيادة، وإذا أرادت مجموعة أن تشترك في حفلة استمتاع فعليها أن تبحث عن أفراد مرحين لاستلام القيادة، أن المجموعة تميل إلى قيادة الأفراد الذين تشعر أنهم يساهمون في هذا العمل المحدد.

وقد توصل كاولي Cowley سنة 1928 في أبحاثه المتعلقة بالقيادة إلى تحديد

معنى القيادة بأنها ليست صفة شائعة تؤهل أي فرد لقيادة أية مجموعة، بل هي وظيفة المجموعة يحددها مدى ما لدى الشخص المعني من مؤهلات وقيم لها اعتبارها في نظر المجموعة .

وتقود أبحاثه إلى الاقتناع بأن القيادة هي عنصر عمل المجموعة الذي يساعدها على قبول الأهداف وإنجازها، وأنها وظيفة لمعطيات ومساهمات كثير من الناس ، وأن المجموعة هي التي تصف معطيات الشخص الذي يتبوأ مركز القيادة فيها.

وقد وجد كل من كوثري ونيوكمب Chowethrey & NewComb سنة 1952 أن هناك فرقاً بين من يقود بفعالية ومن لا يقود بفعالية، وهو أن قائد المجموعة يستطيع أن يتنبأ عما تريد المجموعة عمله في الأمور الحرجة ، ومن تنقصه القيادة لا يستطيع تحسس شعور الأفراد في أزماتهم، أما القادة الحقيقيون فهم وحدهم القادرون على تحسس شعور الأفراد في جميع المواقف.

لقد لخص هامفيل Hamphill سنة 1949 جميع الأبحاث التي أجريت في موضوع القيادة حتى سنة 1947 قائلاً أن هناك فرقاً بين من يقود بفعالية ومن لا يقود بها وأن القادة الفعالين يهتمون بمشاعر المجموعة التي يعملون معها.

وقد تحرى مايرز Meyers سنة 1954 الأبحاث التي أجريت في القيادة بين 1900-1952 وكانت في المجالات التالية : الخدمة العسكرية - العمل- المصانع- التربية، واستخلص أن العناصر الشائعة التي تحدد القيادة هي :

1- البعد الاجتماعي (مشاركة الآخرين مشاعرهم).

2- المبادرة (البدء بالأعمال بدلاً من الجلوس وانتظار حدوثها).

3- الخلق (المقدرة على توليد الأفكار الجديدة).

4- توافر المعلومات والآمال والقيم والمهارات الضرورية.

وهذا يوضح أنه إذا أراد فرد أن تستغل معطياته ليتبوأ مركز القيادة في مجموعة فعليه أن:

1- يظهر المبادرة والعقلانية .

2- يعطي دليلاً للرغبة في التعاون.

3- يوصل مشاعره وأفكاره للآخرين.

4- يتعاطف مع أولئك الذين يرغب في قيادتهم.

5- يكون خلاقاً ومبدعاً.

6- يكون في خدمة الآخرين.

7- يكون ملماً بمجالات اهتمام الآخرين.

8- يعمل ليراه التابعون (المعلمون) مهتماً اهتماماً شديداً بالحـديث والإصـغاء (طلـب المعلومـات وطرح الأسئلة والاستجابة).

ومما سبق نخلص إلى أن القيادة هي المساهمة في وضع وتحقيق أهداف المجموعة ويمكن أن تمارس من قبل المشرف أو أي عضو فعال من أعضاء هيئة التدريس.

إذن فالمجموعة والقيادة كلاهـما معتمـد عـلى الآخر، ولا يتـوفر أحـدهما دون الآخر، ولا يستطيع أي فرد القيام بدور القائد دون المجموعة ولا تعمل المجموعـة دون قائد، لـذا يجـب أن تعزز الوحدة بينهما وإلا فستبقى المجموعة عبارة عن تجمع عدد من الأفراد لا يربط بينهم غايـة ولا هدف.

يجب أن يكون لدى الفرد اهتمام أساسي في تطـوير شـعور المجموعـة وتعاونهـا، فالقيـادة هي القوة الدافعة التي تمكن الفرد من إظهار المجموعة إلى حيز الوجود واستمرارها في البقاء.

ومن الممكن أن تكون القيادة رسمية أو مختارة من أعضاء المجموعة الرسمية، معينة مـن قبل سلطة من خارج المجموعـة ، أما القيادة المختارة فهي من داخل المجموعة ومـن قبلهـا ، كـما يمكن لأي عضو من أعضاء المجموعة أن يتبوأ مركز القيادة فيها، وبهذا تميزت القيادة بأنها تعاون ومساهمة أعضاء المجموعة لتحقيق أهدافها وإجراءاتها.

والمشرفون بطبيعة الحال هم قادة رسميون معينون من قبل سلطة خارجية لا تمت لأعضاء المجموعة التي يعملون معها بأية صلة سوى سلطة المسؤول والتابع.

القوة المصاحبة للوصول إلى القيادة:

يحتل المشرفون مراكزهم نتيجة مقابلة أو تعيين دون فهم حقيقي لواقع مراكزهم، ومن خلال مراقبة هؤلاء المشرفين يتبين أن عملهم هو توجيه وتصنيف كل معلم حسب معطياته. وقد اعتقد هؤلاء المشرفون بأن ترقيتهم كانت بسبب ذكائهم الخارق وإنجازاتهم المشرفة، ولهذا وجب أن تحترم منزلتهم الرفيعة، وشعروا أن لكلمتهم وزناً أكبر من معلم الصف وأن أي استفسار عن أحوالهم هو تهديد لمنزلتهم، أن عدم فهم المشرف لمهنته يعني تحويل معناها إلى سلطة تسلطية، وحين يشعر بأن السلطة تعني التعالي سرعان ما يعزل نفسه عن الجماعة لشعوره بفوقيته عليهم، وفي حالة التعالي هذه لا يبذل المشرف جهداً في إخفاء سلطته بل يستغل مركزه وسلطته لحمل الأفراد على تنفيذ أشياء باعتقاده أن الحاجة ماسة لإنجازها، كما لا يحاول تصنيف نوعية أهدافه ، وإذا افترضنا أنها جيدة فسيشعر المشرف انه يلم بأوضاع التعلم الجيد وأن لديه بعد نظر عن كيفية استطاعة المعلمين توفير هذا النوع من التعلم للصغار، ويبادر إلى اتخاذ الخطوات التي يعتقد بضرورة تنفيذها لتوفير هذه الأوضاع للطلاب في مدرستهم.

يريد القائد المتسلط من الآخرين دعماً لسياسته غير قابل للاستفسار، لأن الاستفسار في نظره تحدّ والتحدي يجب أن يلغى، ويضع المشرف القرارات وعلى هيئة التوظيف تنفيذها ، ويخول أعضاء معنيين من هيئة التوظيف مسؤوليات معينة، وإذا لم ينفذوا ما أمروا به يعاقبون عقاباً رسمياً أما بتخفيض سلطاتهم أو بحرمانهم من العلاوات ولكن إذا كان الذنب كبيراً فالعزل أولى.

يستطيع القائد السيطرة من خلال الرهبة أو الاحترام فإما أن يهاب الأفراد من العقاب إذا لم ينفذوا أوامر القائد، وإما أن يحترموا القائد لدرجة ألا يفكروا إلا

في تلبية رغباته، وكلا النوعين سيطرة دكتاتورية، والنتيجة الوحيدة لهذه السيطرة هي تلبية أعضاء المجموعة رغبات القائد فقط حين وجوده، ولكن المشكلة أن القائد ليس متواجداً دوماً، وأما أولئك الذين لا يعيرونه خوفاً أو احتراماً يتلكؤون في تنفيذ العمل ويسود نظام التجسس من جراء ذلك، ويسود النظام فقط من خلال قناة تواصل واحدة توصل المعلومات للقائد.

إن الوضع التسلطي يفرض على القائد ألا يرى إلاّ نفسه يتمتع بسلطة قوية، وإذا تمتع أحد أفراد المجموعة بأية سلطة فهذا يعني أن سلطة القائد في خطر، لذا وجب أن يحرص القائد على عدم فتح قنوات تواصل كثيرة بين أعضاء هيئة التوظيف ولكن حين تتاح الفرص للأعضاء لتبادل الآراء ربما يطور من جراء ذلك الاحترام والولاء، وأن الاحترام المتزايد لأي عضو آخر من أعضاء هيئة التوظيف يعتبر تحدياً لسلطة القائد.

إن أخطر صعوبات القيادة التسلطية تكمن في حجب الأفكار الجديدة إذ يعتمد القائد كلياً على ذكائه الخاص ويحاول فتح قنوات تواصل مع موظفيه للحصول على أفكارهم، ولكن الأفكار التي يحصل عليها تتعلق في كيفية تنفيذ خطته ولا يجرؤ أحد من موظفيه تحدي برنامج عمله، ومن يتجرأ يعرض نفسه للعقاب، ومن يقبل التحدي من بين أعضاء هيئة التوظيف فإنه يعرض السلطة للخطر.

أن هناك خطأً في الفرضية التي تقول إن القيادة والسلطة تتضمن فرض القوة على الأفراد دون إدراك أن الطريقة التسلطية تقلل من احتمال إطلاق طاقات الأفراد الكامنة، وتحدد دوافع الإنجازات لديهم، على حين يجب أن تكون هناك فرضية أكثر إنتاجية لتحقيق نمط العلاقة بين القائد وأتباعه ولتحقيق أفضل السبل لاستغلال مواهبهم المدفونة. وقد دلّت نتائج البحوث على مجموعة ديناميكية بوسائل عمل ديمقراطية واستبدادية على الآتي:

1- أن المجموعة التي يرأسها قائد متسلط قاس قد وصفت بمنافسة حادة بين أفرادها

وعدم تقبل الواحد للآخر واستبعاد تحمل المسؤولية، وعدم رغبة في التعاون وظهور عداء داخل المجموعة وخارجها، وانفعال شديد وانخفاض في إنتاجية العمل بسبب تسلط القائد.

2- أما المجموعة التي يرأسها قائد أتوقراطي معطاء فقد تميزت بفقدان المبادرة وظهور نزعة الارتداد وأما القائد فقد كان اكثر تساهلاً ولا يستطيع الاستمرار بالتطوير الفردي ولا يتقبل إضافة أية مسؤولية أخرى بسهولة.

3- وأما المجموعة التي يظهر قائدها عدم اهتمام في القيادة فقد اتصفت باللامبالاة والاختلاف والحاجة إلى تحديد الأهداف، وعدم الرغبة في الإنجاز مما تسبب في فشل أعمالها.

4- لكن المجموعة التي يتزعمها قائد يصب جلّ اهتمامه في مساعدة الأشخاص الذين يعملون معه فقد اتصفت بالتعاون والحماس والقبول بالمسؤولية مهما عظمت والإحساس بأهمية العمل المنجز وقيمة كل فرد من أفرادها.

أن هذا النمط الأخير من أنماط العلاقة بين القائد والتابعين يعطي الأمل الكبير في إطلاق الطاقات الكامنة.

ومن خلال دراسة مجموعة أنماط القيادة تبين أن الديمقراطي لا يصب اهتمامه في الحصول على السلطة الشخصية لأن هدفه الرئيس تطوير قوة المجموعة التي تساعد أفرادها في تحقيق أهدافها، كما انه لا يرى في قوته شيئاً منفصلاً عن قوة المجموعة لأن اهتمامه ينحصر في بناء علاقة عمل تعطيه طاقة متضامنة ومتفاعلة مع طاقات المجموعة.

وإذا استغل المشرف طريق الطاقة المتضامنة المتفاعلة فإنه سيبدأ بمساعدة أفراد المجموعة بالتخطيط سوياً، وإذا حلّت مشكلة من مشكلات المجموعة في خطوات الوصول إلى الأهداف فإنه سيبذل جهده في التفكير في إيجاد سبل تساعد المجموعة على حل مشكلاتها بدلاً من إيجاد سبل تؤثر في أعضاء المجموعة كي يتقبلوا وجهات نظره دون مشاركته اتخاذ القرار ورسم الخطط.

إن الأسئلة الرئيسة التي توجه لأفراد المجموعة للإجابة عليها لمعرفة أحوالهم هي :

- ❖ ما هو العمل؟

- ❖ وكيف نحسن إنجازه؟

وبالإجابة على هذين السؤالين سيجد أفراد المجموعة أنهم يستجيبون للواقع أكثر من استجابتهم للمشرف.

وإذا حكم الواقع المجموعة فليس هناك سلطة لأحد على آخر بل تؤخذ القرارات ممن يمارس الوظيفة على أساس المهارة والتدريب ، ويشارك المشرف في النقاش ويستغل كامل ذكائه ويعطي المجموعة نتاج تفكيره، لأنه اختبر أفكاره بعناية تامة كما تختبر أفكار أي عضو من أعضاء المجموعة، ويرفض أن تقبل أفكاره وكأنها السلطة الرسمية الحاكمة.

أن القائد في ظل هذه الطريقة يصبح مرجع القرار النهائي لهيئة التوظيف، بعد أن تعطي المجموعة الاعتبارات الكاملة لأفكار وحلول الأعضاء المقترحة تطرح للتصويت ويؤجل اتخاذ القرار إلى حين الوصول إلى الإجماع.

وإذا لم يسمح الوقت بالوصول إلى الموافقة الإجماعية وطلب إلى أعضاء المعارضة الانضمام إلى قرار الأغلبية مع العلم أن السياسة المتبعة سيعاد النظر فيها إذا تبين أن هناك عدم قناعة بين الأفراد في ضوء الخبرة والتجربة.

إن القرار التنفيذي هو خطوة في العملية الكلية لحل المشكلة كما أن الخطوة الأخيرة فيها حين يطلب إلى المسؤول أن يتخذ القرار وبعدها يبدأ الحل بتحديد المشكلة وتحليل عواملها واعتماد إجراءات اتخذها قرار الجماعة بنشاطات تنفيذية باعتبارها مسؤولية تنفيذ القرار.

وفي حالة كهذه تكون السلطة والمسؤولية مستمدة من مجال العمل وليس من التفويض أو المركز فمثلاً إذا جابه الأعضاء مشكلة تتعلق بانحراف سلوك أحد

الطلاب وتطلب ذلك استدعاء مرشد اجتماعي أو تحويل اتخاذ القرار إلى أفضل الأعضاء تدريباً يتقبل الأعضاء قراره ليس بصفته الشخص المتمتع بالسلطة أو المركز ولكن لأن الجماعة احترمت تدريبه وخلفيته واعتبرته المرجع المناسب . وفي ضوء هذه الإجراءات لا يخسر القائد سلطته بل يشعر من حوله أنه يتمتع بحرية مطلقة وذلك باستغلال جميع الموارد البشرية العاملة معه، كما أنه يقوم بعمله على الوجه الأكمل حين يطلب إليه أن يتسلم زمام السلطة في المجموعة.

وقد حددت السلطة بالتدريب والمعرفة واستخدمت كقوة مصاحبة (متفاعلة) وليس كقوة فوقية، وإذا لم توافق الهيئة العامة على قبول سلطة أحد الأعضاء يحول الاستفسار مرة أخرى لمجموعة حل المشكلات للرجوع إلى أفضل الأشخاص تدريباً لاتخاذ القرار .

وحين تعمل الهيئة العاملة على أساس القوى المصاحبة والمتفاعلة مع المشرف ستتاح الفرصة لكثير من الأشخاص لتسلم زمام القيادة، وأن أية مساهمة من قبل أي فرد لإنجاز أهداف المجموعة تقبل كعمل قيادي، كما يشجع كل عضو من الأعضاء إظهار قيادة تتناسب مع مهاراته الخاصة ومكانته داخل المجموعة وفي ظل هذا الأسلوب العملي يصبح عمل المشرف تنسيق نشاطات المجموعة، وبكلمات أخرى إنه يركز على قوة المجموعة لتوليد طاقات تعمل بفعالية من خلال التنسيق بين نشاطاتها المختلفة.

إن قوة المجموعة هي الطاقة الكلية للهيئة العاملة التي تؤكد على تحقيق أهداف محددة من خلال علاقات بنيت بإشراف وتوجيه المشرف، وأن القائد الحقيقي الذي يعمل ويتفاعل مع هيئته العاملة هو الفرد الذي يستطيع أن يساعد المجموعة في تنظيم معارفها وجعلها في متناول جميع الأعضاء، كما يشجعها لإظهار القوة الكامنة فيها لحل مشكلاتها. والمشرف الفعال هو ذلك الفرد الذي يستطيع أن يربط الإيرادات المختلفة وقدرات أعضاء المجموعة لتصبح دافعاً وقوة موحدة. ولكن هناك مشكلة تعترض المشرف وهي أن يتعلم كيف يطّور الطاقة لا أن يحدد موضعها فقط.

يساعد القائد الجيد أعضاء مجموعته في الشعور بالمسؤولية المتزايدة، بدعم المعلمين بالإحساس بأهميتهم وبمشاركتهم في تحمل مسؤولية تخطيط برامجه وألا يسمح لنفسه بالتدخل في الفرص المتاحة للآخرين في تحمل أية مسؤولية بالاعتماد على مركز القوة الذي يتمتع به، مع العلم أن المسؤولية النهائية تقع على عاتقه ومع ذلك يعطي المعلمين واللجان المتفرعة عنهم سلطة كاملة تخولهم إنجاز أعمالهم. ونتيجة لذلك يتحد الجميع في مسؤولية مشتركة وليست موزعة بين أعضاء الهيئة العاملة، فالقائد المسؤول يستطيع أن يشرك الآخرين في جميع مسؤولياته وسلطاته لأنه قادر أن يشاطرهم المسؤولية بإتاحة الفرص لهم للمشاركة في عملية صنع القرار وكيفية استخدامه، أما الاستفسار عن السلطة المخولة فلن يحظى بأهمية تذكر في هذا النظام لأن البرنامج الكلي للمدرسة يظل المسؤولية الكلية لهيئة التدريس، ويزهو القائد المسؤول فخراً بنفسه بأنه رئيس لهذه المجموعة، وحين يستفسر أحد الأفراد المسؤولين والمهتمين عن أشياء تتعلق بالبرنامج المدرسي أو عن سير العملية التربوية فلن ينفرد القائد المسؤول بإعطاء الإجابة بل يصطحب معه بعض أعضاء الهيئة العاملة المختصة كي تقوم بتوضيح الاستفسار الذي طرح باعتباره المسؤولية الرئيسة لهم (القائد والمجموعة).

وبهذا الإجراء لا يفقد القائد المسؤول قوته أو يضعف مركزه بل يعزز قوته بأعماله التي تستمد الدعم الكلي من أعضاء الهيئة العاملة لأن الطاقة الكامنة للمجموعة هي التي تعزز المركز الذي يتبوأه القائد، وحين تشترك الهيئة العاملة في عملية صنع القرار يعني الجهد الذكي للمجموعة الذي عزز مركز المشرف في إشراك المجموعة في صنع قراراتها، وتحمل مسؤولية تنفيذها دون أن ينفرد باتخاذ القرار.

وأن مفهوم القوة المصاحبة المتفاعلة يعني قدرة القائد على بناء ولاء المجموعة وتنمية الإحساس الشخصي بالمسؤولية بتحقيق أهداف المجموعة وتوحيد الجهد الذي ليس بالإمكان تحقيقه بالقوة الفوقية، بل بخلق علاقات عمل متعاونة مع أعضاء الهيئة العاملة أفضل من عملية الضبط الشخصي لعمل الأعضاء كأفراد. ولكن إذا

صمم أحد أعضاء المجموعة إنجاز أهداف شخصية تتعارض مع أهداف المجموعة، فالضغط الكلي لرأي المجموعة يجبره على التراجع لتحقيق أهداف المجموعة لأن رأي المجموعة له ضبط فعال أكثر من أي إجراء آخر يتخذه مكتب الإدارة والإشراف.

وإذا صمم القائد الملتزم المسؤول أن يعمل مع المجموعة فسيواجه بضرورة العمل التعاوني المستمر مع الأفراد، كي يصبح أكثر مهارة في عمل المجموعة وأن يلتزم بحقيقة وظيفته الأساسية وهي مساعدة أعضاء المجموعة على التفكير المشترك والوصول إلى اتخاذ القرارات وتنفيذ العمل سوية.

يجب أن نعلم أن جميع أعمال المجموعة لا تبدأ تامة دون خلل وخصوصاً إذا لم يكن لدى أفراد الهيئة العاملة خبرة بالعمل الجماعي، لذا يكون التقدم إلى التمام بطيئاً حتى ولو كان أعضاء الهيئة العاملة أكثر تطوراً في العمل الجماعي، مما يجبرهم على استخدام وقت أطول لتطوير روح الجماعة فيما بينهم كي تعمل على تعزيز اهتماماتها المشتركة.

وكلما كانت الجماعة أقل كفاءة ونضجاً كلما بذل القائد جهداً أكثر في التوجيه والإرشاد واغتنم كل فرصة وبالسرعة الممكنة لإظهار قيادة فعالة للوصول إلى خلفية كل واحد منهم ليسمح لهم بتحمل مسؤولية أكبر، وكلما أعطى أكبر عدد من الأفراد فرصة كافية لتطوير وتنمية مهاراتهم في العمل الجماعي كلما حققت المجموعة نضوجاً أكثر وإنجازاً أعظم.

ويستطيع القائد المسؤول أيضاً أن يكتشف ما إذا حققت الهيئة العاملة نضوجاً في حدود تحركاتها في اتجاهات تطوير إحساسها بالعمل الجماعي المنوط بها وفي قدرتها على تحسين إجراءاتها العملية ومن درجة اقتناعها بطرق تنفيذ العمل.

كيف يبدأ المشرف:

1- (ضرورة إيجاد إطار للعمل) : يحتاج أعضاء المجموعة معرفة حدود عملهم ومدى مسؤولياتهم وسلطاتهم التي يتمتعون بها داخل المجموعة ، وعلى القائد المسؤول أن يكون محدداً مع الهيئة العاملة فيما يتعلق بالقرارات التي يستطيع اتخاذها والقرارات التي

يستطيع إشراكهم بها، كما عليه أن يوضح حدود سلطته.

وعلى كل عضو أن يعرف المجالات التي يستطيع بها المشرف اتخاذ القرار والمجالات التي لا يستطيع أن يتجاوز حدود التوصيات، وإذا كان العمل يتطلب فكراً قوياً مصاحباً، فعلى المشرف أن يشارك الآخرين في السلطة المخولة له في ذلك الموقف ولا يستطيع أن يعدل مع المجموعة إذا أشركهم في سلطة غير مخولة له، وإذا فعل ذلك واتخذت المجموعة قرارات معاكسة مستمدة من سلطة خارجية ستضعف ثقة المجموعة بنفسها وبقوته أيضاً، ولا يستطيع المشرف أن يتجاوز أنظمة مجلس التربية كما لا يستطيع أن يتحدى عادات مجتمعه، ولكن باستطاعته والهيئة العاملة أن يقرروا التوصيات التي يريدونها وذلك برفعها لمجالس التربية أو لجان المجتمع المختصة بذلك. وأن التوصيات التي اتخذت نتيجة التفكير الجماعي تكون اكثر فعالية من التصريحات الفردية المعلنة وأكثر قبولاً من السلطة الخارجية ، وإذا كان يهاب المخاطرة من نتائج التفكير الجماعي في مواجهة مشكلات معينة لا يستطيع الإفصاح عنها وجب عليه أن يوضح للهيئة العاملة القرارات التي يتحفظ عليها والأسباب التي جعلته يفرض قيوداً عليها.

وفي هذه الحالة ربما تقبل أو لا تقبل الهيئة العاملة هذا الإجراء الذي اتخذه القائد المسؤول ولكن النتائج تكون أقل خطورة في عمل المجموعة ونموها وستكون أفضل من تظاهر القائد بعدم وجود تحفظات لديه تمنع من إشراك الأفراد في صنع قرار سلطته ويجعله ينقض قرار مجموعته.

2- (توفير الوقت للتفكير الجماعي): لا تعني الهيئة العاملة مجموعة أفراد متواجدين في بناء واحد، بل تصبح مجموعة فعالة حين يبدأ أعضاؤها بتطوير أهداف وقيم مشتركة تسيطر على نماذج سلوكات الأفراد في الهيئة العاملة، ومن جراء ذلك تحقق المجموعة اهتمامات وأهدافاً وقيماً مشتركة بالتعاون

والمشاركة ويتطلب ذلك وقتاً يتيح لأفراد المجموعة الالتقاء معاً، وعلى القادة المسؤولين أن يدركوا أن الوقت المبذول في التفكير الجماعي المشترك ليس مضيعة ولا مؤشراً على فشل الأساليب الديمقراطية بل العكس فالعمل الجماعي أساس الفعالية والكفاية.

إن مقدار الوقت المبذول بالمشاركة ليس هدراً لأنه يحقق وحدة، ويأخذ هذا الوقت بالتناقص تدريجياً لأن الاهتمامات والأهداف والقيم المشتركة تكون قد أنشئت وليست بحاجة إلى تنقيح أو إعادة نظر إلا في حالة ظهور مشكلات جديدة تتطلب حلاً، ولا داعي لاختصار الوقت الجماعي المبذول لحل مشكلات الجماعة طالما أن الهيئة العاملة تعمل كمجموعة متكاملة.

إن اتخاذ القرار هو جزء في تطوير المجموعة كما أن الخبرة المشتركة تساويه في الأهمية ويمكن اتحاد الاثنين معاً، ولكن بدون الخبرة المشتركة لن تكون هناك معان مشتركة، كما يمكن أن تنتج المناقشات بلبلة من خلال صعوبات لفظية وإن العمل دون توفير وقت للتحليل هو بمثابة عدم فعالية تطوير المجموعة وإذا لم تكن هناك فرصة للتشاور في تفسير ما يحدث فإن الخبرة تعمل على فصل أفراد تسببوا في خلق اختلافات في التفسيرات لأن الخبرة توفر معانٍ مشتركة فقط حين يكون هناك تحليلات للمعاني متفق عليها.

3- (اطلاع الهيئة العاملة على أساليب العمل المستعملة) : يظهر من هذا الاقتراح كأن المشرف يوجه أكثر مما يسمح للتفكير المشترك لأن الأمر ضروري كي تلم الهيئة العاملة بالإجراءات التي ستتبع كي يصبحوا أكثر حماساً للمشاركة في العمل كمجموعات، كما يجب أن يوضح أسلوب العمل وإلا ستقود الضبابية إلى التردد والتراجع، وهناك طريقة واحدة لتحقيق هذا الفهم هي اقتراح القائد طريقة عمل تستخدم فيها أفضل الإجراءات التي يعرفها ويفسح المجال أمام أعضاء المجموعة لطرح اقتراحات لتحسين الخطة التي وضع أطرها.

وإذا كانت هذه الخبرة الأولى للهيئة العاملة مع القائد المسؤول فلن

تزوده بأفكار إضافية أو خطط بديلة للخطط المقترحة إذا كانت المجموعة لا تثق بقيادة مسؤولها، ومن جراء ذلك ستتراجع إلى الوراء وتنتظر لترى كيف يعمل.

4- (إتاحة الفرصة لتغيير الإجراءات) : مع أن أعضاء المجموعة لا يقترحون أي تغيير في خطة العمل المقترحة من قبل القائد المسؤول في الجلسة الأولى ، إلا أن هذه الاقتراحات ستظهر من قبل أعضاء الهيئة العاملة طالما اقتنعوا أن القائد المسؤول أهل للثقة ويعني ما يقول. إن اقتراحات تغيير الإجراءات تشير إلى أن المجموعة على استعداد لتقبل القائد، وفي خلال المرحلة الأولى من مراحل تطوير المجموعة على القائد المسؤول أن يكون حذراً في استعمل كلمة (أنا) إذا أراد للهيئة العاملة أن تبدأ التفكير بنفسها كمجموعة، ويحتاج هذا التأكيد أن يكون موضع تنفيذ في العمل المشترك، لأن استعمال كلمة (نحن) بدلاً من (أنا) تقود إلى تكامل الاهتمامات على حين استعمال كلمة (أنا) تنتج انقساماً.

5- (المطلب الأساسي لعمل الهيئة العاملة في صنع القرار الأولي هو حل مشكلة الجماعة) يجب أن تعطي المشكلة مجموعة الأفراد هدف القضاء عليها، وبدون هذا الهدف فلن يكون هناك حاجة لأعضاء المجموعة للاستمرار في المشاركة والتعاون فيما بينهم. لأن حل المشكلة هو العمل المشترك الذي يتطلب تفكيراً وتخطيطاً جماعياً وعملاً جماعياً فالمشكلة بحد ذاتها لن تكون مشكلة المشرف بل مشكلة المجموعة كلها.

6- (يجب أن يبدأ المشرف من موقع الهيئة العاملة) : إذا وافقت الهيئة العاملة على تحديد المشكلات المهمة التي تواجهها فالحالة سهلة ، ولكن إذا كانت هناك حاجة إلى الاتفاق عليها فيجب أن تساعد الهيئة العاملة في الوصول إلى اتفاق. وعلى القائد المسؤول أن يشجع أعضاء المجموعة على اختيار إحدى المشكلات الصغيرة ذات الاهتمام المشترك كنقطة بدء للعمل، وفيما تعمل

الهيئة العاملة على تحديد وحل المشكلة سوياً يطوّر الأفراد الآخرين الكثير من الاهتمامات المشتركة، وباكتساب الأفراد خبرة جماعية يزداد الاتفاق على أولويات وأهمية المشكلات.

على القائد أن يسير باقتراحاته بحذر حتى تدرك الهيئة العاملة أنها ليست أمراً، وأن المشرف عضو من أعضاء المجموعة ويحتاج إلى توضيح اهتماماته وأن ترتفع مسؤوليته إلى مستوى الشعور بالمشكلة على أنها مصدر إزعاج له وللهيئة العاملة.

يجب أن يركز المشرف على جلسات تخطيط الهيئة العاملة كمكان تتطور وتتقدم فيه الأفكار دون خوف أو إحراج، كما يجب أن يدرك أن هناك أعضاء معينين من الهيئة العاملة من الممكن أن يحسوا بالإحراج لتقديم فكرة ليست مقبولة من المجموعة لاعتقادهم بأن خبراتهم قليلة، لذا كان على القائد أن يبادر بأخذ خطوات تساعد المجموعة في فهم واستيعاب أفكار بعضهم بعضاً، فإذا قبل الواحد الآخر ساعد بعضهم بعضاً في اختبار الأفكار دون إيذاء لأحد، وإذا لم تتصف الهيئة بهذا النوع من تبادل الأفكار فمن الأفضل أن تلطف حدة النقد أولاً حتى يشعر الأفراد المعنيون بأمان مع القائد المسؤول وبقية أفراد الهيئة العاملة .

7- (على المشرف أن يتذكر دوماً أن الموافقة على الفرضيات هي أكثر صعوبة وأقل وضوحاً في التفكير الجمعي عنها في التفكير الفردي).

فإذا كان هناك عدد من الأفراد يتراوح ما بين 40-50 عضواً بمجموعة قيم مختلفة لاختبار معلومات تتعلق بالفرضيات فإن فرصة الوصول إلى اتفاق جماعي على فرضية واحدة هي أقل بكثير مما يقوم به فرد بمفرده لاختبار معلومات متعلقة بنفس الفرضيات. إذ أن موافقة المجموعة على الفرضيات تتطلب درجات عالية من التسوية فيما بينهم.

دور المشرف في المجموعة:

تعتمد دراسة القيادة على التفاعل إذا ركزت النظريات على السلوك القيادي كإنجاز لمتطلبات وظائف المجموعة، وقد حدد كارترايت وزندر Cartwright & Zender سنة 1960 طريقة التفاعل بأنها إنجاز لتلك الأعمال التي تساعد المجموعة في تحقيق نتائجها المرجوة، وعرفت هذه الأعمال بوظائف المجموعة، وبالتحديد فالقيادة تحوي أعمال أعضاء المجموعة التي تساعد في وضع أهدافها وتوجيهها تجاه الأهداف، وتحسين نوعية التفاعل بين الأعضاء وبناء تلاحمهم وجعل المصادر في متناول أيديهم.

لقد وصف لبت Lippitt سنة 1955 وظائف القيادة بأنها محاولة لاكتشاف الأعمال التي تتطلبها من المجموعة تحت ظروف مختلفة إذا أرادوا تحقيق أهدافهم وكيف تنفذ هذه الأعمال من قبل أفراد مختلفين.

ويختلف سلوك القيادة بين أعضاء المجموعة طبقاً لمتطلبات الموقف وتوقعات التابعين وكفاءة واحترام أعضاء المجموعة، وعلى المشرف أو القائد المسؤول أن يشارك أعضاء المجموعة في تنفيذ مهامها المرجوة، وبالنسبة لـ (لبت) فإن للقائد المسؤول مسؤولية خاصة في تحسس الحاجات الوظيفية للمجموعة ومراقبة كيفية تنفيذها، وليس من الضروري أن يلم المشرف بكل الأفكار أو أن يقوم بكل الأعمال بطريقة الدفع، ولكن الحاجة ماسة أن يرى المشكلات جميعها قد حددت ، والأفكار قد تولّدت ، والأعمال قد أنجزت وأن له مسؤولية خاصة في هذه المجالات.

إن للمشرف سلطة موصوفة ومعينة كقائد مسؤول في المؤسسة كما أن له مركزاً لا يتمتع به أي فرد في المجموعة ومن الأهمية بمكان استغلال مصدر القوة هذا لتوفير مناخ العمل الذي يدعم محاولات القيادة في استفساراتها وإعطاء المعلومات، وتحديات كل فرد من أفراد الهيئة العاملة، وفي الواقع فإن هذه السلطة تساهم في تقوية قيادة المشرف، كما تعمل على تقليل فعاليته إذا استغل سلطته للتهديد وإحباط الأفراد والردع وإهانة الهيئة العاملة، وبهذا فإن نجاح القيادة هو جزء من مهام واحترام المجموعة للمشرف ولولا هذا الاحترام فلن يستطيع تحقيق فعاليته كقائد.

إن خطوة المشرف الأولى لنجاحه هي كسب قبوله كعضو من أعضاء المجموعة، أما إذا تصرف وكأنه من خارج المجموعة فقد ينظر إليه بريبة من جميع أفرادها، ولن يرد إليه اعتباره إلا إذا كشف عن نفسه بالطريقة التي يتعامل بها معهم، وقد أشار ميري Merei سنة 1949 في أبحاثه إلى أن القائد يقبل من قبل المجموعة كعضو عامل فقط إذا أظهر تأثيراً فعالاً على اتجاهات المجموعة وأهدافها.

وإذا باشر المشرف عمله بإبلاغ الهيئة العاملة أن عليهم تنفيذ جميع ما يؤمرون به فإن هناك احتمالاً كبيراً أن يرفض وجميع أهدافه، أما إذا أراد لأهدافه أن تتحقق فعليه أن يساهم بطرح أفكاره للمجموعة لتؤخذ بعين الاعتبار بعد أن يتقبلوه كفرد عامل بينهم، وفيما عدا ذلك فسيكون الفشل حليفه إذا عبر عن وجهة نظره ببيانات وتوجيهات صادرة عن مركز رسمي.

وإذا تصرف المشرف من منطلق التمسك بالأبحاث القيادية فإنه يستغل تأثيره لتعزيز بعد نظر المعلمين نحو أساليب التفكر الجماعي، كما أن أهمية بناء برنامج على أساس علمي مكتسب من خلال خبرات المعلمين وتجاربهم على عملية التحسين المستمرة باستغلال اهتمامات المجموعة كنقطة بدء.

وفي عملية التحسين هذه يبحث عن تعزيز وحدة المجموعة وتشجيع التنويع والعمليات التجريبية لإثراء أفكار المجموعة وبناء الثقة في نفوس أفرادها واطمئنانهم ومساعدتهم كي يروا بوضوح حدود مسؤولياتهم، لزيادة التفاعل فيما بينهم والمشاركة في الخبرات وإتاحة فرص ملائمة للقيادة.

يريد المشرف كقائد مسؤول بسط قيادته على المجموعة عن طريق المشاركة لأنه يدرك أن المشاركة في القيادة تساعد على نمو قدرات الأعضاء فتزداد قوة المجموعة لأنه يعمل على الحفاظ على مؤسساتهم بعدم تحديد المسؤولية في عدد قليل منهم.

إن إحدى المشكلات التي تواجه المشرف وهو يحاول بسط سلطته هي الأسلوب الذي يرى به أعضاء الهيئة العاملة أنفسهم. وأن محاولته إعطاء أكثر الأفراد فرصة كي يعملوا قادة هي تهديد لأولئك الذي يتوقون إلى تبوء مركز القيادة ، وبهذا يشعر المعلمون الآخرون بالخوف وعدم الكفاءة ويتولد عن ذلك الهروب من تحمل

المسؤولية، أو يتكون لديهم اعتقاد عميق بأن قيادتهم غير كفؤة فيحاولون تجنب أدوار القيادة أو الإصرار على ترشيح نفس الأشخاص الذين تقلدوا مناصب القيادة للتأكيد أن كل شيء قد سار بانتظام، وليس هناك داع لإجراء أي تغيير في المؤسسة.

إن الاتجاهات التي طورها أعضاء الهيئة العاملة كل تجاه الآخر يمكنها إعاقة المحاولة لبسط القيادة لأن أية هيئة عاملة تكون قد عززت الثقة في أشخاص معينين خلال السنين تجعلها تصل إلى احترام أحكامها وقدراتها، بينما أعضاء أية هيئة عاملة أخرى يمكن أن تفقد الثقة في تابعيها من خلال بيانات غريبة عديمة التوقيت، وأن النجاح المحتمل لأي نشاط يمكن أن يعزز أو يحبط حسب نوعية الشخص الذي عين ليتبوأ مركز القيادة. أما إذا اختارت الهيئة العاملة الشخص واعتبرته قادرا رغب الآخرون بالتعاون معه والاستماع للاقتراحات التي يقدمها، وإذا انتخب المعلم كرئيس لجنة وكان في نظرهم غير كفء فاقد الثقة في ذاته، غير ذكي، سطحي التفكير فسيبحث الآخرون عن طرق جديدة لتجنب العمل معه وتقل بذلك فرص قبول الاقتراحات الصادرة عن جلساته، كما تتضاءل أيضاً فرص نجاحه.

بعد أن يتم قبول المشرف من قبل المجموعة يمكن أن يثير بعض الأسئلة حول برامجه المطروحة تساعد الأعضاء الآخرين الذين رفضوها على إعادة تقييم موقفهم وإجراءاتهم، وقد ينتج عن التحليل الذاتي لأعضاء الهيئة العاملة اهتمام يقودهم إلى التعهد بإجراء تحسين على أوجه البرامج التي طرحها القائد المسؤول، إنه لا يستطيع إجبار المجموعة على قبول اهتماماته لأن الاهتمام يجب أن يكون اهتمام المجموعة وليس اهتمام المشرف وحده.

إن تحديد موقع القائد لا يجعل منه شخصاً أقل ديناميكية بل بالعكس تزيد من طاقاته الكامنة وتسهل تبوأ مركز القيادة الذي يريد.

إن الكفاءات التي تولد الحماس والاتحاد قد تذهب سدى إذا تكونت أفكار مسبقة غير بناءة عن المركز والمؤسسة تمنع القائد المسؤول من استغلال هذه الكفاءات بفعالية.

إن على المشرف مسؤولية هامة في مساعدة الهيئة العاملة على إعادة تأسيس المؤسسة وتطويرها ودراسة برنامجها وتحسينه، ولكن ذلك لن يكون سهلاً إذا كانت المؤسسة القائمة ليس لديها موارد كافية لدراسة المنهاج أو إجراء أبحاث أو إعداد برامج تأهيل أثناء الخدمة، وربما ابتكرت خطة للمؤسسة لتوفير مناخ ملائم لتنفيذ الاتجاهات وليس للاشتراك في تحديد المشكلة أو صنع القرار أو رسم السياسة، وبهذا سيجد المشرف في كثير من الحالات ضرورة لأخذ المبادرة في تأمين تغيير الهيكل التنظيمي الذي يجعل بالإمكانية الاشتراك في مهام القيادة، وفي معظم الحالات سيجد ضرورة في طرح اقتراح تغيير في القيادة الإدارية وفي الآخرين وهذا يعني إشراك الهيئة التدريسية في تطوير خطة جديدة.

وفي الواقع لا تفرض المؤسسة على المجموعة اقتراحاتها وإن أي تغيير في الهيكل القائم فيها يستمر في محاولة تقليص عدم الاقتناع، والخطوة الأولى التي يتخذها المشرف هي إتاحة الفرصة لتوضيح عدم الاقتناع ومن خلق قنوات تواصل من خلال اقتراحات تتعلق بالمؤسسة تعمل على تقليص عدم اقتناع أفراد الهيئة العاملة.

إن مؤسسة المجموعة الفعالة هي التنظيم الذي يتم خلاله دراسة وحل مشكلاتها، لذا كان على المشرف القيام بدور القيادة الرسمية وذلك بتكوين لجنة كي يقترح تنظيماً جديداً يقوم على سلسلة من البدائل المقبولة التي ترضي جميع الأطراف وتسهل سير العمل داخل المؤسسة.

سلبيات القيادة :

□ تأتي سلبية القيادة الإشرافية من عدم إدراك ضرورة إظهار المبادرة لأن المبادرة لا يمكن أن تخطط للضبط فقط بل يجب أن تكون مساعدة للأفراد في تطوير المؤسسة من خلال عملية صنع قرارات توضع موضع التنفيذ.

□ والسلبية الثانية: هي عدم تحديد ووصف المؤسسة بما فيه الكفاية حتى يتسنى للأفراد معرفة المهام الموكولة لهم ولأفراد آخرين ، ومعرفة قنوات التواصل من خلال الحوار الذي يكشف عن أخذ المشكلة بعين الاعتبار ، ومعرفة

الإجراءات التي تستخدم لدراسة المشكلة وتمحيصها ومعرفة متى يصنع القرار كي يوضع موضع التنفيذ.

إن التحرك باتجاه قيادة حكيمة لا يعني التحرك بعيداً عن الهيكل التنظيمي بل يعني توفير نوع من التنظيم ينفذ القيم التي تساعد الأفراد على النمو نمواً مهنياً.

- والسلبية الثالثة: هي عدم التحرك لحل المشكلة حين ظهورها لأن التظاهر بأن المشكلة ستحل من تلقاء نفسها في حال تجاهلها لن يعالج المشكلة، إذ أن تجاهل المشكلة الحيوية من قبل القيادة المسؤولة يؤدي إلى ظهور شعور الغضب والخوف الذي يقضي على موضوعية المشاركين

- السلبية الرابعة: هي التركيز والاهتمام بالإنتاج وليس بالمنتج.

- السلبية الخامسة: استغلال السلطة الرسمية للسيطرة على الأفراد جميعاً للوصول إلى القرار.

- السلبية السادسة: هي عدم ممارسة السلطة التنفيذية مهامها .

- السلبية السابعة: هي عدم التمييز بين سياسة تشكيل الإجراءات والعمل المنفذ.

- السلبية الثامنة: عدم توضيح المشرف للمجموعة المتفاعلة حدود سلطتها في عملية صنع القرار .

- السلبية التاسعة: هي عدم مشاركة المشرف الآخرين في المعلومات التي لديه ويعمل في طريقين:

- الطريق الأول لا يطلع الشخص الذي يعلوه في السلطة عما يجري .

- الطريق الثاني: لا يطلع الهيئة العاملة معه على جميع الحقائق .

- السلبية العاشرة : الانفراد بالعمل بعكس توقعات المجموعة فإذا كان المشرف في موقف ما وعمل بطريقة تتناقض مع توقعات الأفراد دون إيجاد فرص للتحدث معهم من خلال عملياتهم وتوقعاتهم فلن يستطيع الاستمرار في موقفه هذا. إذ

يفسر الأفراد أعماله بالضعف وعدم الاستمرارية وصعوبة الممارسة. وسيستمر سـوء التفسـير هذا إذا تمادى في تجاهل توقعاتهم، لذا فمن الضروري التحـدث عـن الإدراكـات والتوقعـات المشتركة للأدوار التي قام بها المسؤول.

❑ السلبية الحادية عشرة هي عدم تأكد المشرف من مبادئه التوجيهية التي يمارسها يومـاً بيـوم لأخذ القرارات .

وقد لخصت الأبحاث القيادية المبادئ التوجيهية في ثلاث نقاط:

1- على المسؤول توحيد الأفراد لاتخاذ قرارات تؤثر فيهم تـأثيراً فعـالاً لأن طريقـة التجميـع أفضل بكثير من طريقة التفريق.

2- احترام شخصيات كل الأفراد العاملين معه واستشارتهم قبل البدء بأي عمل يؤثر عليهم.

3- جعل القرارات على أسـس واضحة باستعمال أفضـل الطـرق الفنيـة المتـوفرة لحـل المشكلات.

❑ السلبية الثانية عشرة: هي عدم الإدراك أن للدور الإشرافي أوجهاً عديدة، وأن أي دور يقوم به قائد مسؤول سواء أكان في مدرسة أو في أية مؤسسـة تربويـة فإنـه يتمتـع بمسؤوليـة تخولـه تعزيز وحدة المجموعة وتطوير هيكلها التنظيمـي وسياستها والإسهام بأفكار تعمـل عـلى مساعدة المجموعة في تطوير أفضل السبل للعمل.

والسلبية الكبرى للمشرف بأنه يريد أن يكون الشخص لكل القرارات وهـو الـذي يديـر كـل البرامج، ومهما كان الشخص متميزاً فلن يستطيع أن يفعل كل شيء، ولن يكون الوحيد في اتخـاذ جميع القرارات لأن الآخرين قادرون على صنع قرارات ذكية وتنفيذها طبقـاً للقيم التـي يؤمنون بها.

الفصل الرابع

الإشراف إطلاق الطاقات البشرية الكامنة

الفصل الرابع

الإشراف إطلاق الطاقات البشرية الكامنة

الإشراف نظام سلوكي تنظيمي يعمل على التفاعل مع النظام السلوكي التعليمي بهدف تحسين الموقف التعليمي للطلاب.

لذا لم يعد السلوك الإشرافي وظيفة المشرف بل تعداه إلى وظائف وأدوار متعددة تعتمد على القدرات اللازمة لمهمة محددة.

إن التركيز على الأدوار التي يقوم بها المشرف لا تتطلب منه أن يكون كفوؤاً في كل المجالات أو أن يكون القائد المسؤول في جميع المواقف. بل عليه أن يسهل إطلاق الطاقات البشرية الكامنة لأعضاء المؤسسة كي يتوفر لنا هيئة تدريسية كفؤة تسيطر على التفاعل الإنساني الذي ندعوه بالتربية.

الطاقات البشرية الكامنة غير مستغلة:

كي يتمكن المشرف من مساعدة المعلمين في إطلاق الطاقات البشرية الكامنة لديهم عليه أن يكون ملماً بالتطور البشري وخصوصاً في الدافعية والتعلم، وقد دلّت دراسات الأنثروبولوجي وعلم النفس والنمو البشري وتطوره على أن كل إنسان يولد بطاقات كامنة لا يستخدم إلا جزءاً منها ولا يطور طاقاته جميعها أياً كان ذلك الفرد، كما أن خبرات الفرد تحدد أياً من الطاقات الكامنة من الممكن أن يطورها، لأن خبرات الفرد المبكرة تحدد مدى قدرته على استعمالها وهي التي تشكل الجزء الأكبر من طاقاته. وهذه الخبرات المبكرة يمكن أن تبني بنية شخصية الفرد الضعيفة التي يرى نفسه من خلالها أقل كفاءة وقدرة على اكتشاف خبرات جديدة تطور طاقات أكبر، أو تبني بنية شخصية قوية تجعله يرى في نفسه الكفاءة والقدرة.

إن تفاعل الفرد مع الآخرين يجعله يشكل بناء المعرفة ومفهوم الذات ومفهومه عن الآخرين ومفهومه عن العالم من حوله.

وبينما يشكل الفرد البنية الشخصية والبنية المعرفية التي حددها بالمفاهيم التي شكلها يستطيع تحديد مدى اتساع خبراته المستقبلية ومدى قدرته على التحرك في اتجاه إدراك طاقاته الكامنة واستخدامها.

ومع أهمية الخبرات المبكرة فإن الفرد يستمر في تطوير بعض طاقاته طيلة حياته وهذا يعتمد على خبراته وعلى البيئة التي يعيش فيها، وإذا حالفه الحظ أن يعيش في بيئة غير متجانسة فإن تغييرات المجتمع توفر له الكثير من الخبرات الإيجابية التي تساعده على تطوير أكثر طاقاته الكامنة، وفي دراسة لليون بيرغر Lion Berger سنة 1957 عن كيفية تغيير المزارعين لعاداتهم الزراعية وجد أن الصعوبة كبيرة في إحداث تغيير في العمليات الزراعية في مجتمع متجانس حيث يعيش الأفراد مع الآخرين كما يعيشون مع أنفسهم.

وتبقى الصعوبة أكبر في مجتمع غير متجانس حيث يعيش الكثير من الأجناس البشرية بعضهم مع بعض، إذ أن تفاعل الشعوب المختلفة يوفر تحدياً واختياراً لنموذج الحياة التي يريدون.

وإذا كانت البيئة متغيرة فبإمكان الفرد أن يكون مجدداً ويلعب دوراً مختلفاً لأن إمكانية التغيير تؤثر على حرية الفرد في التجريب.

وإذا كان المجتمع متجانساً ظهر التغيير ضئيلاً وحاول الفرد تطوير إمكاناته التي تتلاءم مع الدور المسند إليه، أما إذا اعتقد أن بإمكانه أن يقوم بعمل أكبر مما أسند إليه فإنه يتجرأ على تطوير طاقاته الكامنة غير المستعملة.

وإذا تمكن الفرد بتفاعله مع الآخرين أن يمر بخبرات إيجابية فإنه يطور بنيته المعرفية والشخصية مما يجعله أجرأ على التعرض لخبرات جديدة توسع أفق معرفته وتكسبه مهارات جديدة.

إن الخبرات الإيجابية هي الخبرات التي تبعث القناعة في نفس الفرد وتعزز

الإيمان بقدراته والنجاح في تحقيق أهدافه، إنها الخبرة التي تسهم في إيمان الإنسان بقيمته وقدرته على حل المشكلات التي تواجهه.

وقد طرح كارل رورجرز Carl Rogers سنة 1971 استفساراً مثيراً حيث قال: (هل تنمي المدارس الأفراد؟) وكانت الإجابة المحددة: لا. وأشار إلى أن الأشخاص وحدهم فقط ينموّن أنفسهم من خلال تفاعلهم مع الآخرين. وبهذا نستطيع أن نطّور نوع الإنسان الذي نريد، وحدد روجرز الإنسان الذي نريد بالآتي:

إن الفرد الذي أعنيه يتمتع بصفات متعددة وهي:

(وهو الذي يكمن تقييمه في الداخل، وهو الذي لا يمتثل للأوامر الحازمة ولا تحكمه أنظمة المؤسسة إذا تعارضت مع قيمه، وهو الذي يتمتع بقيم لا تفسر بكلمات بسيطة أو عبارات جميلة ولكنها القيم التي يعيش لأجلها، هو الذي يعّبر عن نفسه بوضوح أينما كان، كما أنه لا يعيش واجهة أو يمثل دوراً يختبئ وراءه بصورة معلم أو مدير أو عالم نفس، إنه واقعي فريد من نوعه).

هذا يعني أن الفرد مجموعة هائلة متغايرة من الصفات في فلسفتها وأنماط حياتها وآرائها وارتباطها بالآخرين.

إن الفرد الذي يمر بخبرة إيجابية يطّور مفهوما ذاتياً إيجابياً يساعده على الانفتاح ليمر بخبرات أخرى لأنه يشعر بسويته، لا يهاب الغرباء، ويتقبل الخبرات الجديدة والاحساسات والتحديات والمخاطرة ولا يخاف الفشل كما لا يخشى الكشف عن نفسه لأنه واثق منها.

وإذا أتيح لفرد يتمتع بفكرة الذات التواجد في مدرسة تؤمن بالانفتاح والشمولية فإنه يستطيع تطوير طاقاته الكامنة أكثر مما لو وجد في مدرسة تؤمن بالانغلاق والجزئية، لأن هذه البيئة لا توفر جواً للتحدي والنمو.

يسعى الفرد دوماً للمحافظة على كيانه وتعظيم نفسه، وإن العمل الذي يقوم به يعتمد على تفسيراته للموقف وعلى إدراكه لنفسه وللدور الذي يلعبه، ومن جراء ذلك يقدم أفضل ما لديه من سلوكات تتطابق مع موقف حدوثها وإذا تطلب

الموقف تغيير هذا السلوك فإن إدراكاته لنفسه ومهاراته والدور الذي يلعبه تتغير طبقاً لذلك.

وطالما اهتم الفرد بالمحافظة على كيانه فقط فإن قدرته على إطلاق طاقاته الكامنة تكون محدودة تبعاً لذلك وإن المعلمين الذين يتقاضون رواتب ضئيلة ولا يتمتعون بمعنويات عالية فلن ينصب جلّ اهتمامهم على تطوير قدراتهم كمعلمين.

وقد طوّر ماسلو Maslow سنة 1954 التدرج الهرمي للحاجات الإنسانية والذي احتوى خمس مستويات ارتبطت بعضها ببعض، وحدد المستوى الأول بالحاجات الفسيولوجية، فإذا كانت حاجة الفرد من الهواء والماء والطعام غير مشبعة فإن هذه الحاجة تصبح القوة الدافعة لتحريك السلوك الإنساني واستمراره كتأثير قوي على الفرد حتى تشبع هذه الحاجة، وإذا أشبعت الحاجة الأولى فإن الحاجة الثانية تصبح محور تحريك السلوك الإنساني وهي الأمان ويتبعها الحاجات التالية تباعاً الانتماء، التقدير وأخيرا تحقيق الذات.

وإذا أشبعت حاجات أفراد الهيئة التدريسية نسبياً من الطعام والكساء والمأوى والأمان فإن احتمالية تحريك حاجة الانتماء تصبح الجزء المهم في أية مؤسسة أو تنظيم اجتماعي أو مجموعة مهنية، إن إشباع هذه الحاجات تساهم في اهتمامات الفرد للنمو الشخصي والنمو المهني والتقدير والاحترام من قبل زملائه.

هذه كلها حاجات مستمرة وقوية لأعضاء المؤسسة، ومن خلال إثارة حماس المعلم على مستوى إشباع الحاجات فمن الممكن أن تطلق الهيئة التدريسية طاقاتها لتحسين نوعية تعليم الطلاب.

إن أعلى مستوى في التدرج الهرمي للحاجات الإنسانية لماسلو هي حاجة تحقيق الذات، إنها قمة محاولة الفرد ليصبح ماذا أراد أن يكون.

وقد قام هيرزبيرغ Herzberg سنة 1959 بدراسة مكثفة لحث الأفراد في المؤسسات الصناعية واستعمل طريقة تشمل تحليل قصص لفترات زمنية لعمال

ذوي معنويات عالية وآخرين ذوي معنويـات متدنيـة، ووجـد أن الشـعور العـمالي الإيجـابي تجاه أعمالهم نابع من العمال الذين يتمتعون بإحسـاس بقيمـتهم الشخصية وبإشباع حاجاتهم الذاتية، وهذا الشعور الإيجابي يـرتبط بالإنجـاز والعمل نفسـه والتقدير والمسـؤولية ، ووجـد أن العمال الذين لا يقتنعون بعملهم يعتبرون عوامل هامشية تحـدد مجريات العمـل مثـل البيئـات الفسيولوجية والإشراف وسياسات المؤسسة.

وقد قام هان Hahn سنة 1961 بدراسة مشابهة في سلاح الجو الأمريكي وحصل عـلى نتـائج تعزز استنتاج هيرزبيرغ، إذ أن القصص التي تصف مواقف يوم جيد تصنف في خانة تحقيق الذات وتشمل العوامل التالية : - التقدير، الجهد الذاتي المنتج، الإحسـاس بالانتماء والجهد المشترك.

وكذلك قام سـيرجيوفاني Sergiovanni سـنة 1967 بدراسـة كانت نتـائجها أن هنـاك علاقـة إيجابية ذات دلالة بين عوامل الإنجاز والمسؤولية والتقدير وبين رضا المعلمين وقناعاتهم. كما وجد في نفس الدراسة أن عدم الرضا لا يعود إلى عدم تـوفر هـذه العوامـل فقـط بـل أن للعلاقـات مـع الزملاء والمرؤوسين والرؤساء، وإلى الإشراف الفني وسياسة المدرسة وإدارتها وحياة المعلمين الخاصة دوراً في ذلك.

وقد ثبت أن المشرفين الذين يسعون لإطلاق طاقات المعلمين البشرية قـد وفروا لهؤلاء المعلمين الفرص بالشعور بكفاءاتهم المهنية وأهميتهم وإمكاناتهم ومسؤولياتهم عـن الـدور الـذي يقومون به. كما أدرك المعلمون أن مساهمتهم في تحقيق أهداف المؤسسة مميزة وذات قيمة وأن الشيء الأساسي الذي يحتاجه المعلمون وهم يندفعون لاكتشاف واختبار طرق جديدة للتعليم هو نظام دعـم منطقـي وسـيكولوجي إذ أن كلـمات الثنـاء وحـدها لا تكفـي لأن التغذيـة الراجعـة لمستخرجات الجهود التعليمية تحدد كفاءتهم وقدراتهم.

إن الشعور بالمسؤولية الشخصية تساهم في الحفز وإرضاء الـذات، وإن تـوفير الفـرص لإشراك المعلمين باتخاذ القرارات ورسم السياسة تساهم في الإحساس بالمسؤولية والقيام بها. وعـلى الهيئة التدريسية أن تتحمل بعضا من مسؤوليات

القيادة الرسمية طبقاً لخبراتهم وسلطتهم المناسبة لأن الاشتراك بهذه النشاطات تسهم بإحساس المعلم بقيمته وفكرة ذاته.

الحاجة إلى مفهوم ذاتي ملائم

على المشرف أن يكون واثقاً من نفسه لأن الإنسان غير المطمئن والذي يعمل في الحط من قدر الآخرين أو إيذائهم إنما يعبر عن شعوره بعدم الاطمئنان، وإذا وثق الأفراد بأنفسهم وقدراتهم على مواجهة أية مواقف وبقيمة أفكارهم وأهدافهم وبقيمهم كأفراد فإنهم ليسوا بحاجة ماسة إلى من يخبرهم بأنهم مهّمون ذوو مكانة عالية ولهم تقديرهم، وأنهم ليسوا بحاجة لبناء شعور العظمة حتى يتخلصوا من شعور التبعية كما أنهم ليسوا بحاجة أن يظهروا أنفسهم أنهم أفضل من غيرهم.

عندما يثق المشرف بنفسه وبقدرته المرتبطة بمواجهة المشاكل فإنه لا يشعر بأنه محط مراقبة من الآخرين لأنه يعاملهم بالتساوي لاعتقاده أن الكل يعمل لصالح المدرسة. ولن ينتابه شعور الخوف منهم لمراقبة عمله أو بتقديم أفضل ما لديه، إن الفرد الذي لا يثق بنفسه يراقب بحذر تطور الأحداث من حوله ليرى ما إذا كان باستطاعته التحكم بها حين مجابهته لها، وعليه أن يبدأ العمل الفوري وغالباً ما يؤذي الآخرين إذا حاول إخفاء عدم سيطرته على مواجهة أية مشكلة تقابله، ولتجنب شعور عدم الاطمئنان على المشرف أن يتمكن من العمل الذي يقوم به، كما عليه أن يتمتع بتدريب عال ليتزود بالمهارة الكافية للتغلب على ذلك الشعور.

إن شعور عدم الاطمئنان يتولد من الفهم الخاطئ لمهام القائد الرسمي المبني على الفرضية الخاطئة من جانب بعض المديرين الذين يقولون أن عليهم الإلمام في جميع مواد الدراسة في كافة مجالاتها أكثر من المعلم المختص في مجاله، وهذا محال، ونتيجة لعدم الاطمئنان الناتج عن هذه الفرضية فإنهم يصدرون أوامرهم عن كيفية تدريس المواد ومحتواها ويعطون تعليمات دون استشارة أو الرجوع إلى أعضاء هيئة التدريس المختصين بذلك المجال.

يتجنب هؤلاء المديرون التفكير المشترك مع أعضاء هيئاتهم التدريسية لأنهم يهابون أن تكتشف ضحالة معلوماتهم. إن الشعور بعدم الاطمئنان ناتج عن الممارسة الخاطئة لأعمالهم ودليل ذلك أن هؤلاء القادة المسؤولين لم يدركوا أن مهمتهم هي التنسيق والتعاون ولا يتوقع منهم أن يقدموا خدمات كأنهم هم وحدهم الفنيون والمختصون فقط في مجالهم.

إن شعور القائد الرسمي بالعظمة والتفوق يعميه عن رؤية أخطائه إذا لم يحاول تجنب الفرضية التي يؤمن بها وتقول إن القائد الرسمي ينتخب لتفوقه وذكائه وقدراته ويتصرف دوماً على أنه أفضل أعضاء المجموعة دون أن يدرك أنه يلجأ أحياناً إلى الاعتراف بالأخطاء وطلب المساعدة وإدراك واستغلال مهارة التفوق في المجموعة، أما إذا قبل القائد المسؤول بوظيفته كواحد يساعد المجموعة لتحقيق وحدتها وإطلاق قيادته الفعالة فإنه سيشعر بكفاءة في إنجاز هذه الأعمال دون أن يخفي شعوره بالضعف أحياناً أو يغطي عدم استطاعته بعمل المستحيل.

إن عدم الاطمئنان يعذب بعض المشرفين لأنهم أثاروا الإشاعات والمقولات عن طريقة القيادة المصطنعة التي يجب أن يتصرف بها الفرد في مركز القيادة المسؤولة، لقد فشلوا في إدراك الحاجة بالشعور بذواتهم والحاجة لقبول شخصياتهم كشخصية حيوية للقيادة، وحاولوا انتحال الكرامة والتصرف السليم البعيد عن واقعهم. ونتيجة لذلك يحاولون إبعاد الآخرين عنهم حتى يحتفظوا بشخصية كاذبة مصطنعة لم تكتشف بعد.

وحتى يتحقق الشعور بالثقة في النفس على المشرف أن يستمر في الدراسة والاطلاع كي ينمو مهنياً، وإن عدم مواكبته للتطورات الجديدة في مجالات التربية تدفعه إلى رفض النشاطات الجديدة ومقاومة أعضاء الهيئة التدريسية المشرفة عليها. ويبدأ في الحط من قدر الآخرين وإنجازاتهم حتى يعزز شعور التفوق لديه ويتمسك فقط بالأشياء التي يعرفها أكثر من تشجيعه للأفكار الجديدة لاعتقاده بصحة مفاهيمه في استعمال الأساليب المجربة للقيام بمهامه.

من الضروري أن يدرس المشرف نتائج أعماله الماضية ويعتبر من أخطائه لأن فيها خبرات متعلمة، وإذا اعتقد القائد أن أخطاءه شيء عليه إخفاؤه فإن إنجازاته العملية ستحبط ثقته بنفسه.

وإذا وثق المشرف بنفسه فإنه يستطيع تحليل المشكلات الكبرى ليرى ما إذا كانت تسبب الإزعاج له أو تشعره بالنجاح كي يبدأ بدراستها مرة أخرى لتكون حافزاً للأفراد الذين يعملون معه وتجعلهم أكثر كفاءة وقوة، وكلما ازدادت ثقته بنفسه ازدادت ثقة هيئة التدريس بنفسها.

على المشرف أن يتسم بروح الدعابة وأن يقضي وقتاً من المرح مع أعضاء هيئة التدريس لأنه إذا أخفى نفسه في مكتبه وتحدث معهم من مركز السلطة فإن هذه الأشياء الصغيرة وإن لم يأخذها بعين الاعتبار فستولد عدم القناعة به لدى تابعيه.

كما أن على المشرف أن يؤمن بقيمة الآخرين فالمدير والمعلم وكل طالب في المدرسة مساهم في العملية التربوية، لأن فشل أي فرد منهم هو فشل للمجموعة في تحقيق أهدافها الكاملة، وإن إيمان كل فرد بالآخر يعود في الأساس إلى البيئة التي يتفاعل فيها أولئك الأفراد فيما بينهم بكل احترام.

يميل الأفراد إلى الوصول إلى المستوى الذي يتوقعه الآخرون منهم وإذا لم يؤمن المشرف بقيم وقدرات الآخرين فلن يساهموا في أي عطاء حقيقي ولن يستفيدوا من قيادته. وإذا آمن ووثق بطاقاتهم الكامنة فسينمون بكل مقدرة وكفاءة من خلال تفاعلهم معه لأن إيمان المشرف بقيمة المعلمين خير دليل على رغبته الأكيدة بقبول كل واحد منهم وسيقود ذلك لتعزيز علاقات تفاعل بناءة فيما بينهم.

على المشرف ألا يلجأ إلى إثارة الاستثناءات بين الأفراد بمعنى إذا تجاهل قيمة أي فرد في مؤسسته التربوية مديراً كان أو معلماً أو طالباً أو أباً فإنه سيفتح المجال أمام الآخرين ليبدؤوا في تصنيف الأفراد الذين يختلفون عنهم. وإذا فقد المعلمون

حماسهم ورغبتهم في النمو المهني فسيكون ذلك نتيجة عـدم ثقـة المشرف بهـم ونتيجـة للاحباطات في الموقف التعليمي الذي يقودهم إلى الشعور بأن القائد المسؤول لا يؤمن بأهميتهم.

على المشرف أن يحرص على عدم تشكيك الطلاب بمعلمهـم أو تشكيك المعلمـين بعضـهم ببعض وذلك عن طريق إبداء الملاحظات السلبية أمام الجميع.

إن تحسين العملية التربويـة تبـدأ بـاحترام شخصية المعلـم والعمـل الـذي يؤديـه . وعلى المشرف ألا يفرض فلسفة أو طريقة أداء معينة على المعلمين وإلا واجه ردة فعل عكسية. كمـا أن على المشرف أن يدرك الفروقات الفردية بين المعلمين إذ أنهم مختلفون في الاهتمامـات والقدرات وعليه أن يؤمن بكل واحد منهم لأن إسهامه يثري العمل الجماعي، وعلى المشرف أن يهتم بإسهام كل فرد عمل على خلق المواقف التي تساعد على تحقيق هذه المساهمة.

إن مهمة المشرف الأساسية هي تزويد الطلاب بالمواقف التعليمية المثلى، وإن تحسين هذه المواقف هام ولكن لا يتم إلا بالحفاظ على قيمة المعلم، وتوفير أفضل المواقف التعليمية للطلاب وضرورة تحسينها وأن يتصرف بطريقة تعزز قبول قيمة المعلم وزيادتها.

هناك فرق كبير بـين المعلمـين في تفـتحهم علـى الخبرات المتعلقة بـالاطلاع علـى التربية والمنهاج، فقد يتبنى البعض مفهومـاً ضيقـاً عما يجب أن تكون عليه التربيـة، وينظرون إلى التربيـة كشيء محصور في أنظمة محددة ويتطلعون إلى تحسـين المنهـاج كاستمرارية لمراجعة وتنقيح محتوى المواد ، نجد آخرين يقولون أنه يمكن للتربية أن تكون أفضل ممـا هـي عليـه وأن يكونوا جزءاً منها . فهناك إذن اختلاف كبير أيضاً فيما تستطيع أنماط هؤلاء المعلمين عمله.

البعض منهم يرى مهنته كمجدد ويرى في التربية عملية متجددة، بينما يرى البعض الآخـر أن مهنته التمسك بالشيء الموجود ويتحين فرص المجادلة للدفاع عما

فعل، إن الأفراد بالنسبة لخبراتهم الماضية لن يستجيبوا بالتساوي إلى النمط الإشرافي الذي يساعدهم أن يكونوا أكثراً إبداعاً، وكنتيجة للخبرات السابقة فإن للأفراد درجات استعداد مختلفة للتغيير، لذا كان على المشرف أن يعطي اعتبارات جادة إلى أن كل فرد من أفراد هيئة التعليم فريد من نوعه.

العمل الإشرافي لإطلاق الطاقات البشرية الكامنة :

على المشرفين أن يستغلوا قوة مركزهم لخلق بيئة حافزة تؤدي إلى إطلاق الطاقات البشرية الكامنة، وهناك مصدران رئيسان لهذه القوة:

المصدر الأول: هو السلطة التي يتمتع بها المشرف لأنه نابعة من المركز الرسمي الذي يتبوأه في المؤسسة التربوية، ومصدر القوة هذا يعزز نفسه بالتحكم في نوعية المصادر المتنوعة التي تستغل للتأثير على سلوك الأفراد في المؤسسة التربوية، كما أنه يخول المشرف عقد اللقاءات وتوفير المواد والمستشارين وإعفاء المعلمين من واجباتهم الاعتيادية لدعم حضورهم باللقاءات الرسمية.

يتساءل بعض الأشخاص عن كيفية استغلال السلطة . تقبل السلطة كعامل شرعي في نظام التفاعل الشخصي ، واستغلال السلطة طبقاً لقيم المشرف سواء كانت جيدة أم لا ، وبما أن إطلاق الطاقات البشرية الكامنة أمر مرغوب فيه فإن استغلال السلطة لتحقيق ذلك أمر مرغوب فيه أيضاً.

بالنسبة للتفاعل وكيف ينمو الأفراد مهنياً تبقى مسؤولية المشرف التي تتركز في استغلال السلطة التي تجعل الأفراد يعملون مجتمعين كي يكتشفوا الأمور المهمة وبدائلها ليصلوا إلى قرار مقبول ليس من قبل المشرف فقط بل من قبل المجموعة، كما أن على المشرف مسؤولية تطوير استغلال المهارة في مساعدة الأفراد لاختيار البدائل بالنسبة لقيمه وقيم المجموعة، إن عمله يضمن رؤية الأفراد متعايشين بسياسات متوفرة قد رسمتها الهيئة التدريسية كما يرى أياً هذه السياسات يمكن أن تتحداها أو يشكلها التفكير الذكي للهيئة التدريسية مجتمعة.

المصدر الثاني: هو الاحترام الذي يكنه أعضاء الهيئة التدريسية للمشرف فإذا قيم الأعضاء كفاءته ووثقوا بدوافعه فإنهم بالتالي سيقيمون اقتراحاته وأفكاره ورغباته ويزيدون من قوة المشرف داخل المجموعة، وعلى العكس إذا لم يحظ باحترامهم من خلال تفاعلهم في الماضي فلن يحظى ولو بفرص قليلة كي يتمتع بتأثير شخصي في المؤسسة التربوية.

أن المشرف الذي يرغب في إطلاق طاقات المعلمين الكامنة عليه أن يستغل قوته بخلق بيئة عمل تتميز بالعناصر التالية:

1- شعور الأفراد بالانتماء: يشعر المعلمون برغبة أكيدة بالانتماء إلى المجموعة التي يعملون معها وقد أثبتت الدراسات في مجموعات العمل الصناعية على أن هذه الرغبة هي إحدى العوامل المهمة التي تحدد إنتاج الفرد، إذ أن العامل السيكولوجي في التفاعل هو أساس رفع الروح المعنوية بين الأفراد العاملين في المؤسسات، وعلى المشرفين أن يدركوا أهمية تغذية هذا العامل السيكولوجي الذي يعتبر الدعامة الأساسية لوجود الأفراد المتفاعلين.

وبالإضافة إلى العامل السيكولوجي في التفاعل هناك حاجة لبيئة مناسبة لتفاعل حر لاكتشاف مجالات جديدة دون الرجوع إلى الأعمال المعينة أو الواجبات الحالية المناطة بهم وأن يكتشفوا حدود الأفكار الجديدة كي يشكلوا المشاريع التعاونية المشتركة فيما بينهم.

2- توفير المثيرات: لا يتساوى الأفراد في درجة الاستعداد لتقبل الخبرات الجديدة، وكل فرد يضع أهدافه ويبحث عن العناصر الملائمة في البيئة لتساعده على التحرك بسرعته الذاتية في الاتجاهات التي يرغبها، فإذا وجد أي عضو من أعضاء الهيئة العاملة مثيراً يساعده على إطلاق طاقاته الكامنة فعليه أن يستغل تلك البيئة التي يتوفر فيها الكثير من التحديات والفرص السانحة.

3- تشجيع الابتكار: من الأهمية بمكان لكل فرد يتبوأ مركز القيادة أن يجرب بعض

الاقتراحات المتعلقة باستعداد الأفراد لتقبل التغيير، كما أن عليه أن يأخذ في الاعتبار الفروق الفردية بين الأفراد والتي تتطلب الدقة في تقييمها، وأن يضع لنفسه دليلاً في تخطيط استراتيجية ليساعد الأفراد على النمو، فواجبه أن يستغل الجزء الأكبر من طاقته في المساعدة وتسهيل كل مغامرة وتجديد، واكتشاف الأفراد الذين هم على أهبة الاستعداد.

هناك بعض الأفراد لا يرغبون في التغيير وذلك لالتزامهم الشديد بالقيم التي يؤمنون بهم لأنهم يرون في التغيير تهديداً لهم ولأنهم يؤمنون بالمحافظة على ثبات البرامج، وهؤلاء لهم أهميتهم بين المجموعة ليحافظوا على التوازن مع المجموعة الأخرى التي تؤمن بالتغيير والمغامرة والتي يجب أن تشجع أيضاً من قبل المشرف.

ويجب أن تكون استراتيجية التغيير استراتيجية إطلاق الطاقات الكامنة للأفراد لأن الفرد سيصبح أكثر قوة وقادراً على نتاج أعلى ومستعداً لتغيير أشمل في المستقبل وإلا سيصبح تغييراً يقلل إمكانية استمرارية التغيير.

4- توفير فرص الابتكار : يطور الأفراد معايير خاصة بهم، وهذه المعايير تحدد البعد الذي يستطيعون به التغيير ليبقوا جزءاً من المجموعة، وعلى المشرف ألا يطلب من المعلمين متى يتحركون، بل على المعلمين أن يبدأوا بالخطوة الأولى، ودور المشرف الرئيس في هذه الحال توفير فرص المشاركة قدر الإمكان مع العلم أن كل عضو من أعضاء الهيئة التدريسية هو عضو مجموعة مجددة حيث تكون المعايير كالآتي:

- كيف نتعلم العملية التربوية ؟

- كيف نطبق ما نعرف بطريقة أفضل؟

هذا ونجد أن فرص الابتكار تتكاثر إذا توفرت :

1- الإدارة التي تظهر رغبة في إجراء تجارب مستمرة صممت لتحسين العملية التربوية.

2- الإمكانيات المادية لإجراء البحث والنشر.

3- مجموعات الدراسات ذوات الاهتمامات المشتركة لابتكار فرضيات تتعلق بالوصول إلى الأهداف المرغوبة.

وإذا آمنت هيئة التدريس بالرغبة والإمكانية للتغيير فسيتمسكون بالفرص المتوفرة للابتكار.

5- تقييم الأحكام الفردية : تطلق طاقات الفرد الكامنة إذا شجع على تطوير أحكامه فالمعلمون أفراد مهنيون قد تدربوا وهيأهم تعليمهم لإصدار أحكام مهنية خاصة وليست تبعية تتبع روتينياً خاصا، وإذا كان هناك اختلاف بسيط في التعليم المهني والخبرة المتوفرة بين المشرف والهيئة التابعة له فإن مطالبه وإرشاداته المفروضة عليهم تقلل من كفاءته المهنية وتحقر أحكامه وتضعف ثقته بنفسه وتبعده عن الفرصة التي تزيد من مهارته بالخبرة المتوفرة.

وإذا أراد المشرف أن يطلق الطاقات الكامنة فعليه أن يقيم الحكم المهني ويشجع الاستفسار عن السياسة المتبعة وتطبيقاتها وأن يقيم اختلاف الرأي الذي يعتبر نتاج الخلفية المختلفة للأفراد.

6- توفير هيئة تدريسية متغايرة : بما أن المجتمع المتغاير قادر على التغيير فعلى المشرف أن يبحث عن هيئة تدريس بتعليم وخبرات ورؤية مختلفة للعملية التربوية لأن النمو المهني يحدث من التفاعل وستطلق الطاقات الكامنة لكل من المشرف والهيئة التدريسية إذا قيمت اختلافاتها.

على المشرف ألا يقلق من أفكار الأفراد التي تتعارض مع أفكاره لأن أفكار الفرد تختبر بالمحك الذكي، وإذا أراد المشرف مساعدة الهيئة التدريسية في الوصول إلى معيار مسؤول لتحسين إنتاج الطلاب في العملية التربوية فإن

النجاح لا يمكن تحقيقه إذا حبذ فرد وجهة نظره دون وجود دليل يوفر النمو المرغوب في الأفراد.

لا يحق للمشرف أن يوقف أي اقتراح لأن دوره يقتصر ـ على تشجيع الأفراد باختبار وجهة النظر وبدائلها.

7- البنية التنظيمية وطرائقها تعزز التواصل : إن الطريقة الوحيدة لإطلاق طاقات الأفراد الكامنة هي بالتواصل والتفاعل. ويطلق الفرد طاقاته الكامنة من خلال تفاعله مع الآخرين بطريقة توضح رؤيته وتوسع أفقه وتتحدّى فكره المحدود، ولكل بنية تنظيمية قيمة لإطلاق الطاقات البشرية الكامنة بتعزيز وتعميق إمكانية التواصل.

8- المساعدة في حل المشكلات الشخصية : ينمو الأفراد نمواً ذكياً ومهنياً من خلال التفاعل المرتبط بحل المشكلات التربوية التي لا ترتبط بالمشكلات الشخصية، ولن تطلق طاقات الفرد الكامنة للنمو إذا كانت تحت تأثير توتر انفعالي، أو عمل المشرف لإطلاق تلك الطاقات بتخفيف التوتر.

وإذا قبلت مهمة القيادة الرسمية بوضع التوتر الانفعالي موضع الاعتبار فمساعدة المعلمين في حل مشكلاتهم الشخصية تصبح محل الاهتمام الرئيسي للمشرف الذي عليه أن يدرك أنه ليس بالإمكان تحسين عملية التعليم ما لم يخفف من توتر وقلق المعلمين الذي يعتبر المشكلة الرئيسة لديهم، لأن المعلمين بحاجة إلى شخص يثقون به ويشعر معهم ويتفهم مشاكلهم.

وعلى المشرف أن يكون ذلك الشخص الذي يتطلعون إليه كصديق، مع العلم أن المشرف لم يدرب كمرشد ولن يكون كذلك ولكن هناك أشياء يمكنه أن يقوم بها وأنظمة يستطيع أن يطبقها كي يساعد المعلمين في إشباع حاجة ماسة لديهم، وهذه الحاجة مساعدة الشخص المتوتر ليتكلم ويكشف عن مشكلاته الشخصية لتساعده في السير في الاتجاه السليم لحل مشكلاته.

وإذا أراد معلم أن يكشف عن مشكلة ما ويناقشها مع المشرف فعلى المشرف أن يكون ملماً بإجراءات تساعده أن يعمل على مساعدة المعلمين منها:

1. على المشرف ألا يظهر أي نوع من السلطة بل عليه أن يحسن الإصغاء وألا يدلي بنصيحة للفرد: ماذا يفعل؟

2. على المشرف أن يصغي بأناة وود وفطنه وبأسلوب لا يساء فهمه وهذا يعني أن يتمكن من التودد وطرح الأسئلة التي تساعد على توضيح وجهات نظره كي تؤخذ من قبل المعلم مأخذ الجد.

3. على المشرف أن يثير أسئلة تخفف من مخاوف وقلق المعلم الناتج من مناقشة مشاكله لأن الكثير من الأفراد لا يرغبون في التحدث عن مشاكلهم وخصوصاً تلك التي تزعجهم. لذا يجب أن تحمل الأسئلة شعور الفهم والتعاطف من المشرف.

4. على المشرف أن يثير الأسئلة التي تكشف الأمور الغامضة التي يحاول المعلم إخفاءها لتظهر الأسباب الرئيسة للمشكلة وتساعده على حلها بنفسه.

5. على المشرف أن يثني على الأفراد الذين يكشفون عن واقعهم ومشاعرهم بكل وضوح لأن هذا الثناء يساعدهم على تحليل أوضاعهم كي يكونوا عادلين مع أنفسهم ومع الآخرين.

6. على المشرف ألا يجادل المعلم ولو كان الأخير على خطأ، فمهمة المشرف هي تشجيع المعلم على الإفصاح عن مشكلته دون أن يقدم الحل لها إلا إذا توصل المعلم إلى حل أثناء عرضه للمشكلة.

7. على المشرف ألا يقدم نصيحة أو لوماً معنوياً لأنه بذلك يفقد فرصة مساعدة الفرد ويعطيه مجالاً للشعور بالذنب، كي يبحث عن حل يرضى المشرف وربما يزيد من حالة توتره وقلقه.

وهذا يعني أن المشرف لا يستطيع مساعدة كل المعلمين بل أن هناك حالات

مرضية عقلية عليه أن يعرضها على طبيب نفسي ـ وقبـل ذلـك عليـه أن يحصـل عـلى ثقـة معلميه وإلا سيرفضون جميع اقتراحاته.

كذلك لا يتوقع من المشرف مساعدة جميع الأفراد في إطلاق طاقاتهم الكامنة لأن المشرف واحد من الكثيرين الذين يعملون على ذلك، مع أنه يشعر في قراره نفسه أنها مسؤوليته الكبـيرة والوحيدة في إطلاق الطاقات الكامنة وإلاّ مُني بالفشل.

ومع أن هناك أهمية بالغة للمشرف في وضع بنيـة أساسـية واسـتراتيجية خاصـة لإطلاق طاقات الأفراد الكامنة كي تكون حجر الزاوية لتحقيق هذين الهدفين، وأن المساعدة الرئيسـة تـأتي من مساعدة كل معلم للآخر، إذ أن على المجـددين أن يـوفروا قيـادة للآخـرين الـذين يرغبـون في تخطي الفرص التي تغلفهم كي ينطلقوا ويعملوا.

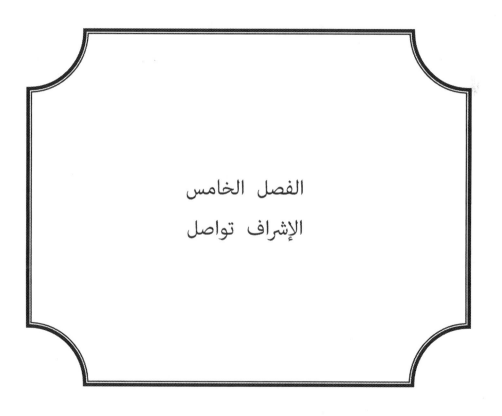

الفصل الخامس

الإشراف تواصل

الفصل الخامس

الإشراف تواصل

إن عمل المشرف هو التأثير في سلوك التعليم بطريقة ما لتحسين نوعية تعلم الطلاب، ومن الممكن الحصول على ذلك التأثير بالعمل مباشرة مع المعلمين في تخطيط ووصف وتحليل وتقييم التعليم وفي تطوير وتنفيذ أساليب جديدة للتعليم مبنية على التقييم. ويعمل المشرفون أيضاً مع المعلمين في تطوير أهداف عامة للأنظمة المدرسية التي يستخلص منها الأهداف التعليمية كما يعمل المعلمون والمشرفون سوية في تطوير فرص تفاعل تعلم الطلاب، وكل هذه النشاطات هي عمل الإشراف التربوي والتواصل الفعال وهي مقومات ضرورية في هذه العملية. وأن للتواصل كذلك أهمية كبيرة في التنظيمات الإنسانية منذ أسهم الفرد إسهامات خاصة لتحقيق الأهداف الكلية للمؤسسة التربوية كما أن درجة التنسيق والقدرة على استغلال الأعضاء المتخصصين ذوي الخبرة ومدى اتحاد المجموعة هي جزء من وظيفة التواصل ونوعيته ، وعلى هذا الأساس فالتواصل هو أساس الجهد المشترك والتأثير الفعال، وتحديد الهدف والانجاز الإنساني والنمو المؤسسي.

التواصل في المؤسسة:

يوجد نظام التواصل في أية مؤسسة سواء أكانت تعاونية أو وطنية أو عائلية أو نظاماً مدرسياً لأن التواصل وسيلة نقل المعلومات والانفعالات والقيم ووجهات النظر. وإذا استعمل لتطوير التلاحم والالتزام بين أعضاء المجموعة فأهميته لا تتوقف على عمقه ، بل على صحته.

وبقدر اهتمامنا في تطوير المجموعة فالتواصل أمر ضروري في تشكيلها،

ويعتمد تلاحم المجموعة على الأهداف المشتركة، لذا كان لزاماً على أعضائها أن يتواصلوا بدرجة كافية لاكتشاف الصفات المشتركة فيما بينهم وتحديد مجالات الاختلاف كي تدرس بعمق أكثر.

وإذا جاز لأعضاء المجموعة أن يقيم كل منهم الآخر من خلال التفاعل فمن الضروري أن يكون لديهم نوع من التواصل تحت الطبقات السطحية للمظاهر الخارجية. وإذا لم يكن تفاعل المجموعة محاولة لتعلم الأهداف والقيم والإدراكات والفهم ومعرفة الآخرين فإن ترابط المجموعة يتشكل فقط بما يراه الناس.

ولولا عمق التواصل لبقيت المؤسسة دون ولاء أو التزام بأهدافها وعمل كل فرد على حدة، ولكن ارتباط كل فرد بالبناء المؤسسي ـ يعطيه قوة لشخصه ولعمله كي يعمل، وإذا أرادت المؤسسات أن تصبح مجموعات متلاحمة فإن التواصل يسهّل لأعضاء المجموعة تشكيل أحكام ملائمة لقيمة كل فرد من خلال إتاحة الفرصة للكشف عن الدوافع الحقيقية للأعضاء.

طبيعة التواصل:

التواصل أعمق من الكلام فهو محاولة الأفراد للتفاعل وللمشاركة بأحاسيسهم وأهدافهم ومعرفتهم لفهم شعور الآخرين وأهدافهم ومعارفهم ويدخل في هذا التفاعل الإيماءات وتعابير الوجه والوضعيات الخاصة والترتيبات المكانية والزمانية.

وقد عرف ايرل كيلي Earl Kelly (1952) التواصل بأنه تلك الطريقة التي يستطيع بها الكائن البشري أن يعرف إلى حد ما تفكير الشخص الآخر وشعوره واعتقاده. إنه الوسيلة التي بواسطتها يمكن إشباع حاجة الفرد تجاه الآخرين، إنه مصدر كل أنماط النمو ما عدا النمو الجسدي وهو مفتاح التقارب البشري. ومن الواضح من هذا المفهوم أنه إذا رغب المشرف أن يؤثر ويتأثر بالمعلمين فعليه بالتواصل لأن التواصل هو وسيلة التعلم والنمو. وهكذا فإنه العنصرـ الأساس في جهد المشرف.

إن تسهيلات التواصل بين المشرف/ المعلم، والمعلم/ المعلم، المعلم/ الطالب يجب أن تكون محور التركيز في نظام السلوك الإشرافي التربوي.

وقد طور كل من لارسن وشراج Larsen & Schrag تعريف التواصل بأنه بث المعاني من خلال استعمال الرموز وإذا تفاعل الناس بوسيلة الرمز فإنهم قد تفاعلوا بالتواصل، وقد يتواصل المرسل والمستقبل فقط إذا وضح كل منهم مكانه للآخر، لأن معظم نظريات التواصل تشمل مستقبلاً ومرسلاً ورسالة وقنوات ووسيط وتأثير.

<u>فالمرسل هو الفرد أو المجموعة التي ترغب في بث رسالة إلى المستقبل وهناك عوامل عديدة تؤثر في الرسالة التي يرسلها منها:</u>

<u>الرغبات</u> التي يود أن يقولها أو <u>الهدف</u> من قولها يحدد محتوى الرسالة، وكذلك <u>الرموز</u> التي تنقل الرسالة وتختار هذه الرموز بالنسبة إلى الخبرة الماضية للمرسل، وهناك أشياء معينة لدى المرسل لا يريد الإفصاح عنها، لذا يكيفها بالطريقة التي يرى فيها مستقبل الرسالة، ربما يكشف المرسل أشياء كثيرة دون قصد، إن فكرة الذات التي يحملها المرسل عن نفسه وخصوصاً الطريقة التي يري بها علاقته مع مستقبل الرسالة يمكن أن تكون عوامل مهمة في نص الرسالة وفي الطريقة التي قيلت فيها وبرغبة المرسل الذي يريد الكشف عنها لكن لا يجوز الكشف عن مشاعره وعن التوقعات التي يتوقعها من استجابة المستقبل فمثلاً إذا كان المستقبل أحد أتباع المرسل فيجب أن يبذل جهداً بإعطاء معلومات فقط تعزز مكانة المرسل كما يجب أن تقال الرسالة بطريقة تعبر عن خضوع المستقبل (أمرك سيدي) وهذه العوامل يمكن أن تكون وظيفة ودافعية المرسل لإثارة مقصودة أو غير مقصودة.

<u>الرسالة:</u> هي رمز الفكرة والحدث والمعلومة والاتجاه يستعملها المرسل كي يستحث مستقبل الرسالة بطريقة معينة، لكن المشكلة أن تلك الرموز لا تمثل الحقيقة بتاتاً، لذا يجب أن تترجم وتحول إلى معانٍ من قبل الأفراد. وكلما كانت الرسائل معقدة أصبحت المعاني والترجمات أكثر تعقيداً وأكثر اعتماداً على مجال

الفهم العام بين المرسل والمستقبل.

القنوات: هي شبكات تواصل تمر خلالها الرسائل من المرسل إلى المستقبل، وفي التواصل الذي يتم وجهاً لوجه تكون قناة التواصل في العادة خطاً مباشراً، لكن في التواصل المؤسسي- هناك أنواع مختلفة من القنوات، لذا يجب ترجمة الرسائل وإعادة تشكيلها في محطات مختلفة قبل أن يستلمها المستقبل المعني. هذه الدواليب والدوائر والقنوات نماذج من التواصل الذي حدده ودرسه كل من Guetzkow & Simon سنة 1955 ووجداً أن في كل سلسلة من شبكات الاتصال شخصاً له اتصال مباشر مع شخصين اثنين، أما في الدولاب فكل فرد له اتصال بالآخرين الذين لهم اتصال واحد مع الشخص الواحد، والفرد الذي في مركز الاتصال يظهر في العادة كالقائد وفي كل القنوات يكون لكل أعضاء شبكة الاتصال اتصال مع الأعضاء الآخرين، واستخلصا من الدراسة أن شبكات الاتصال تؤثر في إنجاز المجموعة فقط بالنسبة لقدرة المجموعة على تطوير تنظيمات أو مؤسسات مناسبة.

وفي المؤسسات التربوية تسير المراسلات من الأعلى إلى الأسفل خلال التدرج الوظيفي .إذ يرسل مديرو التربية المراسلات إلى مساعديهم الذين بدورهم يرسلونها إلى المديرين الذين بدورهم يرسلونها عبر القنوات إلى المعلمين والطلاب. وهناك اتصالات أفقية بين الزملاء وكلها تسير في قنوات رسمية مهمة، وحتى المراسلات التي تسير من الأسفل إلى الأعلى فإن قنوات التواصل تحدث مشكلات فغالباً ما يتخلل هذه المراسلات التغيير أثناء سريانها من الأسفل إلى الأعلى.

ونتيجة سوء التفسير يضيع المعنى ويتشوش الفهم ومن الأفضل للقائد المسؤول ألا يفشي- المعلومات أو المعاني المتغيرة ليحمي مركزه في المؤسسة.

إن الأقنية الفوقية أقل فعالية في المؤسسات التربوية ولكنها في الوقت نفسه مهمة، كما أنه من الضروري للقياديين التربويين الحصول على التغذية الراجعة من الطلاب والمعلمين والمشرفين والمديرين لأنها عنصر أساسي. ولأن الطلاب والمعلمين يمثلون المصدر الفكري الهام للتطوير فمن الضروري أيضاً أن نعرف كيف

توضع السياسة واتجاهاتها من قبل المشرفين والمديرين وكيف تسير أنواع المراسلات الأخرى، وكيف تصل، وهذه مصدر هام من المعلومات لمعرفة مدى اقتناع المعلمين، كما أنها عامل فعال أيضاً في إثارتهم.

ومن الممكن أن تكون قنوات التواصل الفوقية تهديداً للقادة الرسميين في المؤسسة ومصدر تهديد للطلاب والمعلمين وهكذا تكون المراسلات غالباً مشوشة وغير صحيحة. يقول المعلمون ما يعتقدون أن المدير يريد سماعه ويقول المديرون ما يعتقدون أن مديري التربية يريدون سماعه، ولهذا يشوش المديرون أحياناً المعلومات التي يشعرون أنها تجعل من إنجازهم عملاً رديئاً.

وفي دراسة لـ Revans 1964، وStarrat & Serjiovanni 1971 أظهرت أن قنوات التواصل الفوقية في المستشفيات قد تسببت في ترك الكثير من المرضين لأعمالهم وبطء شفاء المريض ، بينما في المستشفيات التي اتصفت بقنوات تواصل فوقية وتحتية ظهر هناك توازن أفضل بالنسبة للعمل والعمال.

وقد أعطت قنوات التواصل الأفقية مردوداً إيجابياً مرغوباً به وأظهرت أن الحاجة ماسة لهذا النوع من الاتصالات في المدارس لأن معلمي الفصول في المبنى الواحد قل أن يحدث تواصل بينهم، ويحرمون أنفسهم من أية فرصة للتعلم أو الحصول على دعم نفسي أو مشاركة الخبرة بين بعضهم بعضاً فقنوات التواصل الأفقية تعزز تعليم الفريق وعمل المجموعة وتساعد في حل المشكلات المشتركة.

الوسيط: ترسل المراسلات إما شفوياً أو كتابياً أو بكليهما معاً فلوحات الإعلانات أو تقارير الصباح أو الرسائل الإخبارية أو الملاحظات المكتوبة أو الملاحظات عن اللقاءات كلها أمثلة التواصل الكتابي، أما لقاءات هيئة التدريس أو المؤتمرات وزيارات الصفوف.. فهذه كلها أمثلة على التواصل الشفوي.

والوسيط الذي يستخدم هو العامل المهم في فعالية المراسلات ولقد وجد Meleary 1968 أن مديري المدارس يعتمدون بشكل كبير على الزيارات الصفية والندوات واجتماعات المجموعات الصغيرة للتواصل مع المعلمين، ووجد كذلك أن

عدداً من مديري المدارس قد شعروا أن ازدياد حجم المدرسة وكثرة أعدادها تجعل من التواصل الفعال أمراً صعباً، لكن الحاجة للتواصل أمر ضروري للمعلمين والإداريين في أية مؤسسة.

لقد كان التواصل في الماضي يعتمد اعتماداً كبيراً على الاتصالات الرسمية التي تكون وجهاً لوجه (المقابلات الشخصية) لكن زيادة التعقيد في المؤسسات التربوية وزيادة النمو في الحجم وكثرة أعداد المعلمين والمديرين أصبح الاتصال حالياً أمراً صعباً ويحبذ أن يكون هناك قاعدة عريضة للسلوك الإشرافي التربوي حتى تزداد إنجازات المعلمين لأن هذا الإجراء سيسهم في فعالية التواصل الشفوي والكتابي بين المعلمين أنفسهم وبين المعلمين والمديرين. وستسهم هذه الإجراءات كذلك في تعليم وتقييم مشترك، وهذه الفكرة توفر مناخاً صحياً كي يعمل المعلمون والمشرفون سوية لتحسين مهارات التعليم ومحتواه وتحقيق العمليات التعليمية.

المستقبل: المستقبل شخص أو مجموعة أشخاص يكونون هدف الرسالة فترجمات الشخص وفهمه وشعوره وردود فعله الكلي للرسالة هي وظيفة عوامل متعددة هي: فهمه للرموز المستعملة، ماذا يريد أن يسمع، إدراكه لميول المرسل، ماذا يريد أن يكشف لنفسه، حدود البناء المادي. أما التواصل في المؤسسات وبين الأفراد فهو على قدر كبير من الصعوبة والتعقيد، كما أن الانسجام المطلق بين المرسل والمستقبل مستحيل ولكن يمكن العمل بجد لزيادة التفاهم المشترك، إن التفاعل بين الأفراد وبين المجموعات ليس بالضرورة تواصلاً ناتجاً من زيادة الموافقة على الأهداف أو فهم كل منهم للآخر، لأن التفاعل يحدث في بعض الأحيان من سوء فهم للوضع، ولكن شعور الأفراد وأهدافهم وتوقعاتهم تساعد وتدعم بعضهم بعضاً.

إن مهارة التواصل هي الأكثر أهمية للمشرف لأن أي عمل إشرافي يتفاعل ويتداخل بأعمال الآخرين ومن المفروض أن يكون التفاعل بين المشرف والآخرين تفاعلاً جيداً أما التواصل غير الكافي فلا يؤدي إلى تفاعل فعال بين المشرف والمعلمين.

التواصل غير الشفوي:

لم يعط المشرفون اهتماماً جدياً للتواصل غير الشفوي وعدم الاهتمام هذا يتعارض باستمرار مع فعالية التواصل الإشرافي، إن تنظيم جلسة المجتمعين تؤثر في التواصل حتى أن طرق ترتيب الأثاث ووضعيته واستعمال الرموز تبين فروقاً في التواصل، والكثير من الناس يعلمون كيف يجلسون مجموعة من الناس مشتركة في ندوة ما بطريقة يستطيع كل فرد فيهم أن يرى الآخر مما يزيد من احتمالية تواصل أفضل. إن تجليس الناس بطريقة ما تجعل أفراداً معينين يحصلون على تغذية راجعة أعظم إذ تزودهم بضبط أكثر على قنوات التواصل وحصر ـ معظم الأفكار المرتبطة بتلك الاقتراحات التي يفضلها الفرد كي يجيزها.

للّون كذلك تأثير على التواصل، فالألوان الصارخة البراقة تجعل الفرد يخفي مشاعره الحقيقية وأفكاره بينما الألوان الهادئة والفاتحة تساهم في استرخاء الفرد وتشجعه كي يكون أكثر طواعية للكشف عن نفسه.

إن التواصل بالإيماء أي باللغة الصامتة تصف بالتفصيل كيف يتم التواصل بين شعوب من مختلف الثقافات، ويتأثر هذا التواصل بنقص الترجمة المتبادلة بالإيماء، وحتى بين أفراد الشعب ذي الثقافة الواحدة يترجمون الإيماءات بشكل يختلف من فرد لآخر وسبب ذلك يعود إلى الخبرة السابقة لكل فرد.. وإذا نظرنا إلى طالب في الدراسات العليا وقد أشار إليه أستاذه بإصبعه يستشيط غضباً بينما طالب آخر يجلس في المقعد المجاور لا يظهر عليه هذا الغضب، وقد اعتقد الكثير من رجال الأمن نتيجة لخبراتهم أن الإيماءات هي حركات غير مقصودة ولكنها تكشف عن الشعور الحقيقي للفرد أكثر من تعبيره بالكلمات العادية وقد تبين لهم أن التواصل بالكلمات المستعملة للتوجيه أو المناورة لا يفي بهدف التواصل الشفوي لذا فقد طوّروا مهارة في ترجمة الإيماءات غير المخططة من قبل.

فوقفة الفرد وسرعة الإيماءة تؤثر في التواصل فإذا أراد مشرف تربوي أن تكون ندوته واحدة من الندوات التي يكون فيها التواصل مفتوحاً يجب أن تكون

وقفته مستريحة لأنها تشير إلى قلة السرعة، كما يجب ألا يتحرك بسرعة ليستجيب لفكرة ما فأية إشارة من التوتر أو السرعة تعطي انطباعاً على أن الموقف لا يساعد على كشف الشعور والأفكار وتشير إلى أن الموقف عبارة عن هدف أو عمل يجب إنجازه. إن الشعارات والرموز تظهر تواصلاً، ويحتاج المشرف أن ينظر إلى مكتبه ليرى ماذا يقول محتواه لأي فرد حين يدخله، كذلك عدد الكتب التي يمتلكها والمواضيع التي يهتم بها وكيف ينظمها وماذا تمثل مواضيعها وماذا تظهر من ذوق وحساسية صاحبها وماذا تكشف اللوحات المعلقة، ما نوع الأثاث وماذا يقال عن وضعيته، وهل يظهر المكتب مكتب رجل أعمال أو أنه مكان يعطي انطباعاً أن هناك وقتاً نستغله للكشف عن أفكارنا؟

هذه الأسئلة توضح أن الشعارات والرموز تعرض لتساعدنا في تغذية وترجمة التواصل.

يتأثر التواصل أيضاً بتوقعات أدوار الأفراد المتفاعلين وبأفكار سلطة الأفراد الذين يشاركون في هذه الأدوار. علّق أحد الأساتذة على إداري سابق فقال أتعلم أنني أستطيع أن أتكلم معك بكل حرية وأمانة هذه السنة؟ وعندما سئل لماذا؟ أجاب معلقاً لقد كنت في السنة السابقة في مركز السلطة.

إن المقولة التي يحملها الفرد في عقله عن دور شخص آخر يقوم به تؤثر في كيفية مخاطبته، وحتى إدراكات الفرد لنفسه أو للدور الذي يقوم به تحدد كيف يتواصل بحرية مع الآخرين فإذا وجد نفسه تابعاً وسيداً فلن يستطيع أن يحدد دوره كما يجب بل يقوم بتأدية الدورين بالتساوي وفي هذه الحالة لن يكون باستطاعته أن يتواصل مع الناس بكل وضوح، وإذا رأى شخص في شخص آخر القوة التي تؤثر في مستقبله فإن التواصل بينهما يكون محصوراً، والرجل الذي يرى بأنه مركز السلطة يفرض العقوبات ويهب المكافآت ربما يجد صعوبة في زيادة عمق ووضوح التواصل لأن مراسلاته الشفوية وغير الشفوية لم تؤخذ بعين الاعتبار وأسيئت ترجمتها لأن الشخص الآخر خائف من نتائج الكشف عن نفسه فالشخص التابع يشارك فقط بالحقائق والشعور الذي يعتقد أن الشخص الذي في مركز القوة

يستحسنه. إذا رغب المشرفون التربويون في التواصل مع مستوى يؤثر في السلوك التعليمي فعليهم أن يتجنبوا الظهور بأنهم جزء من مركز الآمر الناهي، ويحتاج المشرف أن يدرك أن جميع العناصر غير الشفوية في طرق التواصل تحدد فعالية عمله مع الأشخاص الذين يود التواصل معهم.

دور الانفعال في التواصل:

إن العامل الانفعالي لأي وضع يؤثر في نوعية التواصل وأن الاضطراب الانفعالي للأفراد ونقص الثقة بين أعضاء المجموعة يقيد التواصل. وقد صرح Dan Prescott أن الاضطراب الانفعالي يقلل من تسلسل الحوادث الذي يعتبره الفرد مهماً، وإذا كان الفرد منفعلاً جداً فإن الحقائق التي تظهر أنها قريبة من مشاكله تكون هي المهمة، ويكون غير راغب لتكييف نفسه كي يأخذ أفكار الآخرين بعين الاعتبار حتى تخف حدة اضطرابه، لقد أجريت أبحاث عديدة لاختبار مدى تأثير التوتر على التفكير وكانت النتائج دائماً تشير إلى أنه كلما كثر التوتر كلما أصبح الفرد أقل انفتاحاً للتكيف مع البدائل أو التفاعل في تفكير مطلق، وإذا رغب المشرف التربوي في الحصول على تواصل حقيقي في أية ندوة أو لقاء فعليه أن يخفف من درجة التوتر بين الأشخاص المشاركين.

يسمع الناس ما يريدون أن يسمعوا، والنظام الإنساني يضع حاجزاً أمام التعليقات والأعمال الهدامة ويحاول دوماً أن يحتفظ بمشاعره الخاصة. ومن المهم أن نؤكد على الإيجابية من خلال أحاديثنا مع الناس، إذا أرادو المساعدة عليهم أن يثقوا بالوضع القائم ويطلبوا المساعدة وأن يستمعوا للتعليقات التي تساعدهم على النمو. لا يستطيع المشرف أن يفعل شيئاً في زيادة التواصل الإيجابي إذا كانت الثقة معدومة بينه وبين الأشخاص المعنيين، إن درجة الثقة تحدد أنواع المشاكل التي يرغب الأفراد في اختبارها فمن طبيعة البشر ـ ألا يكشفوا عن أنفسهم لأناس يخافونهم أو لا يثقون بهم. فالفرد لا يشارك أفكاره أناساً لا يثق فيهم بل يشاركهم فيما يريدهم أن يسمعوه.إن المشرف الذي يصنف الأفراد في طبقات لا يحصل على علاقة جيدة مع

أولئك الناس تساعدهم للكشف له عن مشاكلهم الخاصة، ما لم تكن خبراتهم معه برهاناً على أن المعلمين لا يتفاعلون بالطرق العكسية للتصنيف. ويمكن أن يكون العامل الانفعالي إيجابيا، فإذا شارك فرد في لقاء مع أفراد ذوي خبرات طويلة معه ويثق كل واحد بالآخر ويستمتع بالتفاعل معهم تكون قنوات التواصل مفتوحة وصادقة. وإذا توقع المشاركون أن يتعلموا من بعضهم البعض فسيتقاسمون المخاوف والاهتمامات والآمال ووجهات النظر.

وإذا كانت لقاءاتهم السابقة تتصف بالمناسبات السعيدة الممتعة فسيشارك الأفراد بتكرار خبراتهم ومبادرتهم بجعل اللقاءات اللاحقة أكثر نتاجاً.

وهكذا إما أن تكون الانفعالات مصدراً لتواصل فعال وإما أن تكون بداية مشكلة أساسية على المشرف أن يأخذها بعين الاعتبار.

التنظيم الاجتماعي يؤثر في التواصل:

وجد كيلي Kelley 1951 أن البنية الاجتماعية الصارمة أقل ما يكون أعضاؤها صدقاً في تواصلهم، وإذا تبوأ فرد مركزاً رفيعاً في بنية اجتماعية صارمة لا يكشف عن الحقائق التي تمس مركزه، وإذا أراد مشرف تربوي أن يحصل على تواصل فعّال مع الآخرين عليه أن يعمل ما في وسعه لتخفيف التركيز على مركزه فقط. وفي الأوضاع التي يكون فيها الوضع الاجتماعي غير واضح، والأفراد الذين يشغلون وظائف غير مريحة في التدرج الوظيفي لا يتناسب فحوى أعمالهم مع تواصلهم وكذلك الأشخاص ذوي المراكز الرفيعة يميلون لحصر توصيل فحوى الرسالة التي من الممكن أن تضعف مراكزهم وتظهرهم أشخاصاً دون كفاءة. إن وجود التدرج الوظيفي يجعل من السلطة التي يتمتعون بها تقييداً للتواصل البناء مع أفراد آخرين يكون مركزهم الوظيفي أدنى منهم وتتسبب العدوانية نتيجة توقعات هؤلاء الأشخاص ذوي المستوى الوظيفي المتدني للأفراد ذوي المستوى الوظيفي الرفيع لكونهم مصدر تهديد لهم. لهذا نأمل من المشرف التربوي أن يسهل عملية التواصل ويعمل مع المعلمين سواسية لتخفيف حدة التدرج الوظيفي.

مصادر تشويش التواصل:

صمم رينز Ryans نظام معلومات يتضمن المرسل والمستقبل والرسالة وفي نموذجه وضح أن الرسالة تشوش بما أسماه بالضجة وهذه الضجة تعود إلى عدة عوامل هي:

العامل الأول: هو دلالات الألفاظ والكلمات التي يستعملها المرسل التي قد لا تحمل نفس المعنى بالنسبة للمستقبل وكل شخص تعتمد ترجمته على خبراته السابقة وعلى الطريقة التي سمع بها الكلمة المستعملة. فمعاني الكلمات تختلف باختلاف المحتوى واختلاف الاستعمال.

العامل الثاني: هو المرسل نفسه فربما أرسل رسالة بهدف معين لا تتعلق برغبات المستقبل، وبهذا يكون قد بحث عن وسائل ليخفي بها أنواعاً معينة من المعلومات لا يرغب بكشفها لمن يستلمها، أو ربما ينقصه فهم خلفية المستقبل ودون قصد استخدم كلمات لا تهم المستقبل كثيراً. ربما أخطأ في اختيار النص وربما قصد الإقناع أو السيطرة، وهكذا إذا رغب المرسل ألا يكشف عن نفسه بأمانة تامة في هذا الوضع فستصل الرسالة محرفة وربما يكون المستقبل أساس الضجة أي أنه لم يكن مستعداً لسماع ما يريد أن يقوله المرسل وربما تعمد تحريف الرسالة لدوافع خاصة لديه، أو ربما تنقصه الخلفية التي فهم بها الرسالة المرسلة. وربما تسبّب الوضع في تحريف الرسالة، فمثلاً تحرف الرسالة حسب طبيعة مجموعة النظام التي تؤكد على توافق قنوات التواصل أو تشويشها.

عوائق التواصل:

يستطيع الفرد أن يكون أكثر فعالية في تواصله إذا تعرف على معظم الصعوبات الشائعة التي يواجهها الأفراد بحثاً عن فهم كل واحد للآخر ومنها:

♦ **يستعمل الأفراد رموزاً أو كلمات لها معان مختلفة:**

يترجم الفرد كل كلمة بالنسبة لخلفيته وحاجاته وأهدافه. وتختلف الكلمات

أيضاً في المعنى بالنسبة لاختلاف محتوياتها وأوضاعها. ربما سخر فرد من صديقه، بطريـق الدعابة وترجم كلاهما هذا الوضع بأنه مزاح بينما استعملت نفس العبارة في موقـف متـوتر بـين نفس الشخصين فتسببت في شجار عنيف.

♦ **أن تكون لأعضاء المجموعة قيم مختلفة:**

إن تمسك الأفـراد بقيمهـم يجعلهـم يرفضون وجـود قيم غيرهـا. ولهـذا لـن يميز أعضـاء المجموعة أن هناك شخصاً آخر يمكن أن يحمل قيمة أخرى تختلف عن قيمهم. أي أنهم يريدون فقط أن يتمسكوا بقيمهم بعيدة عن التهديد. إنهم يرفضون محاولة فهم وجهات نظر الآخرين. إن الالتزام الشديد من جانب الفرد لمجموعة قيم معينة تتعارض مع قيم أنـاس آخرين تشـوش التواصل داخل المجموعة، كذلك تجاهل قيم الغير يسبب سوء فهم لأوضاع الآخرين.

♦ **اختلاف توقعات المشكلة:**

إذا وجدت ترجمات مختلفة لمشكلة ما ولم يحاول الأفراد حلها فسيكون المجـال مفتوحـاً للنقاش وطرح مقترحات وحلول مختلفة دون الوصـول إلى اتفـاق ، وينتج مـن جـراء ذلـك ازدراء وتحقير وفقدان الثقة في الآخرين لأنهم لم يجدوا سبباً منطقياً في عدم تـوافقهم ويحاولون تبـديل المقترحات، وسيكفون عن المحاولة لفهم أي شخص ممكن أن يجـادل في اقتراح يعتبرونـه عديم الفائدة مما يعيق التواصل.

♦ **التركيز على المركز:**

إذا كان هناك أفراد بمعرفة متفوقة ومنزلة رفيعة وخبرة ذات فائدة تغلـق جميـع قنـوات التواصل إذا كان التركيز فقط على التفوق فمثلاً في دراسة مجموعة يجلس القائد ومجموعته وراء المكتب في صدر الغرفة ويجلس الآخرون في شبه دائرة على الجانب الآخر فإن عملية التواصل فيما بينهم تغلق، لكن يكون التواصل أكثـر فعاليـة ودقـة إذا جلـس الأفراد المرجعيـون وانتشـروا بـين المجموعة وذلك لأن الفرد يتردد في معارضة الشخص الـذي يفتـرض بـه أن يكـون مركـز السـلطة ويكون أقل إيماناً وثقة فيما سيقول لأنه غير واثق منه، ويمكن أن يكون متـردداً في إظهار الـدليل الذي يتعارض مع السلطة.

◆ **تعارض الاهتمام:**

يخاف بعض الأفراد من قرار يمكن أن يهز إمبراطوريتهم أو يسلبهم بعض امتيازاتهم ولهذا يحاولون غلق قنوات التواصل. إنهم لا يشركون غيرهم في كل الحقائق ويحاولون استغلال إجراءات قانونية ليحولوا انتباههم عن المسائل الحقيقية.

◆ **اعتماد عملية صنع القرار على الأغلبية أكثر من اعتمادها على الإجماع:**

عندما تبحث المجموعة عن صنع القرار بالأغلبية يحاول الأعضاء إقناع وكسب النقاط أكثر من محاولة فهم الشخص الآخر أو محاولة اكتشاف المعتقدات الشائعة ولكن إذا بحثوا عن الإجماع فمن الضروري محاولة اكتشاف ماهي معتقدات الأشخاص حتى تحدد مجالات الاتفاق العام.

◆ **محاولات تجنب الشعور في النقاش:**

يعتقد الكثيرون أن إقحام الشعور في النقاش يشوش قنوات التواصل. مع أن الشعور هـام جداً في التواصل مثل أهمية الحقائق. إن حقيقة الشعور ومحاولة تجنب ظهوره في النقاش مثـل محاولة تحديد درجات التواصل. وإذا وجد قائد المجموعة في شعور الآخرين معلومات مهمة فـإن التعبير عنها لا يهدد مركزه.

◆ **استعمال الكلمات لإعاقة التفكير:**

هذا التطبيق شائع ويستعمله واضعو الإعلانات لأنهم لا يحاولون التواصل بـل يحاولون ضبط العمل، ويحدث هذا أيضاً في مجموعات كثيرة، إذ يستعمل الأفراد الكلمات والرموز حتى لا يشعر الأعضاء بحرية الاستفسار. يضمنون جدالهم واقتراحاتهم برموز لها قدسيتها لديهم ويغلقون باب النقاش كما يستعمل بعض المعلمين هـذه الطريقـة في محاولة لضبط الصفوف أكثر مـن الكشف عن المسائل الحقيقيـة، ويحـاولون أن يـؤثروا على الآخرين بقبـول أفكـارهم باستعمال شعارات يقف خلفها الآخرون.

◆ **الحاجة إلى فهم وجهات نظر الآخرين أو شعورهم وقيمهم:**

إذا وجد الفرد أن دوره يتطلب التأثير على الآخرين بقبول وجهات نظره أو

قيمه أو توقعاته فعليه أن يغتنم الفرص لإقناعهم أفضل من أن يفهمهم لأنه في ذلك يكون قد حقق تواصلاً فعالاً .

- **الحاجة إلى قبول الاختلافات:**

ما لم يفهم أعضاء المجموعة اختلافاتهم فلن يحاولوا استغلال هذه الاختلافات للنمو المهني، إن ميل الفرد ليدافع عن نفسه يعتبر حاجزاً منيعاً لسد قنوات التواصل. وإذا حاول الفرد حماية مركزه بعدم إظهار أي ضعف فإنه بذلك يحاول سدّ أية محاولة من أي شخص آخر لفهم وجهة نظره . وحين يصر الفرد المسؤول على تطابق وجهات النظر بينه وبين المجموعة يحصل تشويش في قنوات التواصل ، وإذا رفض الفرد ذو السلطة سماع أية اختلافات رأي بين أعضاء المجموعة فإن الأشخاص بدون قوة أو سلطة لن يكشفوا إلا عن المعلومات التي يشعرون أن رجل السلطة يتقبلها .

- **هناك مفهوم واحد للتعاون:**

يعتقد الفرد ذو السلطة أن الأفراد يتعاونون فقط حين يسيرون على تنفيذ برامجه وأوامره وفي هذه الحالة لن يكون أعضاء المجموعة صادقين في المراسلات التي يرسلونها. كما أنهم يتحينون الفرص لحماية أنفسهم بإقناع ذلك الشخص المسؤول بأنهم ينفذون كل ما يريد مع أنهم ينضمون إلى الفريق المعارض، وحين يشعر المستقبل أن المعارضة ضرورية فإنه يلجأ إلى قطع قنوات التواصل أو تشويشها.

- **الشعور بالعظمة:**

إن المرسل الذي يتمتع بشعور العظمة لن يتواصل بحرية ووضوح مع المستقبل، كما أنه لن يصغي باهتمام لأنه يعتقد أن كلمات المستقبل غير مهمة. وأي تركيز على السلطة يتداخل بتحريف صحة المعلومات وتشويش التواصل. وإذا أصر أحد أعضاء هيئة التواصل أن يلقب بلقب معين فهذه دلالة على الاهتمام بمركزه أو إصراره على امتيازات معينة ففي هذه الحالة يشوش رد فعل المستقبل قنوات التواصل.

- **حماية المصالح:**

إذا أراد شخص أن يحمي مصالحه فلن يكون صادقاً وواضحاً في اتصالاته ومن

جراء ذلك يستغرب الآخرون ما الذي يخفيه، وتكون المراسلات المرسلة عبارة عن توقعات المستقبل للدوافع غير المعلنة أكثر من ترجمة الكلمات المعلنة.

◆ **الشعور بعدم الاطمئنان:**

إذا شعر المرسل بعدم الاطمئنان فإنه لن يكشف عن نوع المعلومات التي تضعف مركزه في أعين المستقبل، وسيخفي جميع التعليقات التي تكشف سبب عدم اطمئنانه، وإذا شعر المستقبل بعدم الاطمئنان فإنه سيسمع فقط الأشياء التي يريد سماعها ويتجاهل التعليقات التي تؤكد شعوره بعدم الاطمئنان لديه أو يترجمها كهجوم شخصي، وإذا ترجمها كذلك فسيتحول في الحال إلى شخص عدواني ينتهز الفرص لحماية نفسه أو يرد بهجوم آخر عند المجابهة، وفي هذه الحالة يضيع نص الرسالة الأصلي ويصبح هدف المحادثة مبهماً.

◆ **مفهوم الدور بالنسبة للمرسل والمستقبل:**

إذا رأى كل منهما نفسه كزميل في عمل وأن الأفراد الذين يتمتعون بأهداف عامة يقومون بأدوار ثانوية وأساسية فسيتواصلان بشكل صحيح، وإذا رأى كل منهما نفسه في الضدين أو كشخصين بمستويات مختلفة من المسؤولية فيزداد التشويش من جراء ذلك.

◆ **الشعور السلبي للوضع:**

إذا شعر الأفراد بالخوف من الوضع الذي يعملون فيه وأنهم غير محترمين ولا تقيم مساهماتهم فلن يحاولوا أن يجعلوا إسهاماتهم إسهامات حقيقية، وإذا شعروا أن الأفراد الآخرين ليسوا في موضع ثقة فستكون مراسلاتهم بشكل خداع أكثر منها صدقاً.

يستطيع الفرد تحسين التواصل:

إن توقعات الفرد لنفسه كمرسل ومستقبل في نظام التواصل يحدد كفاءته كمستقبل ومرسل لذا يجب أن يكون الفرد المرسل كالآتي:

1- **أن يرى نفسه مشاركاً وليس مخبراً:** فإذا كان وجوده فقط للإخبار والإقناع فلن يحظى بسماع آراء الآخرين. ويسمع فقط الأشياء التي يريد تنفيذها ويركز فقط على الأشياء التي تعبر قنوات التواصل دون أن يعي ماذا يحدث.

2- **أن يرى نفسه باحثاً عن ارتباط علاقته بالآخرين وليس مسيطراً عليهم :** وإذا رأى نفسه أنه يحاول الضبط فيتحين الفرص لسد قنوات التواصل التي تخفف من سيطرته، كما يحاول تجاهل مراسلات الآخرين التي تتعارض مع أهدافه وإذا أراد أن يبحث عن الارتباط بالآخرين فعليه أن يختبر أفكاره وقيمه باستمرار ومقارنتها مع أفكار وقيم الآخرين. وبهذا سيصبح أكثر حساسية تجاههم.

3- **أن يرى في عمله البحث عن الحقيقة أكثر من إقناع الآخرين:** إذا كان هدفه البحث عن الحقيقة فسيزيد معلوماته بمعرفة الحقائق التي يعرفها الآخرون ويفهم قيمهم وإذا أراد أن يبحث عن الإقناع فسيرفض سماع أي رأي منهم.

4- **أن يحكم على إسهاماته من التغذية الراجعة التي يحصل عليها من الآخرين أفضل من حكمه الشخصي:** إذا اعتمد على حكمه الشخصي فلن يتأثر بما يسمعه الآخرون، أو ماذا يقولون في الواقع ولا يستطيع توضيح وجهات نظره لهم ولا يعرف مجالات ضعف التواصل عنده، وإذا رغب بتواصل حقيقي فيجب أن يستفيد من التغذية الراجعة من المستمعين لأنها مهمة إلى المرسل مثل أهمية العبارة التي يرسلها.

5- **أن يبحث عن الموافقة وعدمها كما يبحث عن المعنى الذي يريده الآخرون في مجالات الاختلاف :** عليه أن يقيّم عدم الموافقة بالطريقة التي يقيّم بها الموافقة لأنها مؤشر على أن الجزء الكبير من المواضيع المطروحة بحاجة إلى تحليل أكثر.

6- **أن يكون أكثر تعاطفاً:** إذا حاول أن يكون متعاطفاً فربما يجد الواقع بعيداً عن اعتباراته، كما أن الهدف الذي يريد توضيحه يجب أن يكون ترجمات لتلك الاعتبارات.

7- **أن يبحث عن الكلمات ذات المعاني الشائعة:** عليه أن يستعمل أكثر من كلمة

ليوضح وجهة نظره ويرى ما إذا كان الشخص الآخر قد ترجمها ترجمة صحيحة بمجموعة من الرموز التي يحملها، وأن تكون لديه الرغبة في توضيح أي استفسار، كما عليه أن يتقبل استفسارات المستقبل عن أية وجهة نظر يريد توضيحها أو توضيح كلمات لم يستطع فهمها، وأن يقيم الترجمات المختلفة ويكشف معانيها.

8- **أن يخفف من سلوكاته التي تشعره بالتهديد:** على المرسل أن يميز على أن المقاومة جزء من التواصل وعليه أن يصغي باهتمام بالغ ليكتشف ما لم يقل وأن يحاول التعاطف كي يرى ماذا يعني كلامه للمستمع وأن يستعمل المفاتيح (الاصطلاحات) غير الشفوية ويستعمل التناسق مع المفاتيح الشفوية للعبارات التي يستعملها.

<u>أما كمستقبل فعلى الفرد أن يكون كالآتي:</u>

1- **أن يبحث عن مساعدة المرسل في توضيح معانيه:** وعليه أن يثير أسئلة من وقت لآخر حول المعنى الظاهر له لأنه ربما ترجمه بطريقة لم يعرها المرسل انتباهاً وأكثر ما يكون التواصل مشوشاً إذا فكر الأفراد بأنهم في موقع الموافقة مع أنهم ليسوا كذلك. ويجب أن يسأل نفسه هل توجد طريقة أخرى لتوضيح ما قيل.

يستطيع أن يفهم أن خبرته تحدد ما يستطيع سماعه وأن يبحث عن كشف خلفية هذه الخبرة التي تجعل المرسل يقول العبارة التي قالها. وسيميز أنه يترجم ما يراه مناسباً لحاجاته وأهدافه وفي الوقت نفسه يبحث عن التوضيح. كما يحاول أن يخفف من (المقولات) التي قيلت دون توضيح.

2- **أن يبحث عن الفهم:** إن التركيز الأول هو محاولة الكشف عما يقوله الشخص الآخر أكثر من أن يقيمه. ويتطلع إلى الموافقة في المجالات التي يريدها ويبحث عن عزل مجالات الاختلافات التي يود اكتشافها فيما بعد، وإذا جادله أحد فلن يرغب في محاولة الاستماع إلى الأفراد الذين يجادلونه. لأنه يبحث دوماً عن كسب الموافقة دون جدال.

3- **أن يحدد ما لم يقل بالطريقة التي يحاول فيها أن يفهم ما يقال:** إن الأفكار غير

المعبر عنها ربما تكون قد أخفيت عن قصد وهي على قدر من الأهمية . وإذا استطاع المستمع أن يستجيب بطريقة تساعد المرسل أن يتحرك في مجالات لم يعبّر عنها شفوياً فإنه سيغتنم الفرصة لتحقيق التواصل الحقيقي مع المرسل، ولذا فإن الفرد الذي يلعب دور المرسل والمستقبل سيفتح قنوات التواصل بينما هو في الوقت نفسه يخفف تأكيداته على مركزه ويبعد الخوف وعدم الثقة قدر المستطاع عن وضعيته ويتذكر أن الأمانة تولد الأمانة. وأن يتجنب تقييم معطيات الفرد وأن يعطي من الاهتمام نفس الدرجة التي يتطلبها وأن يتجنب الهجوم أو العدوانية وأن يدعم الفرد الذي يغامر في مجالات تختبر فيها وضعيته. وإذا أثبت فعالية في تحسين التواصل فستفهم الموافقة وعدمها وسيقيم كل فرد الفرد وستكون الترجمات مفتوحة بشكل عام أكثر مما تكون خصوصية تخص الفرد نفسه.

التواصل الإضافي لعمل المشرف التربوي:

بينما يقوم الفرد بمسؤولية محددة لزيادة فعالية التواصل على المشرف أن يضيف مجالاً آخر لنموذج رينز Ryans فهو المرسل والمستقبل وفي نفس الوقت المسهل وهو الذي يطور ويحافظ على النظام التواصلي بالإضافة لكونه مشتركاً، **وكمشرف عليه أن :**

1. يشجع الأفراد ليعرف ويقيم كل فرد الآخر: وذلك بأن يوفر فرص التفاعل الاجتماعي وأن يساعد الأفراد بإعلامهم عن خلفيات وإنجازات الآخرين.
2. يوفر ترتيبات فيزيولوجية تسهم في تواصل فعال: وذلك حين عقد اللقاءات والندوات عليه أن يتأكد أن مكان اللقاء أفضل ما لديه وأن يوضع الأثاث بشكل يساعد على إيجاد أفضل درجات التفاعل.
3. يطور مناخاً متسامحاً: إن التسامح كما يستعمله علماء النفس يعني الحرية الشخصية للتعبير عن وجهات النظر أو أية فكرة ما دون خوف أو اتهام مضاد، لأنه من موقع المعارضة لشخص في موقع القوة والسلطة، وإذا كان المناخ متسامحاً

4. فإن أعضاء المجموعة تقيم الشخص الذي له وجهات نظر مختلفة أفضل مـن محاولـة إرغامـه على الطاعة. إن الشخص ذا وجهات النظر المختلفة يشجع كي يتحدى لأن هذا التحدي يكشف وجهات نظر الآخرين، وتحقيق هذا السلوك ليس سهلاً لأن الفرد ذا الاتجاهات المختلفة في أيـة مجموعة هو تهديد للآخرين ولذا كان عليهم أن يقتنصوا الفرص لإسكاته.

5. يبحث عن تحديد مجالات الاتفاق وعدمه: إن مجالات عدم الاتفاق هـي مـن الأهميـة بمكان بالنسبة لأية مجموعة كما هـي الحـال في مجـالات الاتفاق. إن التواصـل الفعـال لا ينتج مـن الإجماع وإن الإجماع على جميع جوانب المشكلة ليس مـن السهولة التوصـل إليـه، لـذا فإن باستطاعة المشرف مساعدة المجموعة في تقييم مجالات الاختلاف لأنها مؤشر علـى أن وجهـات النظر بحاجة إلى تمعن أكثر، ومن جراء ذلك ينمو الأفراد في مجال تكـون فيـه المجموعـة قـادرة على اكتشاف اختلاف وجهات النظر دون خوف أو إجبار.

6. يعكس للمجموعة ما يفكر أن المجموعة قـد قالتـه: علـى المشرف أن يقـول هـل هـذا مـا قـد سمعته منك أو هل هذا ما قلته بالضبط؟ بهذا العمل يساعد المجموعـة أن تتحـرك لمناقشـة وجهة النظر التالية بمعنى أنه يساعد المجموعة في تلخيص مـا قيـل حتى تنطلق إلى نقطة النقاش التالية وذلك بأن يعكس ما قيل أو أن يسأل إذا كان هو على حق لأن مـن جـراء ذلك مساعدة المشرف المرسل أن يوضح ماذا قصد أو يساعد المجموعة في فهم العضو الذي يظهر لهـم بأنه مختلف عنهم، ففي كثير من الأحيان لا يتأكد الفرد مما قاله الشخص الآخر وبهذا يتحـول إلى إنسان عدواني لأنه لم يفهم ما قيل. ولكن حين يعكس المشرف وجهات النظر فإنـه بهـذا يساعد الأفراد أن يفهم بعضهم بعضاً ويخفف من مجالات التعارض. وإذا شـعر المشرف أو أي عضو آخر في المجموعة أنه حر في عرض وجهة نظر الشـخص الثالـث في كلمـات غير كلمـات الأخير وأراد أن يسأل إذا كانت الترجمة لأفكاره صحيحة فسيكون لدى المتكلم فرصة لـكي يقـول لا، لا أعني ذلك، أو نعم قد عنيت ما أقول.

وطريقة أخرى للتوضيح باستطاعة المشرفين أو أعضاء مجموعة آخرين أن يوضحوا فكرة ما بأن يسألوا هل هذا ما عنيت؟ فمثلاً إذا قال شخص على المعلم أن يكون متسامحاً، سيسأل عضو آخر هل هذا يعني ألا استجوب الطفل الصغير الذي يقول دعنا نمضي نصف الوقت في الكتابة وبقية الوقت في اللعب؟

وإذا علّق المستمع على تلك الحالة (حالة الولد) بأن يسأل إذا عنى الشخص تطبيق ذلك فإن الفرصة متوفرة للمرسل بأن يوضح تعليقاته ويحسن تواصله. وسيكون لدى المشرف فرصة سانحة كي يتمتع بفعالية عالية إذا تذكر بأن التواصل عملية يحاول بها الأفراد أن يفهموا شعور وأفكار الآخرين وهذه العملية هي جزء من الكشف الذاتي وجزء من البحث عن فهم الآخرين، وهي تتناقص بشعور العظمة والنقص والخوف والتوتر بالتنظيم الاجتماعي القاسي، بمحاولات الضغط والتحكم بالضبط لتحقيق الأهداف ولتحسين الإنتاج وبفرض الطاعة. لكن يزداد الإنتاج ويتفاعل الأفراد حين تتعمق الثقة وحين يشعر الأفراد بأن لهم أهدافاً وقيماً مشتركة . وإذا أخذت اختلافاتهم بعين الاعتبار وحين تكون الرغبة موجودة لاكتشاف الفروقات يشعر الفرد بحريته ويعبر عن أفكاره، ويشكل قيمه كما يريد ، وحين يبحث عن الإجماع دون ضغط أو إكراه وحين يحب ويتقبل الإفراد بعضهم بعضاً ويدعم كل فرد فرداً آخر ويشاركه عواطفه وانفعالاته.

إذا كان التواصل فعالاً كان الاتفاق مفهوماً وأصبح عدم الاتفاق أكثر وضوحاً وحين يقيم الأفراد بعضهم بعضاً فإن للتعليقات العامة والخاصة نفس التشابه وأن معايير الأشخاص العاملين الرسمية والعادية متشابهة فيما بينهم.

وهذا يعني أن على المشرف التربوي أن يعمل ليبني ثقة الجماعة وتقبل بعضهم بعضاً وأن يحافظ على حقوق الأفراد إذا اختلفت وجهات النظر وألا يركز المشرف على المراكز الاجتماعية بل عليه أن يوفر الوقت الكافي لتفاعل الأفراد والجماعات وألا يبحث عن الإجماع الإجباري في عملية صنع القرار ، وأن ينظر إلى موقعه كمساعد ومقدم خدمات أكثر منه موجهاً ومصنفاً ومسيطراً على العملية التربوية كلها.

الفصل السادس

الإشراف تطوير المنهاج

الفصل السادس

الإشراف تطوير المنهاج

تتلخص وظائف الإشراف التربوي في مجالين أساسيين هما : تطوير المنهاج وتحسين التعليم.

ولا يتطلب تطوير المنهاج تعريفاً فقط بل يجب أن تؤخذ بعين الاعتبار الوظيفة الأساسية للسلوك الإشرافي.

لقد عرف المنهاج في بادئ الأمر بأنه الموضوع الذي يدرس ثم أصبح فيما بعد الكتاب المقرر أو مادة الدراسة أو الخطوط العريضة لها التي يستخدمها المعلمون كدليل، وقد طورت هذه المواد من قبل دوائر تربية متخصصة وأصبحت مادة التدريس الرئيسة، وقد أعدت بعض المواد من قبل لجان من المعلمين وواضعي المنهاج بوضوح واهتمام كبيرين، كما طّورت الأهداف التربوية واشتملت على أساليب وإجراءات لعملية التقويم، وجّربت تلك المواد ونقحت قبل أن تصبح المنهاج الرئيسي للمدارس الذي يجب أن يعلم.

وفي أوائل الثلاثينات سنة 1935 اقترح كل من كازويل وكامبل Caswel & Campbell طريقة تفكير جديدة في المنهاج بعد أن راقبا الجهود الكبيرة التي بذلت في تطوير أدلة المنهاج، ولاحظا نقص التطابق بين الأدلة وما يحدث داخل الصف، كما دهشا من حقيقة المعلمين الذين اشتركوا في تطوير مواد المنهاج بأنهم أكثر قبولاً في استعمالها في التعليم. ونتيجة لتلك الملاحظات فقد بدأ في التفكير بالمنهاج كواقع ملموس للطلاب داخل المدارس. وهذا التفكير في المنهاج اعتبر نقلة نوعية على الطالب وماذا يحدث له داخل الصف أكثر من التركيز عليه كمادة تدرس وقد عرف

جوردن ماكنزي Gordon Mackenzie سنة 1964 المنهاج بأنه مشاركة المتعلم بأوجه البيئة المختلفة التي خططت تحت إشراف المدرسة.

كما عرف آرت لويس وأليس ميل سنة 1972 ,Art Leweis & Alice Miel المنهاج بأنه مجموعة من الاهتمامات تتيح الفرصة للمتعلم والأفراد الآخرين لمناقشة أمور متنوعة مثل المعلومات والعمليات التربوية والأساليب الفنية والقيم في ترتيب منسق من الوقت والمكان.

إن المنهاج يعني أشياء كثيرة مثل التصميم والبناء والتخطيط كما أن تنظيمه الذي وصف في نشراته وأدلة المعلمين ومواد التعليم قد أقرها ووفرها النظام المدرسي ومعتقدات العملية التربوية التي تتمثل في إجماع الهيئة التدريسية على مفردات المادة وتوفير الفرص التي يهيؤها المعلم للطلاب بالإضافة إلى البيئة المدرسية المادية والعقلية وأشياء أخرى كثيرة.

هذه العوامل كلها مجتمعة تكون البرنامج الذي يخبره المتعلم في سنواته الدراسية. وبهذا تقع على المشرف مسؤولية كبيرة لاستمرارية تحسين المنهاج.

أسس منطقية للمنهاج:

لقد اقترح د. رالف تايلر Ralph Taylor سنة 1954 أربعة أسئلة أساسية للإجابة عليها كي تستخدم في تطوير المنهاج ووضع خطة دراسة وهذه الأسئلة هي:

- ما هي الأهداف التربوية التي تسعى المدرسة لتحقيقها؟
- ما هي الخبرات التربوية التي يجب أن توفرها المدرسة لتحقيق تلك الأهداف؟
- كيف تنظم تلك الخبرات التربوية بفعالية ؟
- كيف نتأكد من تحقيق تلك الأهداف؟

ليس من السهل الإجابة على تلك الأسئلة لنتأكد فيما إذا تحققت الأهداف التربوية لأنها مسؤولية المعلم والمدرسة والنظام والدولة، ومع ذلك فإن المسؤولية العظمى تقع على السلوك الإشرافي التربوي.

أهداف التعليم:

أن مؤسسة التعليم العام نظام فرعي من المجتمع الكبير وبهذا نستقبل مدخلات معينة من المجتمع ومن أمثلة مدخلات المجتمع : الطلاب وهيئة الموظفين، الموارد المالية وتحديد الأهداف التربوية، كما أن المجتمع يؤسس ويدعم عدداً كبيراً من الأنظمة الفرعية التي يفترض بها أن تساهم في بناء مجتمع الرفاهية، وحين يدرك المجتمع أن نظاماً فرعياً معيناً لا يحقق توقعاته يصبح نظام الدعم تحدياً. كما أن توقعات المجتمع هي إحدى المصادر المهمة للأهداف التربوية.

ويكون الطلاب مصدراً آخر مهماً في الأهداف التربوية، فحاجات الطلاب وآمالهم وطموحاتهم واهتماماتهم ومستوى تحصيلهم الأكاديمي وسلوكاتهم هي مصادر معلومات مهمة لتطوير الأهداف التربوية كي تدرس على أساس مستمر ومكثف وشامل.

ويجب أن تدّرس هذه الحاجات بعناية داخل الصف والمدرسة كي تخدم كمدخلات لتطوير الأهداف التربوية والأهداف السلوكية، وبما أن الطلاب هم جزء من المجتمع فدراستهم تسهم في فهم توقعات المجتمع ودراسة المجتمع تسهم في فهم حاجات الطلاب.

أن مسؤولية التربية هي دراسة وتحديد وترجمة هذه المصادر إلى أهداف تعليمية عامة لأنها الطريقة المستمرة التي تتطلب خدمات تربويين مهنيين مثل المعلمين والمشرفين والإداريين كما أن مسؤولية الإشراف التربوي لا تقتصر على الاشتراك في هذه العملية ولكن تتطلب مسؤولية خاصة هي تسهيل العملية ونشر الإنتاج وتوزيعه على مستوى الاختصاص، وكذلك ضرورة إشراك المعلمين والطلاب للعمل سوياً مع المشرف في تطوير الأهداف التربوية لتعزيز التناسق والتعاون فيما بينهم لتحقيق توقعات النظام المدرسي.

فرص المشاركة المرجوة:

إن لفرص المشاركة المرجوة أوضاعاً قد طورت طبقاً لتوقعات العملية

التربوية، وهذا يعني أن باستطاعة الطلاب تحقيق أهداف سلوكية معينة من خلال مشاركة معينة ومن أمثلة فرص المشاركة :-

حزم المواد التعليمية - الأفلام - نشاطات الطلاب ، داخل وخارج النظام المدرسي، كما أن تخطيط وتنفيذ تطوير حزم المواد التعليمية هذه هي وظيفة مهمة للإشراف التربوي كي يتفاعل معها الطلاب والمعلمون والإداريون.

إن اختيار وتحقيق فرص المشاركة هي مسؤولية المعلم أيضاً بمستويات الدعم الضرورية المتوفرة عند الحاجة.

تقويم النتاجات السلوكية:

بما أن مؤسسة التعليم العام هي نظام فرعي من المجتمع، لذا فهي مسؤولة عن تحقيق الأهداف التربوية وهذا الواقع يحتاج إلى نظام صارم لتقويم الأهداف، وليس التقويم عملية تحديد المدى الذي تحققت عنده الأهداف التربوية فقط، بل أنه عملية توضيح أوضاع التعلم كي يكون التقويم العلاقة المحتملة بين أوضاع التعليم ونتاجاته وهو العملية التي توفر الأساس لبناء برنامج مستمر للمنهاج وتحسين التعليم، وبهذا يستطيع كل معلم أن يتحسس نتاجات جهوده التعليمية وأن يطور أساليب جديدة مبنية على التقويم المستمر . إن نظام تقويم ملائم يتطلب وضع أهداف بشكل يحدد الإنجاز الذي يأمل كل طالب تحقيقه، وهذا يسهل تصميم برنامج يحدد المدى الذي يستطيع به الطلاب التحكم في التصرف المناسب كي يوفر للمعلمين التغذية الراجعة وهم مستمرون في تطوير وتحقيق فرص المشاركة للطلاب.

دور الإشراف المتغير في تطوير المنهاج:

كانت المهمة الرئيسة لتغيير المنهاج تقع على كاهل هيئة الإشراف بالإضافة لمدير المناهج ومعلمين بخبرات مهنية متخصصة كي يقوموا بدور وكلاء تغيير، وفي منتصف عام 1960 تغير هذا الوضع تماماً إذا أدرك الأشخاص في مراكز المسؤولية أن

نوع التعليم المتوفر لا يواكب متطلبات المستقبل للمجتمع ، وحاول كل واحد من أولئك المعنيين أن يرى المجتمع من زاويته الخاصة، وبذلوا جهداً مثمراً لإيجاد نوع من البرامج التربوية تحقق أحلامهم المرجوة ، وواجه مديرو التعليم العديد من المتطلبات لتغيير المنهاج وتطلب ذلك عملا مضنياً لتحديد نوعية التغيير المطلوب كي يتلاءم مع حاجات المجتمع المتطورة والمتغيرة.

وفي هذه الحال وجدت هيئة الإشراف التربوي نفسها في دور مختلف وبدلاً من تكريس الجزء الأكبر من جهدها لتطوير أفكار للتغيير جابهت دوراً متغيراً ألا وهو المساعدة في عملية صنع قرار التغيير المرغوب كي يساعد في التجديدات وتوفير الأنواع الكثيرة من المصادر الضرورية المساندة للتجديد والتنسيق، ودمج هذه التجديدات في برنامج يساعد الطلبة عن الاستمرارية، ويساعد كذلك في تقييم التجديدات واختيار البدائل التي تتطابق مع النظام التربوي الجديد وتصميم خطة التغيير وتطويرها وتمويلها.

وفي النصف الأخير من الستينات وجد بعض المهتمين بمسيرة التربية أن هيئة الإشراف التربوي لا تخدم وحدها كوحدة مسؤولة عن تطوير المنهاج وشعروا بأهمية التطوير هذه التي لا تتحقق بجهد هيئة الإشراف وحدها، لذا نادوا بعملية تغيير المنهاج من كتاب مقرر مكتوب إلى برنامج مخطط واعتمدوا بذلك على طريقة فلسفة التطوير الواقعي (البراجماسي) التي بدأت سنة 1930 ونادت بأن أفضل البرامج التربوية المرجوة تتحقق بتغيير المنهاج من قبل المعلمين والمختصين وذوي الخبرة والمهتمين بالمنهاج من مديريات التعليم.

هذا من جهة ومن جهة أخرى اهتم البعض الآخر من التربويين بطريقة التغيير المباشر وقد استند كل فريق على فرضيات خاصة به للتغيير، وقد وجد أن النظرية الواقعية قد وضعت الفرضيات التالية كاستراتيجيات للتغيير:

1- يحدث التغيير في المنهاج حين يتغير الأفراد من خلال مشاركتهم في عملية صنع القرار المتعلقة بالمنهاج وعزز ذلك كل من كوبمان Koopman سنة 1943

وسبيرز Spears 1957 حيث اقترحا إشراك عدد من قادة المنهاج في محاولة لوصف طريقة مجدية للتغيير من خلال تفاعلها كي تدعم المشاركة عملية اتخاذ القرار.

2- يحدث التغيير من خلال تأهيل المعلم أثناء الخدمة حيث تطور إدراكات المعلمين الجدد ومهاراتهم وقد تطرق إلى ذلك سبيرز سنة 1957 في كتابة (تخطيط المنهاج من خلال برامج التأهيل أثناء الخدمة).

3- يتأثر تغيير المنهاج بتأهيل المدير أثناء الخدمة وهذا يحدث تغيراً في أسلوب العمل حيث وجد سج Sugg في أبحاثه سنة 1955 فرقاً كبيراً في تغييرات المنهاج من وجهة نظر المديرين الذين يتبعون أسلوب عمل واحد إذ أنهم يعارضون أي تغيير في المنهاج، عكس أولئك المديرين الذين اتبعوا أساليب متنوعة في العمل من جراء انخراطهم في برنامج التأهيل أثناء الخدمة وعزز ذلك جروبمان Grobman سنة 1958 حيث أشار إلى فعالية المديرين في تنويع أساليب العمل المتعلقة بتغيير المنهاج وعزا ذلك إلى تأثير برنامج التأهيل.

4- يتأثر تغيير المنهاج بتزويد المعلمين بمشرفين مختصين يساعدونهم في عمليات التغيير والتجديد.

5- بتأثير تغيير المنهاج بتوفير فرص لإقامة ورش عمل للمعلمين المهتمين بعملية التطوير والتجديد لأنهم سيصبحون فيما بعد أشخاصاً مرجعيين وقادة للمعلمين في ميادينهم المختلفة.

أما الفرضيات المتعلقة بالتغيير المباشر فهي:

في سنة 1957 حاول الكثير من التربويين المهتمين بتغيير المنهاج إعادة التفكير في السؤال الذي يطرح نفسه حول من يتخذ القرار بتغيير المنهاج، أي من المسؤول عن اتخاذ القرار المتعلق بتغيير المنهاج ؟ وما مدى الحرية التي يتمتع بها المعلم المؤهل كي يصمم ما يدرّس وكيف يدرّسه؟ وهل يحق له أن يتجاهل المعلومات الجديدة إذا رغب؟ وهل يحق له أن يستعمل أساليب أقل فعالية في تدريسه؟

وقد اعتقد هؤلاء المربون أن تغيير المنهاج يجب ألا يترك الفرص المناسبة التي ترتبط بالتطوير المباشر وتضع أهدافاً طويلة المدى لذلك التغيير واعتمدوا بذلك على الفرضيات التالية:

1- يجب أن توضع الخطط المتعلقة بالأهداف والتجديدات التي تساعد على التطوير من قبل أشخاص تربويين مهتمين ومتخصصين.

2- يجب أن يشمل مشروع تطوير المنهاج أبحاثاً أساسية متعلقة به ضمن برامج مخططة ودراسة شاملة عن نشاط الميدان يقوم بها خبراء مهتمون بتصميم البرامج التي تساعد على عملية التغيير والتطوير.

3- يجب أن يقدم المديرون التجديدات التعليمية الأساسية بشكل مخطط ومدروس حتى تأخذ صفتها الرسمية بالمشاركة واتخاذ القرار كي توضع موضع التنفيذ.

4- يجب أن تناقش التجديدات التعليمية الأساسية من قبل الهيئات التدريسية بالرغم من معارضة الأكثرية لها بحكم تمسكهم بالخبرات القديمة كي يؤدي النقاش أخيراً إلى إقناعهم باستعمال الأساليب التعليمية الجديدة لأنهم وحدهم هم الذين سيقومون بتطبيقها.

وقد عزز بارنت Barnett سنة 1962 جدوى النقاش في عملية التغيير حيث قال: أن النقاش البناء يخفف من حدة التوتر والنفور والتردد المرتبطة بعمليات التغيير.

5- يرغب المعلمون بالتغيير المباشر إن كان صاحب فكرة التجديد والتغيير يتمتع بمكانة علمية رفيعة وسمعة طيبة أكسبته احترام الجماعة.

6- يجب أن تكون هناك مفاتيح للتجديدات والتغييرات تساعد المعلمين على وضع البرامج الجديدة موضع التنفيذ بكل طواعية وحماس.

7- يجب أن يوفر للهيئات التدريسية برامج زيارة للمؤسسات التربوية التي استخدمت البرامج الجديدة المرتبطة بالمنهاج المتغير كي تعطي فعالية أكثر

للمعلمين الذين سيستخدمون التجديدات التعليمية.

8- يجب أن تحتوي عملية تغيير المنهاج ثلاث خطوات رئيسة: التجديد والانتشار والتكامل.

9- إن التغييرات في الأنظمة الاجتماعية هي أكثر صعوبة من التغييرات في الأفراد والجماعات فالفرد يتغير طبقاً لحاجاته وأهدافه أو دوافعه ، وتتغير المجموعة من خلال التفاعل ، ولكن الخوف الأكبر من التغيير في المؤسسات لأنها نتيجة للتغيير الهيكلي (تغيير النظام المؤسسي).

لقد أُجريت دراسات تتعلق بفائدة كلا الطريقتين اللتين ترتبطان بتغيير المنهاج، ومن هذه الدراسات دراسة أجراها جون كودلاد Gohn Goodlad وفرانسيس كلين Francis Klein سنة 1970 ودلّت نتائجها على أنه ليس هناك تغيير يذكر في مناهج المؤسسات التربوية لاعتماد الهيئة التدريسية على أسلوب التلقين والاستفسار دون مراعاة للفروق الفردية بين الطلاب واتخذت الكتاب المقرر الوسيلة الرئيسة للتعليم.

كذلك لم يكن في استطاعة الهيئة التدريسية تطوير أساليب تعليم جيدة تتلاءم مع مبادئ التعليم الحديثة، ومن جراء ذلك تعالت صيحات المهتمين (أنصار الطريقة الواقعية) بمسيرة التربية لإجراء دراسات وأبحاث تحدد مدى نجاح أو فشل محاولات التغيير قبل سنة 1957 وبعدها، وأظهرت نتائج أبحاث كودلاد وكلين Good lad & Klein سنة 1970 التناقض بين الطريقتين قبل 1957 وبعدها وأشارت إلى أن معظم التجديدات قبل 1957 اعتمدها فريق التغيير المباشر بينما الواقع يشير إلى أن طريق تغيير المنهاج بعد سنة 1957 وحتى الآن ما تزال تعتمد على الطريقة الواقعية، ومن جراء هذا التناقض كان لابد من إيجاد طريقة تساعد على عملية التغيير المنوطة بالمنهاج وترتبط بأناس يرتبط بهم التغيير ارتباطاً وثيقاً أطلق عليها عملية صنع القرار.

تعقيدات عملية صنع القرار:

إن القرار المرتبط بتغيير المنهاج هو قرار مجلس التربية والمختصين، ولكن

إحدى نظريات التغيير تفترض أن باستطاعة مدير المدرسة صنع القرار الذي يمكنه بالممارسة التأثير على أعضاء هيئته التدريسية كي تتبنى ذلك القرار لأن سلطة المدير قوية ومستمدة من مركزه الذي يجعل التابعين ينفذون تعليماته وقراراته. ومن هذا المنطلق على هيئة الإشراف التأكد من تبني هيئة التدريس لهذا التغيير ومساعدتهم في تطوير مهاراتهم التعليمية لتنفيذه.

إن عملية التغيير هذه مبنية على الافتراض القائل: يحدث التغيير المستمر حين يقتنع الأشخاص الذين سيحاولون تطبيقه بفائدته، ولكن السؤال الذي يطرح نفسه: من هم أولئك الأشخاص الذين يستطيعون صنع قرار ذكي؟

من المعروف أن كل مجموعة تطور بعض المبادئ والأهداف العامة، وهذه المبادئ هي نتيجة تفاعل وضبط سلوك أعضاء المجموعة ويحق لكل عضو فيها أن يطوّر أفكاره لتصبح أهدافاً وتطرح كل فكرة من هذه الأفكار للنقاش وتقبل أو ترفض بالنسبة لأهميتها التي يسبغها عليها الفرد أو المجموعة.

وإذا طرح أحد الأعضاء فكرة التغيير والتي يأمل أن يتبناها الآخرون سيواجه بمطالبته بوضع استراتيجية التطوير التي تتيح الفرصة للمجموعات المختلفة من الهيئات التدريسية في مراحل دراسية مختلفة لتمحيص الفكرة بشكل منطقي وموضوعي كي تتبناها.

وهناك ثلاث مراحل على الأقل تعتمد في تطوير أي فكرة ليتبناها أي نظام:

1. نشر الفكرة بين أعضاء المجموعة كي توضع موضع الاعتبار.

2. حين تقتنع الهيئة التدريسية بكافة أفرادها بأهمية الفكرة فإنهم يحتاجون إلى فرص كافية لإثبات تلك الأهمية، وبطبيعة الحال يلعب المديرون دوراً هاماً في توضيح ونشر الفكرة بين أعضاء هيئة التدريس.

3. اشتراك كل من يعنيهم الأمر من مديرين ومختصين في إعطاء المهارات المناسبة التي تساعد المعلمين في تنفيذ أفكارهم ضمن برامج واضحة.

دور المشرف في اعتماد نص التغيير في المنهاج:

يستطيع الفرد أن يحكم على نتاج أي مشروع منهاج بإسهامات مواده في كـل مرحلـة مـن مراحل التعليم التي أعد لأجلها، لأن تغيير مواد المنهاج لا يعني أن المادة الجديدة تعطي نتاجاً أفضل من المادة السابقة، كما أن الشخص المختص وحامل لـواء تجديـد المنهاج ليس في مقدوره تطوير منهاج كامل في مجال اختصاصه ومتسلسل من الصف الأول الابتدائي وحتى الثالث الثانوي، بل باستطاعته تقديم بعض الأجزاء التي يمكن وضعها في الأماكن الملائمة من هيكل المنهاج المـراد تجديده.

كما أن عملية إعداد المنهاج الجديد تتطلب مساهمة عناصر متعددة بالإضافة لهيئة الإشراف المختصة مثل مديرو الميدان المهتمون بعملية التغيير وتطوير المنهاج ومعلمو المواد كل في مجال اختصاصه، وكذلك أفراد من المجتمع لهم اهتماماتهم واختصاصاتهم في ذلك المجال، وترفـع اقتراحاتهم وتوصياتهم حول موضوعات المنهاج الجديد لمساعدي مديري التربية والتعليم للشؤون التعليمية لإقرارها ووضعها موضع التنفيذ.

ودور المشرف التربوي في هذا المجال القيام بجولات استطلاعية ميدانية تساعد على اختيار العناصر التربوية من مديرين ومعلمين وأفراد مجتمع متميزين ذوي كفاءة واهـتمام كي يسـاهموا مساهمة فعالة في عملية تطوير المنهاج.

سياسة صانعي قرار التغيير:

من له الحق في صنع القرار؟

مجلس التربية، مدير التربية، هيئة الإشراف، الهيئة التدريسية، أو المعلم المختص.

يتخذ مجلس التربية عـادة قـرار التغيير ويحوله بعـد ذلك إلى الهيئـة المختصـة (معلـم الميدان) لإعطاء التوصيات، وذلك لأن عملية التنفيذ ترتبط ارتباطاً كليـاً بمعلم المـادة، وإذا كانـت الثقة متبادلة بين المعلم والمشرف المختص بالنسبة لعملية التغيير

فسينفذ القرار وإلا فعلى المشرف المختص أن يشرك المعلم في عملية صنع القرار لأن صيحات معلمي الميدان قد علت حول ضرورة التغيير بالرغم من شعورهم أن دور المشرف متميز بالمركز الأقوى، ولكن إذا اعتبر معلم المادة إنساناً مختصاً كفؤاً يلتزم بمبادئه يحق له الاشتراك في عملية صنع القرار، وإذا كان فنياً فقط ينفذ التعليمات الواردة إليه بأمانة والتزام لذا وجب أن ينحصر قرار التغيير بأولئك المختصين الذين يلقبون بمخططي المنهاج أو واضعيه.

وإذا أصرت هيئة التدريس على الاشتراك في عملية صنع قرار التغيير فعلى جميع المعلمين تحديد نوعية المشكلات التي يواجهونها في المنهاج ورفعها إلى لجان صانعي القرار كل في مجاله، وإعطاء المعلمين الفرصة للتعبير عن آرائهم حول التجديدات المزمع اتخاذها في المنهاج عن طريق المشرفين التربويين المختصين.

كما يجب إشراك مديري المدارس في عملية صنع القرار وذلك لكونهم القوة الأساسية في عملية التغيير التي تقدم كل التسهيلات الممكنة المادية والبشرية كما أنهم أنفسهم الذين يتحملون مسؤولية تنفيذ قرار التغيير ومتابعته.

وعلى ضوء ما تقدم يفضل أن تتكون لجنة لمناقشة التوصيات المتعلقة بعملية التغيير ممثلة بالمشرفين التربويين والمعلمين المختصين ومديري المدارس ويطلق عليها اسم لجنة المنهاج أو لجنة التخطيط أو لجنة التطوير.

تنظيم تطوير المنهاج:

على مديرية المناهج أن تنشئ إطار عمل يتعلق بسياسة تغيير المنهاج التي تؤثر في عملية التعلم والتعليم بالإضافة إلى تطوير وتقييم الأهداف ثم ترفعه إلى مجلس التربية لإقراره على شرط أن تتحمل هيئة الإشراف مسؤولية تطوير برامج تأهيل لتطبيق التجديدات التربوية، وتساعد في تنفيذ قرارات التغيير، كما تتحمل مسؤولية دعم المعلم الفرد الذي يبدي اهتماماً ملحوظاً في عمليات التجديدات والتغيير التربوي، وأن تعمل مديرية المناهج كمركز لتشكيل سياسة المنهاج كي

تتلاءم مع عملية التنظيم التي تعتمد على المبادرة وتنفيذ قرارات التغيير كما يجب أن تكون هناك لجان مناهج مختصة تتحمل مسؤولية توضيح أهداف تغيير المنهاج وسياسته وتطوير وتقويم الأهداف التربوية للهيئات التدريسية، وتتكون لجان المناهج من أعضاء مختارين وممثلين للمعلمين كل في مجال اختصاصه بالإضافة إلى مديري المدارس ومساعدي مديري التربية للشؤون التعليمية، على شرط أن يكون رئيس كل لجنة ممثلاً لمديرية المناهج وترتبط بمساعدة مدير التربية للشؤون التعليمية هيئة الإشراف التي تعمل معه كي تحيطه علماً بكل التغييرات والتجديدات المنهجية لأن علاقته بالميدان توفر مصادر سليمة للمعلومات بالإضافة لمعرفته ما يحدث في الميدان بحكم مركزه الذي يتطلب منه تنفيذ قرارات التغيير والتطوير، كما أن على هيئة الإشراف مسؤولية أساسية لتطوير سياسة تغيير المنهاج وتنفيذها لأن المشرف التربوي يتحرك بحرية في زيارة الميدان وتزويد لجان التطوير بالمعلومات والمشكلات التي يواجهها المعلمون في عملية التغيير، أي أن المشرف يعمل كرجل تنفيذي لتنفيذ البرامج الموصى بها من قبل مديرية المناهج والمقرّة من قبل مجلس التربية.

مهام مكتب هيئة الإشراف وتنظيمه:

هناك أربعة أنواع من المسؤولية لهيئة الإشراف:

1. إيجاد إطار عمل منهاج للمدارس لمدة خمس سنوات مستقبلية.
2. تطوير فرضيات وبرهنتها من خلال البحث.
3. دعم ومساندة أولئك القائمين على البحث.
4. المحافظة على نوعية البرنامج القائم.

هذه المسؤوليات تتطلب من هيئة الإشراف تكليف أشخاص بكفاءات ومسؤوليات متنوعة مثل : الاختصاصيون في المواد المختلفة والوسائل والتقويم والبحث والنشر والتوزيع على شرط أن يكون هؤلاء الأختصاصيون أكثر كفاءة من فريق المشرفين العاديين الذين يحاولون القيام بكل شيء لكل الناس.

إن مسؤولية تطوير المنهاج لهيئة الإشراف تتضمن البحث وبرهنة فعالية المنهاج وسهولة نشره وتوزيعه وهكذا فالمسؤولية الأولى لهيئة الإشراف هي جمع وتقويم البحث المتوفر للتأكد من أن للنظام معلومات متطابقة للمسائل التي هي قيد البحث.

إن المهمة الأساسية لهيئة الإشراف هي الاستمرار في نشاطات المنهاج المخططة.

كما أن على هيئة الإشراف إسناد العمل إلى أفراد ذوي كفاءة بإمكانهم وضع البناء الهيكلي للمنهاج، ووضع إطار عمل للمستقبل، وتوضيح الفرضيات المبهمة، بالإضافة إلى ذلك فإن هيئة الإشراف مسؤولة عن تطوير مقترحات للأبحاث المطلوبة وإثبات النشاطات وتوزيعها وتقديم الاستشارة في النشاطات التجريبية.

إن الانتقال من النظام الحاضر إلى إطار عمل مستقبلي لتطوير المنهاج ووضعه موضع التنفيذ من قبل هيئة الإشراف يجب أن يسير بالطرق التالية:

1- يجب أن تشكل الفرضيات من قبل أعضاء هيئة الإشراف ذوي الخبرة والتجربة.

2- تجريب الفرضيات الواعدة من قبل أعضاء هيئة الإشراف الذين لديهم الرغبة في تجريب الفرضيات وتقويم النتائج المستخلصة.

3- عند إتمام البحث يجب أن تقدم النتائج إلى هيئة الإشراف الكلية، وإذا كانت النتائج واعدة (مبشرة بالخير) تطلب هيئة الإشراف من مديرية المناهج التصريح لها بإعلان النتائج إلى المعلمين المهتمين في المجالات المعنية.

4- وعلى أساس النتائج المعلنة تطرح الاقتراحات من قبل المعنيين بسياسات التغيير المستقبلية لمديرية المناهج.

5- تقدم الاقتراحات إلى مديرية المناهج وتوزع على هيئة الإشراف ومن ثم إلى أعضاء هيئات التدريس المختصة لدراستها ومعرفة ردود الفعل حولها.

6- وإذا كانت ردود فعل الميدان إيجابية أخذ بها وإلا فإنها تعاد دراستها وبحثها مرة أخـرى لتنـال ثقة هيئة الإشراف وأعضاء هيئة التدريس.

إن دور المشرف هو الدراسة المستمرة للأفكار الجديـدة وتشـجيع هيئـة التـدريس لتكـون خلاقة ومبدعة ومساعدتها في محاولتها لبرهنة أية فرضية لها علاقة مباشرة باختصاصها وإرشـادها في نشاطات التأهيل أثناء الخدمة وإعطاؤها دليلاً مقنعاً في نجاح مجهوداتها .

الفصل السابع

الإشراف تحسين التعليم

الفصل السابع

الإشراف تحسين التعليم

يعرف تحسين التعليم بأنه العملية التي تعمل على تحقيق وتطوير فرص التفاعل للطلاب ويعني :

أولاً : تفاعل السلوك الإشرافي التربوي مباشرة مع نظام سلوك التعليم .

ثانياً : تفاعل النظام الإشرافي التربوي مع المعلمين بطريق مباشر وبتأثير غير مباشر على أوضاع تعليم الطلاب .

مهام التفاعل المباشر :

لقد وصفت مهام الإشراف بأنها عملية تفتيشية وذلك عن طريق لجان من المواطنين تتحمل مسئولية زيارة المعلمين لتحديد مدى انجاز العمل ، وهذا لا يشير إلى بذل أي مجهود لتحسين التعليم أو لتطوير المعلم ، وفي الجزء الأخير من القرن التاسع عشر والجزء الأول من القرن العشرين دعت الحاجة إلى وجود مديري تربية مؤهلين ومديري مدارس ومشرفين تربويين يتحملون مسئولية قيادة المدارس .

وقام المشرفون ومديرو المدارس إلى حد ما بزيارات صفية بهدف التفتيش والتصنيف والضبط ، وفي خلال فترة الإدارة العلمية كانت هناك محاولة لاستعمال الأساليب العلمية لتحديد أفضل أساليب التدريس لتحقيق أهداف معينة ، ولهذا رأى المشرف أن على المعلمين مسئولية تصنيف وتحقيق نتائج مرجوة من خلال الزيارات الصفية التي تشمل استعمال الأساليب التالية :

التوجيه والإرشاد والتصنيف وتؤخذ المعلومات من الزيارات الصفية تلك وتستخدم لغرض قرارات شؤون الموظفين .

ومع استمرارية الاهتمام بطبيعة وحاجات المعلمين التي تمتد جذورها إلى حركة العلاقات الإنسانية تطرح الأسئلة نفسها حول تطابق مهامتي زيارات الإشراف الصفية وهي :

أولاً : - تصنيف المعلمين واستخدامه لقرارات شؤون الموظفين .

ثانياً : - مساعدة المعلمين ليصبحوا أكثر فاعلية في السلوك التعليمي .

تحتاج الأنظمة المدرسية إلى المعلومات التي تتعلق بنتاجات الجهود التعليمية كي تستخدم كأساس لقرارات شؤون الموظفين ، كما أن المعلمين بحاجة إلى مصادر خارجية من المعونات الفردية ومساعدات أساسية تبذل في تطوير أساليب التعليم .وهاتان المهمتان لا تتطابقان كلياً مع النظام السلوكي ، ولهذا يطلب من المشرف التربوي المشاركة في كلا التقويمين : تقويم البرنامج وتقويم مساعدات الأفراد في ذلك البرنامج .

ويعتبر ذلك العامل الأساسي في فعالية المشرف في نظام الدعم الفني والسيكولوجي فمثلاً : المدير الذي يطلب إليه تقويم فعالية المعلم وإعطاء توصيات تهم شؤون الموظفين بحاجة إلى أن يكون على مستوى المسئولية التي ستؤثر في اشتراكه في نظام الدعم ، وربما لا تكون الهيئة التدريسية راغبة في مشاركة الغير اهتماماتها ومشكلاتها ، وربما تكون هناك محاولات من قبلهم إخفاء نقاط الضعف وتجنب ركوب المخاطر من إظهار المشكلات الحقيقية التي تواجههم ، وربما يكون المدير في الواقع قد تبوأ مركزاً حسناً لتوفير الدعم النفسي لأنه المسئول عن إعطاء التوصيات المتعلقة بشؤون الموظفين ، وفي الواقع يستطيع مديرو الميدان والهيئات التدريسية بناء ثقة متبادلة واحترام الذات وتقديم المساعدة كل واحد للآخر بالرغم من الصعوبات المحتملة ، ويقترح إنشاء نظام سلوكي إشرافي منفصل ومميز بالإضافة إلى الاشتراك في نظام السلوك التعليمي بهدف توفير نظام الدعم الفني والنفسي للمعلمين .

نظام الدعم الفني والنفسي :

يجب أن يتوفر نظام الـدعم الفنـي والنفسيـ لتحسـين نوعيـة التعليـم والتعلـم في نظـام الطالب / المعلـم إذا تـوافر للهيئـة التدريسية مصادر خبيرة للمساعدة ، وتعرّف طبيعـة هـذه الخدمة بتدقيق عملية التعليم التي من المفروض أن تتألف من الأجزاء المترابطة التالية :

التخطيط - تحقيق الخطة - وصف ما تحقق - تحليل ما حدث وتعميمه لربطه بخطط المستقبل وهذه العمليات تتحقق إذا ما عمل المشرفون وهيئات التـدريس سوية لتحسـين بيئـة التعليم .

عملية التخطيط :

تتداخل هذه العملية بتوضيح نتاج التعليم المتوقـع وبيئتـه واستخدام المعايير لتقـويم النتائج ويتطلب هذا تصميماً لتحقيق نتائج التعليم وبيئاته .

ومن المهم أن تحصل الهيئـات التدريسـية علـى منفـذ للوصـول إلى مصـادر متنوعـة مـن الأشخاص من خلال نشاطات التخطيط ، لأن للمشرفين مفهوماً واسعاً حول أهداف النظام المدرسي ومساعدة الهيئات التدريسية لتطوير وتقويم وتحديد نتاجات التعلم المتوقعة لتعليمهم ، كما أنه من المحتمل أن يسهل المشرفون عملية التخطيط من خلال مشاركة المعلمين في نشـاطات التعليـم المخططة لأن في ذلك فائدة من سماع الآراء الخارجية (آراء المعلمين) .

وإذا أرادت الهيئة التدريسية الحصول على التغذية الراجعة حول ما يحدث في الصف فإنه من الضروري توفير إجراءات تصف البيئـة التعليميـة المحـددة فتحليـل التفاعـل وتوفير أشرطـة التسجيل السمعية والبصرية هي أمثلة لإجراءات الحصول على التغذية الراجعـة ، وتتطلب مثل هذه الإجراءات مهارات معينة لهيئة التـدريس يتمتعـون بها وإذا لم تتـوفر تلك المهـارات فعلـى المشرف أن يوفرها ويساعد قدر الإمكان على تطويرها .

إن تفاعل المشرف / المعلم الفعال في عملية التخطيط تتطلب عدداً من البيئات المتداخلة المتفاعلة لتحقيقها :

أولاً : أن تتوفر الثقة والاحترام المتبادلين وهذا يتطلب اتصالاً وتفاعلاً طيلة الوقت حتى تتوفر للأطراف المعينة فرصة ليختبر كل واحد سلوك الآخر ، وهذا يعني توفير الوقت وتكريسه لعملية التخطيط ، ويعني أيضاً أن يكون المشرف راغباً في المشاركة بمعرفته ومهارته الملائمة في عملية التخطيط . وإن لم يدرك المعلم أن المشرف شخص له القدرة على المساعدة وأنه بصفته واهتماماته بالإضافة إلى قوة مركزه قادر على المشاركة حينئذ تكون الفرصة متوفرة لعملية تخطيط فعال .

إن العمل الذي يتطلب مساعدة الآخرين يعني الرغبة في تحقيق ذلك العمل وأن يعمل المشرف بطريقة فعالة تجعل هيئات التدريس تتقبل دعمه وتشجيعه وتثق به .

وإذا ترجم المشرف دوره لفظاً فلن يقبله المعلم وإذا ترجم دوره على أنه فوقي فلن يقبله الآخرون ، وإذا أظهر المشرف سلوكاً شخصياً بغيضاً فلن يتقبل الآخرون أية مساعدة منه ، وإذا لم يشجع المشرف التعاون كطريقة حياة فإنه يعتبر قبول المعلمين المساعدة إشارة ودليل ضعف منهم . وإذا كان لدى اثنين من الناس نفس الأهداف فمن السهولة توفير المساعدة وقبولها . وإذا رأى اثنان أنهما يعملان عملاً مشتركاً فإن أحدهما يستطيع مساعدة الآخر دون خجل أو نفور ، وعلى المشرف أن يتأكد أن دوره للمساعدة فقط وليس للقيادة كما عليه أن يدرك أن المبادأة يجب أن تأتي من الشخص الذي يحتاج المساعدة وليس منه ، وعليه أن يعطي المشورة المطلوبة لا أن يفرضها كنصيحة للمعلم ، وإذا أراد المشرف أن ينمو أعضاء الهيئة التدريسية نمواً أكاديمياً فعليه أن يساعدهم في الشعور بأهميتهم أولاً في مجالات أعمالهم وأن يبني فيهم كذلك شعوراً بقيمة الذات .

إن إظهار الاحترام لآراء الآخرين وإعطاء تفسيرات للاقتراحات وتقديم إرشادات تشعر الفرد بمكانته هي من أهم أدوات المشرف التربوي . أما تعليقاته

فإنها تقلل من أهمية الإنجاز إذا أشارت في سياقها إلى اعتداده بنفسه وتفوقه على أعضاء الهيئة التدريسية .

إن رفع شأن الهيئة التدريسية السابقة وسرد النجاحات الشخصية لها في مواقف سابقة تظهر عدم الاقتناع بالهيئة التدريسية الحالية أو تقلل من أهميتها . إن حرية التفكير والتعبير عـن الرأي والمشاركة في صنع القرارات ومبادأة العمل كلها تساهم في تطوير ثقة الفرد بنفسه . إن ثقة المشرف بالمعلم تجعله يفكر معه بحرية وهذا يساعد في بناء ثقة المعلم بنفسه .

إن سلوك المشرف في الاجتماعات والندوات يكشف عن إيمانه بقيمة الآخرين ، وحين يبدي احتراماً للمعلم بالإصغاء لتعليقاته وآرائه يبني المعلم مـن جراء ذلك ثقتـه بنفسه ، وإذا رفض المشرف الإصغاء إليه فهذا مؤشر على أن ثقة المشرف بقدرته تفوق ثقته بقدرات الآخرين بحيث لا يسمح لأي اسهام فكري للمعلم ، وهذا مدعاة لزعزعـة ثقة المعلـم بنفسه . إن الأعمال التـي تتضمن عدم الثقة تولد احساساً بعدم الثقة بالنفس . وإذا طلب لمشرف من المعلم أن يـدقق كـل خطوة قبل اتخاذها فهذا يظهر عدم ثقة المشرف به ، وإذا أرغم المشرف العاملين معه على تقديم تقارير مفصلة عن نشاطاتهم فكأنه أخبرهم بعدم قدرتهم على توجيه ذاتهم .

ثانياً : إن البيئة الثانية في المشاركة الفعالة في عملية التخطيط تتطلب من المعلم والمشرف أن يصلا إلى مفهوم مشترك حول مجال تعليم معين مخطط ، لأن المعلمين بحاجة لفهم الخطط إذ أنهم مسئولون عنها وعليهم إدراكها ، كما أن عـلى المشرف فهمها أيضاً ليسـتطيع أن يسـاهم في وضع الخطط وشرح ما أنجز . إن الأساليب المسـتعملة مثـل تحليـل التفاعـل بحاجـة إلى التحديـد والتعريف ، وعلى المشرف والمعلم أن يتفقا معاً على الأساليب السليمة الملائمة لوصف سلوكيات مجالات التعليم أو التعلم المعينة والمتفق عليها .

ولقد طور Rogers سنة 1962 مفهوم عملية التغيير الذي له تضمينات مهمة لمشاركة المشرف في سلوك تخطيط المعلمين ، وقد وصف روجرز ثلاثة أجزاء متداخلة لعملية التغيير وهي :

* العمليات السابقة .

* العمليات الحالية .

* النتائج .

وقد عرفت العمليات السابقة بأنها ديناميكية نفسية المجدد وإدراكه للبيئة وهذه العوامل التي تتضمن قلق المعلم أو اطمئنانه ، تقبله أو رفضه ، قدرته العقلية وتطور مهارته هي المساهمات المهمة للمعلمين والمشرفين في استعدادهم للتغيير .

إن إدراك المعلمين والمشرفين للبيئة عامل مهم ، ومعرفتهم ما إذا كانت البيئة تساعد على التغيير في الغالب ، وهل صمم نظام المكافأة ليفي بمحاولات التغيير سواء نجحت أو فشلت ؟

ويمكن أن يكون المشرف عاملاً مهماً في عمليات التغيير السابقة لأنه يستطيع دعم أفكار المعلمين للتغيير وتوفير الطمأنينة في حال الفشل ، كما يستطيع فتح نموذجات التواصل البيئية التي تدعم التغيير ، والتواصل المعرفي لتعميق اهتمامات المعلمين لبذل الجهود من أجل التغيير ، **كما أن عملية التغيير قد عرفها روجرز بمراحل خمس متفاعلة :**

* المعرفة والإدراك .

* الاهتمام .

* التجربة .

* التقويم .

* التبني .

وهناك مصادر متنوعة من المعلومات لهذه المراحل المختلفة مثل لقاءات مع

المهنيين ومع المعلمين التابعين ومع الطلاب الـذين يخصهم التغيـير وفي ورشـات العمـل الصيفية وغيرها .

ومـن الواضح أن نظام السلوك الإشرافي يجب أن يعمل كمصـدر هـام للمعلومـات لأن التغذية الراجعة من تعلم الطلاب ومناهجهم الجديدة والأساليب الحديثة التي ستستعمل في المدارس هي أمثلة لمصادر المعلومات التي مـن الممكن أن تسـاهم في معرفة المعلم واهتمامـه بأساليب التخطيط الجديدة للتعليم .

كما حدد جوبا Guba سنة 1968 أساليب التخطيط المنتشرة بالتالي : الأخبـار - العـرض - المساعدة - التفاعل - التدريب - والاعتراض .

واقترح أن على حامل لواء التغيير أن يختار من هذه الأساليب الستة الملائمـة أو أن يجمـع البعض منها وأن يشرح الأسلوب المنتشر الملائم كمهمة للفرضيات التي وضعها المتبني ، ويأمـل أن تؤثر على المتبني والمجدد والمادة المجددة ، وإذا فرض أن المعلم عقلاني ومهني كفؤ فإنه يطلب إلى المشرف أولاً أن يعمل معه بتوفير المعلومات الضرورية وإذا افترض أن المعلـم أقـل كفـاءة مـن المشرف فعلى المشرف أن يقنعه باستعمال دبلوماسيته المـؤثرة ، ولكـن مـن المستحسـن أن تحقـق الفرضية القائلة أن يعمل المشرفون والمعلمون سوية كـزملاء يشـتركون معـاً في إعطـاء المعلومـات وتبادل الآراء وإقناع أحدهما الآخر بوجهة نظره . ولكن في نهاية الأمر على المعلم أن يصنع القرار كي يكون مسئولاً عنه ، ومن المؤمل أن يعمل المعلم باستقلالية عن المشرف وذلك باستشارته فقط لتعزيز ثقته بذاته كي يكون قادراً على توفير أنظمة المعلومات لتحليل مشترك وصنع قرار مشترك لحل المشكلات التي تعترض سبيلهم .

العملية التعليمية :

إن العملية التعليمية هي تحقيق فرص التفاعل للطلاب كما أنها جوهر مسئولية المعلمـين وتتساوى مع السلطة المتوفرة ، وفي الوقت نفسه هي مجـال يعمـل فيـه المعلـم والمشرف سـوية فمثلاً يخطط المعلمون والمشرفون في مجالات معينة في العمليـة التعليميـة ، أو يطلب المعلمـون شيئاً فتكون ردود فعل المشرف نشاطات

وإجراءات معينة أو يصمم كل من المعلم والمشرف لتغيير أدوارهم أي يعمل المشرف معلماً حين يواجه الطلاب أموراً معينة في مجال من مجالات التعليم ويرغب المعلم أن يرى كيف يتبادل شخص آخر أساليب جديدة في عملية التعليم ، ومن المفضل لكل من المشرفين والمعلمين أن يعملوا كفريق في مجالات معينة من العملية التعليمية .

وهذا لا يوفر فقط تحقيق خبرة معينة لكل واحد منهما ولكنه يوفر أساساً لخبرة مشتركة تسهل عملية التعليم إذا عملا معاً .

وهذه الأدوات تتطلب مستوى معيناً من الثقة والاحترام المتبادلين كي يستطيع كل منهما أن يساهم في نمو عميق لفهم فعالية المعلم والمشرف ، إن احتمالات الأفكار المشتركة وتعلم كل واحد من الآخر يمكن أن يمتد إلى أبعد من المساهمات في تحسين العملية التعليمية .

وصف العملية التعليمية :

يمكن أن نفكر بالعملية التعليمية كتحقيق لبيئات تربوية يفترض أن تنتج نتاجات تعلمية معينة للطلاب ولا يمكن معرفة ما تكون عليه نتاجات التعلم المعينة ما لم يكن هناك تصميم صحيح للأساليب التعليمية وللمحتوى الذي درّس ، وبدون هذه المعلومات لا يمكن للمعلم أن يعطي أحكاماً ذات معنى عن الإجراءات التي من الممكن أن تستمر أو لا تستمر .

أما بالنسبة للطريقة في الزيارات الصفية التي يقوم فيها المشرف بزيارة صف مدرسي ويصبّ جلّ اهتمامه على تقييم ما فعله المعلم داخل الصف دون التأكد فيما إذا كانت جهوده المبذولة تركز على الأساليب الصحيحة والتمكن من المادة ومراعاة الفروق الفردية وحماس الطلاب وتفاعلهم فهذه كلها أمور تربوية بالغة الأهمية ولكنها غائبة عن اهتمام المشرف .

ومن المفروض أن تكون التأكيدات مركزة على وصف تحقيق العملية التعليمية ضمن عمليات التخطيط التربوية ، وأن طبيعة المراقبة الصفية يجب أن

تعتمد على الأسلوب الذي يعتبر أهم مجال من مجالات التعليم، كما أن خبرة ومهارة المعلم واستعداده أمور يجب مراعاتها أثناء الزيارات الصفية ، وإذا كان هناك رغبة لوصف التفاعل الذكي للطلاب فعلى المعلم أن يسجل ذلك على أشرطة سمعية تبين مدى حماس وتفاعل الطلاب وهذا رأي كل من بيلاك Bellack وديفيدز Davietz وآخرين سنة 1968 . أما بالنسبة للمحتوى الانفعالى لتفاعل الطلاب فيمكن أن يراقب ردود فعل الطلاب وتفاعلهم من خلال شاشات العرض كما ذكر ذلك أميدون Amedon وهنتر Hunter سنة 1966 كما يمكن استعمال أشرطة الفيديو لوصف الصورة الكلية للتفاعل والتواصل اللفظي وغير اللفظي .

وعلى المشرف التربوي أن يشارك المعلم في عملية التفاعل لأن للمشرف رأياً خارجياً ووجهة نظر جديدة تدعم أو تقيم رأي المعلم بالنسبة للتفاعل داخل الصف . إذ من الممكن أن يكون للمشرف مهارات خاصة لوصف تفاعل المعلم في عملية التعليم وكيفية استخدامه للوسائل التعليمية المناسبة لمادته داخل الصف .

وربما لا يكون المعلم على استعداد لمشاركة المشرف مجالات تدريسه داخل الصف ، مع العلم أن هناك بعض الحالات التي يسهل فيها المشرف عملية التعليم من خلال مشاركة المعلم خبراته ، وذلك بالعمل مع المعلمين والطلاب ، ومع المعلمين أنفسهم بمشاركة فعالة كزملاء وليس كمشرف مسئول وتابع ، بل يعمل الجميع سوية من أجل المساهمات الخيّرة لصالح العملية التربوية التعليمية .

تحليل التعليم :

يتضمن تحليل العملية التعليمية محاولة فهم وإدراك لوصف المعلومات إذ تتمثل في الإصغاء لأشرطة التسجيل ومشاهدة أشرطة الفيديو وفحص نتائج تحليل التفاعل بالنسبة إلى التفاعل المرجو ، وفرصة للمعلم لاختبار سلوكه بالنسبة لإدراكه المسبق للتفاعل الصفي وفرصة أيضاً لتقييم ذلك التفاعل . لنفترض أن المعلم يعطي درساً في القراءة لمجموعة طلاب في الصف الثاني الابتدائى وأصبح المعلم منفعلاً جداً في مساعدة بعض الطلاب الذين يواجهون صعوبة في كلمة معينة ،

وكان من جراء ذلك الانفعال ظهور علامات العبوس في وجهه وحدة كلماته ، ومـن سـلوك المعلم تهيب الطلاب ونفروا منه.

ماذا تعني هذه المعلومات عن المعلم ؟ وماذا كان أسلوب تواصله ؟ هل كان هذا السلوك سلوكاً طارئاً أو غالب الحدوث داخل الصف ؟

هذا النموذج من الأسئلة عبارة عن تحليل لموقف تعليمي ، ومن الممكن للمشرف التربوي أن يقدم تحاليله حول العملية التعليمية ويقدمها للمعلم ، ومن الأهمية بمكان في هذه الحالة أن يناقش المعلم والمشرف التحليل سوية حتى يخرجا بترجمـة وفهـم متبـادلين لتطوير العمليـة التعليمية .

تعميمات من التحليل :

هذه العملية استخلصت من معلومـات مدروسـة ومحللة بالنسبة لتضـميناتهـا المحتملـة لتخطيط مستقبلي ولتحقيق هذا التخطيط ، ومن المفروض أن يحصل نظام السلوك التعليمي على تغذية راجعة بالاستفادة من الخبرات السابقة لتنمية القدرات للتنبؤ وضبط التخطيط التعليمي في المستقبل ، إنها لا توفر فقط أساساً للتغيير ، بل تعطي اتجاهات لمحاولة التغيير .

ويجب أن يكون المشرفون أكثر حساسية وأن يتمكنوا مـن وضع أساس وأسـلوب للعمل المشترك ، وتسير العملية التعليمية في مجالات مختلفة في الخطوات التالية :

التخطيط - التحقيق - الوصف - التحليل - التعميم .

ويجب أن تستمر هذه العملية وألا يبذل أي جهد لفصلها عـن بعضها البعض كخطوات مميزة أو أوجه مختلفة ، بل يجب أن يعمل الجميع سوية لإظهارها في كل واحد .

وربما يوضح الشكل التالي الأوجه المختلفة لنظام السلوك التعليمي لتحديـد وجهات نظر التفاعل بين المشرفين والمعلمين ، ومن المفروض أن يحوي السلوك

التعليمي خمسة أجزاء متداخلة هي التخطيط والتحقيق والوصف والتحليل والتعميم ،
ووجهات النظر هذه يجب أن تتفاعل مع نظام السلوك الإشرافي التربوي ونظام السلوك التعليمي
بهدف تحسين نوعية تعلم الطلاب .

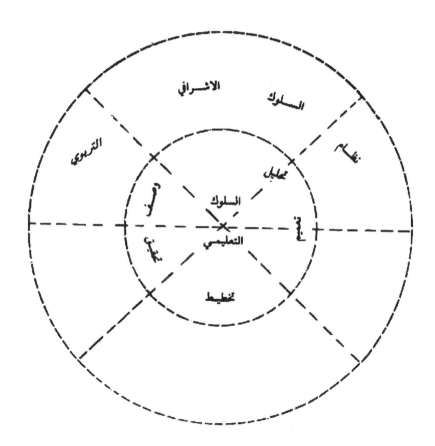

شكل رقم (5)

نظام السلوك الإشرافي التربوي

تقييم نظام السلوك :

يفهم من تقييم نظام السلوك أنه نظام منفصل عن نظام الدعم التكنولوجي والنفسي وله مهام تقييم فعالية الهيئة التدريسية. وهدف نظام التقييم توفير مدخلات لقرارات شؤون الموظفين كاستحقاقات في دفع علاوة الرواتب والترقية والإحالة على التقاعد بالإضافة إلى توفير مصدر آخر من مصادر التغذية الراجعة للمعلم .

ومن الضروري أن تعمل هيئة الإشراف مع المشرفين والمعلمين لإنجاز برنامج فعال شامل مقبول ، وأن يكون لدى الهيئة التدريسية استعداد لقبول الأساليب والإجراءات التي سيتفق عليها في النهاية . وهناك طرق عديدة لتقييم النتاجات التعليمية فمثلاً الاختبارات المقننة وإجراءات ردود فعل الطالب وانجازاته في المدرسة وهكذا ...

وهدفنا مناقشة هذه الإجراءات بعمق وتحديد حاجاتنا إلى التقييم كاهتمام أساسي في نظام سلوك محدد يعتبر جزءاً من نظام السلوك الإشرافي التربوي .

<u>أنواع الإشراف :</u>

إشراف الزمالة لقد عرّف إشراف الزمالة أنه عملية تفاعل المعلمين والمشرفين بتبادل الأدوار ولتوسيع قاعدة المهارة والإبداع المتوفرة كمصدر للدعم الفني والنفسي كي يخفف مقدار الضغط والتهديد الذي يتولد من علاقة المعلم كتابع والمشرف كرئيس .

إن عمل الزملاء سوية يساعد كل منهما الآخر وتكون فرص المساعدة متوفرة حينما تطلب ولتوفير مصدر من المعرفة والإنجاز الذي من الممكن أن يساهم في رفع مستوى الاقتناع والدافعية لديهم . ومن المعروف أن مساعدة المعلم للمعلم تحدث بطرق غير رسمية في تبادل المعلمين الأسئلة ويشتركون في المواد التعليمية ويتبادلون الأساليب والإجراءات ، ومن واجب المشرفين التربويين أن يشجعوا عليه لتسهيل العملية التعليمية ، ومن الممكن أن تعطى الفرص إلى معلم منتج فعال بمهارة مناسبة ليشارك المشرف في نظام السلوك الإشرافي التربوي ، كما يمكن أن تتاح

الفرص كذلك للمعلمين لزيارة بعضهم البعض للمساعدة والوصف والتحليل ولتعميم بعض السلوكات التعليمية ، ومن الأهم إتاحة الفرصة للمعلم الذي يحتاج للمساعدة أن يزور زميلاً له بهدف مشاركته في أساليب التعليم التي يستعملها ، ويستطيع المعلمون أن يعملوا سوية ويتبادلوا الأدوار كمشرفين فمثلاً يقوم المعلم بدور المشرف لزميل آخر ليساعد ويصف أساليب التعليم من خلال استخدامه لأشرطة التسجيل وأشرطة الفيديو أو لتحليل أساليب التعليم بشكل فعال . ويمكن للمعلمين أن يعملوا سوية لتحليل العملية كي تُعَمَّم تطبيقاتها في المستقبل .

الإشراف الإكلينيكي :

لقد طوّر جولد همر Gold Hammar سنة 1969 طريقة من خمس مراحل لعملية الإشراف الإكلينيكي وحددها بالآتي :

❑   اللقاءات التمهيدية .

❑   الملاحظة .

❑   الاستراتيجية والتحليل .

❑   اللقاء الإشرافي .

❑   تحليل اللقاء الإشرافي اللاحق .

إن الحاجة للملاحظة والتحليل والمتابعة المستمرة هي أساسيات هذه الطريقة لأنها أفضل بكثير من الطريقة التقليدية والملاحظة العشوائية المتبوعة بتقويم يتركز على ملاحظة تقوم على وصف التفاصيل الدقيقة لما يحدث داخل الصف ، وأن موافقة المشرف والمعلم على كل مرحلة هي من الأهمية بمكان إذ يقوم المشرف بتحليل المعلومات ويعمل مع المعلم لتحسين عملية التعليم لأن التعامل الودي لتحليل العملية التعليمية هي عبارة عن تفاعل مباشر بين المعلم والمشرف في نظام السلوك التربوي .

التعليم المصغر :

إن التعليم المصغر عملية تفتح المجال للمعلم كي يشترك في وضع تعليمي طبيعي بتغذية راجعة فورية . وأول من نادى بفكرة التعليم المصغر ستانفورد Stanford وقسمه إلى ثلاث مراحل :

1- تشمل المرحلة الأولى تقديماً للتعليم المصغر بعرض فيلم يشرح جوهر العملية.

2- المرحلة الثانية توفير مجموعات صغيرة من الطلاب وإعطائهم فرصاً بهدف تعويدهم مهارات تعليمية محددة كاستخدام أسئلة مقالة وبناء عملية التعزيز .

3- المرحلة الثالثة : عبارة عن تعليم الاشراف وتكراره في دورات حيث يكون التركيز الأساسي على الدراسة والتحليل وتحسين نظام التعليم .

ثم طور مركز التربية في جامعة شيكاغو نموذج ستانفورد وأضاف له مجالات عديدة جديدة فمثلاً التأكد من التركيز على محتوى وإجراءات الدرس مع ربطه بطرح الأسئلة واستخدام التعزيز الفوري . ومن المستحسن للمعلم المتدرب أن يجرب الطريقة على زملائه قبل مواجهة طلابه ، وهذه الطريقة تخفف الكثير من الضغط والإنفعال وتعطي المعلم فرصة لتجربة الدرس قبل عرضه على الطلاب ، كما أن عقد لقاءات وندوات يقوم المعلم من خلالها بدور المشرف قد أعطت نتائج فعالة .

إن التعليم المصغر إجراء لتوفير فرصة للمعلمين والمشرفين لتحديد وتعريف وتجريب ووصف وتحليل وإعادة تجريب مهارات تعليم معينة دون مخاطرة في تجربتها في بيئة تعليمية فعلية .

إنشاء تعليم خلاق :

يجب أن يدرك المشرفون أنهم إن أرادوا تغيير برامج مدرسية محددة فعليهم اعتبار المعلم أساس التغيير ، وإذا رغبوا في برنامج مدرسي جيد فيجب أن تتوفر في الحال البيئة الصفية التي تساعد المعلم في عملية الخلق والإبداع وتحسين تعليمه . وما لم تكن عملية تشجيع الإبداع من المعلمين هي من صلب اهتمامات المشرف وإلا ستكون مهمة الإشراف محددة ومقيدة . وعليه أن يرى في عمله محاولة لاكتشاف

ما يجري ويحاول تعزيزه في النماذج التعليمية المتوفرة . كما أن تشجيع الإبداع هـي مـن أولويات عملية تحسين التعليم وتعزيز التطابق والإنسجام والتأكيد على الأساليب الأفضل لحفـظ العملية التعليمية الخلاقة المبدعة .

كما يجب أن يكون القرار النهائي في تحسين التعليم في يد المعلم ، ومع ذلك فهناك مبادئ عامة تحكم جميع البيئات التعليمية ، ومن الصعب أن نتكهن بجودة التعليم في جميع الحالات . إن الأحكام المتعلقة بالبيئات يجب أن يصنعها الفرد الذي يدرك كل العوامل وله القدرة والحرية لاتخاذ خطوات العمل التي تتطلبها البيئة المعينة ، وليس باستطاعة أحد أن يلـم بالمعرفة الكلية للصف سوى المعلم كما أن التعليم الخلاق يعني عدم الاقتناع بنتائج الإجراءات الحالية كنتائج نهائية لأن الشعور بالكمال صعب الحصول عليه ولكننا نبقى نبحـث عـن الأفكار الجديـدة التـي نرغب في تجربتها وتقييم نتائجها لأن عملية الخلق في الواقع هي حالة ثابتة للتجربـة، وللتجربـة ثلاثة أوجه :

* التخطيط * الاختبار * التنقيح

نحتاج الشجاعة لتجربة الإجراءات الجديـدة لأن الكثير مـن المعلمين لا ينفصلون عـن الأساليب التـي استخدموها مـا لم يساعدهم المشرف علـى ذلك . فعلى المشرف إذن أن ينشـئ الفعالية في المعلمين الذين يواجهون حل المشكلات وذلك بالإجابة على الأسئلة التالية :

كيف نساعد المعلمين في اتخاذ خطوة واحدة في الاتجاه الصحيح ؟

وهل يرغب المعلمون بتجربة الإجراءات الجديدة ؟ وكيف نعطي المعلمين الحماية الكافية خلال عملية التغيير ؟

إذا شارك المعلمون في إنشاء برنامج مدرسي فستضح رؤيا الاتجاه الصحيح وهكذا فالخطوة الرئيسة في مساعدة المعلمين تصبح أكثر وضوحاً في تشجيع المعلمين علـى تحمل المسئولية وذلك بتمضية الوقت مع الهيئة التدريسية لاختبار أهداف المدرسة وتنقيحها بالنسبة إلى القيم الأساسية التي تنادي بها الهيئة التدريسية .

مع العلم أن الوقت لا يذهب سدى إذا صرف في الوصول إلى فلسفة مشتركة باعتبارها الخطوة الضرورية . وحين تتم الموافقة على أهداف البرنامج تصبح مسؤولية المشرف زيادة الرغبة لتجربة إجراءات جديدة بتوفير مناخ ودي وتأمين علاقة فعالة مع المعلم بالإضافة إلى إزالة العوامل المعيقة التي لا تشجع على الوحدة والتماسك ، ولايتوقع من المعلمين أن يكونوا مبدعين إذا اعتقد المشرف أن هناك أسلوباً واحدا فقط مناسبا للتعليم يجب اتباعه ، وفي هذه الحالة يحاول المعلمون إرضاء المشرف في اتباع الاسلوب الذي يقبله ، ولكن إذا أراد المشرف أن يشجع عملية الخلق والإبداع فعليه أن يصرح بأن أفضل الإجراءات لأية مجموعة معطاة يمكن أن تتطور بالعمل والتجربة .

وإذا أظهر المعلمون إبداعاً فيجب أن يقبل على أساس المقدرة والفهم والمعرفة الكافية التي يتمتعون بها لتهيئة أحسن السبل لخبرات التعلم لطلابهم ، وإذا لم يقبل المعلمون فلن تقبل ابداعيتهم . إن الطريقة لزيادة رغبة المعلم في التقدم بأفكار جديدة وإجراءات فعالة هي أن يكون المشرف أكثر استجابة لتلك الأفكار الجديدة للتعليم ، ولكن إذا أصرّ المشرفون على أن تبقى أفكارهم هي الإجابات الصحيحة لاستفسارات المعلمين حول عملية التعلم والتعليم فلن يحاول المعلمون الخلق بأنفسهم بل التمسك بأساليب المشرف وطرائقه . وإذا لم تكن إجاباته معتمدة فإن المشرف يشجع المعلمين على التفكير والمحاولة وتقويم أنفسهم ، وإذا لم تؤخذ آراء المعلمين في المناقشة على قدم المساواة مع آراء المشرفين فلن يعزز الاعتماد الذاتي لديهم الذي هو الأساس في عملية الخلق والإبداع . إن أفضل الطرق فعالية لإنشاء عملية الخلق والإبداع هو التأكيد على صحتها وذلك بتجربة أساليبها الجديدة دون الاعتماد كلياً على أساليب وأفكار المشرف القديمة .

إن الفكرة التي تعيق عملية تطوير التعليم الخلاق هي الفكرة القائلة بتقليد النموذج القديم ، وفي هذه الحال على المشرف أن يشجع المعلمين على تطوير مجالات تعكس سمات أعمالهم وشخصياتهم وأفضل أفكارهم كي تقود إلى ظهور طرق فنية تنتج تعليماً فعالاً وتنظيماً صفياً .

إن تشجيع الرغبة بمحاولة أشياء جديدة هي الخطوة الأولى في تطوير الإبداع

لدى المعلمين كي توضع الرغبة موضع التنفيذ حين يعطي المشرف الدعم والأمان لقبول أية محاولة للتجديد والتغيير .

كما أن فعالية هيئة التدريس تنمّى في الإشعار بالتقدير لأولئك الأفراد الذين يحاولون إجراءات جديدة ، وهذا التقدير يتجلى في شعور الأفراد الذين يقومون بالعمل التجريبي بالرضا لأنهم يتوقعون له نتائج جيدة .

ويجب ألاّ تتحدّد التجربة بعدد قليل من أعضاء هيئة التدريس بل يجب أن يشجع الجميع لتجريب أية فكرة يودون اختبارها وإذا كان نشاط الإبداع محدوداً بعدد قليل من أفراد هيئة التدريس فإن أولئك الذين حرموا امتياز الإبداع سيعوقون أي تجديد لأن غيرة أفراد هيئة التدريس بعضهم من بعض تعمل على إحباط أي تطوير أو سعي للإبداع .

والوجه الثاني للتقدير يكون بإرسال عدد من أعضاء هيئة التدريس لحضور ورشات صفية أو بعثات لتطوير طرق جديدة من العمل لاستعمال المواد اللازمة في ذلك المجال، واختيار المعلمين للحصول على المنح يجب أن يتم على أساس التعبير عن الرغبة في استعمال اجراءات جديدة ولنشر هذه الخبرات بين الهيئة التدريسية كلها .

وطريقة أخرى لإعطاء التقدير للمعلم المبدع هي بتشجيعه على مناقشة الإجراءات الجديدة مع أولياء الأمور وعقد لقاءات تخطيط شهرية بين المعلمين وأولياء الأمور لأن هذا الأسلوب يعتبر فريداً في نشر تقدير واحترام المعلم بين الناس .

ويشجع المشرف الإبداع في التعليم بإزالة كل المعوقات وبإتاحة الفرصة للمعلمين للتعبير عن قدراتهم بقرار ذكي وبتزويدهم بالوسائل والمواد الضرورية والدعم المادي الذي يجعل هذه المواد في متناول اليد واستغلال جميع المحاولات التي تجرى من أجل تحسين عملية التعليم ، فمثلاً عمل المعلم المساعد ينطوي على مشاركته في مساعدة المعلم المستجد، لأن المعلم المستجد بحاجة إلى الدعم وطلب المساعدة في الوقت الذي يلاقي به صعوبة ما لأنه يعلم في قرارة نفسه أن أساليبه الفنية وخبرته التعليمية محدودة لذلك يرغب باستزادة معلومات من المعلم المساعد وهذه تعتمد على مدى العلاقة التي تسمح بالاستفسار وتجاوز الفروق الفردية بينهما واستقلالية العمل .

استمرارية تطوير هيئة التدريس :

إن استمرارية تطوير هيئة التدريس تعني المحاولة لزيادة كفاءتها الحالية من خلال المواد وورشات العمل والندوات والزيارات الصفية والمحاضرات .

يرى الكثير من المعلمين أن النشاطات السابقة لا فائدة منها لـذلك يقاومون حضور الندوات أو اللقاءات التي هي جزء من هـذه النشاطات . وقـد أشـار جـودلاد وكلين & Goodlad Klain سنة 1970 أثناء مراقبتهما لكثير من المعلمين المنخرطين في نشاطات التأهيل التربوي إلى أنه لم يطرأ عليهم أي تحسن يذكر في قدراتهم كمعلمين وليس باستطاعتهم حـل المشكلات المدرسية إذا واجهتهم .

واقترح ألن Allen سنة 1971 بالنسبة للتأهيل التربوي أن يركز على إنجاز معـين للمعلمـين الذي يظهر جلياً في نتاج الطلاب . ولذا يجب أن يحدد معيار للإنجاز يوضح للمعلم المهارات التي يحتاجها كي يصبح قادراً على إعطاء أحكام عادلة عن انجازاته في أي مجال يقوم به ، كما يجب أن تشمل نشاطات التأهيل التربوي لأي نظام مدرسي على توزيع وتطوير مجالات التغيير فيها ليطلع كل معلم من أعضاء الهيئة التدريسية على ما يجري .

استمرارية تطوير هيئة الإشراف :

من المهم لأعضاء هيئة الإشراف أن يتدربوا على تصميم برنامج يشحذ افهامهم وإدراكاتهم لتخطيط وتصميم المنهاج ووضع استراتيجية له تساعد على تطويره وتغييره . ويحتـاج الأفـراد غـير المختصين في تصميم المنهاج إلى فرصة للمشاركة في اللقـاءات والنـدوات التـي تنمي إدراكاتهم في مجال تصميم المنهاج وتساعدهم في تطوير نماذج مناهج مرغوبة ، ومن خلال تفاعلهم مـع الآخرين يحاول غير المختصين إثراء خلفياتهم بأفكار جديدة تتعلـق بالتجديدات المرغوبة لأي تنظيم تربوي مع برامجه المتوفرة .

ومن المهم لأعضاء هيئة الإشراف القيام بزيارات ميدانية والمشاركة في بـرامج تدريبيـة لأن هذه الزيارات توفر طريقاً لرفع مستوى طموح المشرفين ، وتشكل أساساً

لإسهامات المشرف بأفكار جديدة لتطوير النظام التربوي، وتتيح للمشرف القيام بدور قيادي في أي برنامج تربوي يشترك فيه المعلمون بشكل مميز على المستوى المحلي .

إن خبرات التأهيل التربوي مفيدة لمعلمي المواد المختصين الـذين نقلـوا مـن مـواقعهم كي ينضموا إلى هيئة الإشراف ، فالبعض منهم له خلفية ممتازة في موضوعه المختـص بـه ويسـاعد في الحصول على صورة كلية للمنهاج ووضع موادهم في المكان المناسب في البرنامج المقرر . ومن خلال مناقشات هيئة الإشراف سيكتشف المعلم المنضم إليـهم نمو التلاميذ بالنسبة للمـواد الأخرى وتحديد درجة أهداف ذلك التخصص وتلك الحقول التي تتلاءم مع نمو الطلاب في مجالات أخرى .

وفوق هذا كله سيكتسبون إدراكاً عالياً باستراتيجية تغيـير المنهاج ، وبما أن خلفيـتهم قـد تطوّرت في بناء وتصميم حقولهم مع خبرة في استراتيجية وتغيير المنهاج، فسيكون إدراكهم مميزاً ومهاراتهم مختلفة في جميع مجالات عملهم .

ويحتاج جميع أعضاء هيئة الإشراف مساعدة في بناء تواصل فعّال لمتطلبات النمو المهني الـذي يتطلب مـن أعضـاء هيئـة الإشراف مؤشراً عـلى توضيح نـوع الاستشارة الخارجيـة التـي يحتاجونها ، ولا يقتصر الاتصال مـع المـربين في الميدان على ذوي الاختصاص في مـوادهم الـذين سيساعدونهم في البحث وتقديم آرائهم حول النظام المـدرسي ، بـل يشمل أيضـاً المختصين في مجالات تطوير المجموعة ووضع استراتيجية التغيير وبناء تواصل فعّال وتصميم المنهاج ممـا يـوفر إفادة أعضاء هيئة الإشراف عن طريق اللقاءات والندوات والاستشارات .

إن زيادة النمـو المهنـي لأعضاء هيئة الإشراف يمكن أن يـؤمن باشـتراكهم في النـدوات واللقاءات المحلية من خلال زملائهم الذين سيساعدونهم بحضور ورشات العمل الصيفية ، كما أن تحسين برنامج الفرد السنـوي يعتمد عـلى مشاركته في المـؤتمرات واللقـاءات التربويـة والنـدوات الخاصة التي صممت لزيادة كفاءة كل فرد في مجاله ليصبح مشرفاً فعالاً ومصمم منهاج نشـطاً ، وعلى رئيس هيئة الإشراف أن يعمل مع كل عضو من أعضاء الهيئة ليطور خطة للعمـل تسـاعدهم في زيادة كفاءتهم.

توفير مواد التعليم :

يمكن تحسين عملية التعليم بتزويد المعلم بمواد تعليمية فعالة باعتبارها الجزء المهم من عمله الذي يعني اختيار المواد التعليمية الملائمة وتوفيرها ، وعلى حين أن الجزء الثاني هو زيادة استعداده لاستعمال الوسائل التعليمية ، والجزء الثالث هو توفير التوزيع السريع لمواد التعليم لاستعمالها وقت الحاجة ، وهذه المهام الثلاث هي مسؤولية هيئة الإشراف .

ويجب أن يتوفر لدى هيئة الإشراف مركز للوسائل التعليمية يمكن أن يستخدمه المعلمون لتوفير مواد التعليم اللازمة .

إن المعلومات والمساعدة التي تعطى للمعلمين الذين يحضرون إلى مركز الوسائل طلباً للمساعدة هي في الأساس الإسهام لتحسين التعليم الذي توفره مراكز الوسائل التعليمية .

إن المشرف بحاجة لأن يعمل مع لجان وهيئات التدريس ليعرفهم بالوسائل التعليمية العديدة المتوفرة في مراكز الوسائل التعليمية ، إذ يلم بعض المعلمين بالوسائل السمعية والبصرية مثلاً ، ولكن معرفتهم عن التعليم المبرمج والمفرد والكمبيوتر غير وافية .

كما أن على المشرف تشجيع المعلمين على تأمين الوسائل التعليمية الصعبة وكيفية استعمالها داخل الصف ، كي تعزز معلومات الطلاب وتثار دافعيتهم لزيادة قدراتهم ومهاراتهم .

إن نظام تزويد وتوفير الوسائل يجب أن يكون مرناً ومستجيباً يسمح للمعلم أن يتزود بالوسائل التعليمية في نفس اليوم الذي يرسل به مذكرة التزويد ، ويجب أن تكون المواد كافية وألا يعيق توفرها أي عمل ، ويجب أن توفر الميزانية المواد الكافية لعمل التجارب اللازمة . إذ أن الوسائل التعليمية عنصر فعال لتحسين التعليم ، وعلى المشرفين أن يتحملوا مسؤولية مواجهة هذه الخدمة بتزويد المعلم بكل ما يحتاج إليه منها .

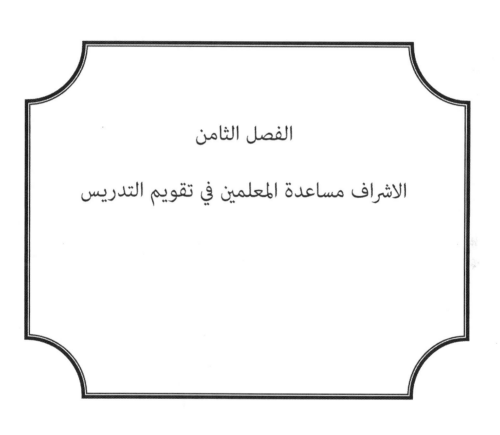

الفصل الثامن

الاشراف مساعدة المعلمين في تقويم التدريس

الفصل الثامن

الإشراف مساعدة المعلمين في تقويم التدريس

يخضع الإنسان لعملية تقويم مستمرة لسلوكه من قبل الآخرين ، وتستمر هذه العملية التقويمية حتى بعد موته .

ولهذا يتطلب تقويم التدريس مجموعة من المهارات المعقدة من المعلم ، إذ أنه مجال ضروري في العملية التعليمية ، ومجال يقود إلى أخطاء متعددة إذا لم يستغل بمهارة كافية . والهدف الأساس من هذا الفصل هو فحص بعض المفاهيم الأساسية المتعلقة بالتقويم واقتراح بعض الأساليب التقويمية التي يتحتم على المشرف تشجيع المعلمين على اتباعها ، وقد اقترح روبرت جليزر سنة 1962 Robert Glazer نموذجاً أساسياً يبين أهمية التقويم بالنسبة للعملية التعليمية كما هو مبين أدناه :

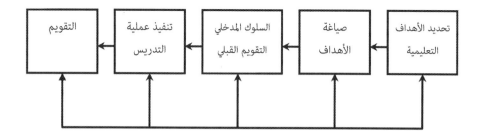

التغذية الراجعة

وهناك أنواع متعددة مـن التقويـم منهـا التقويـم القبلي، والتقويم البعـدي ، وفي كـلا التقويمين يمكن أن يستخدم المعلم نفس الأساليب وإن اختلفا فـي التوقيت والهدف.

التقويم القبلي : يأتي التقويم القبلي قبل عملية التدريس ويهدف إلى :

تعريف المعلم بنوعية المهارات والمعرفة التي يمتلكهـا الطـلاب كي يبدأوا في دراسة المـادة الجديدة .

إن نتائج التقويم القبلي تبين للمعلم ما يلي :

1- يجب أن يوضح التقويم القبلي للمعلـم النتـائج المخفية فمـثلاً إذا لم يعرف الطـلاب محتوى المادة التي درست فعلى المعلم إعادتها ، وإذا ظهر للمعلم أن الطلاب قد تمكنوا من محتواها فعليه أن ينتقل بهم إلى مادة أخرى ضمن المنهاج.

2 - إذا تبين للمعلم أن الطلاب يمتلكون المهارات المطلوبة للمادة الجديدة فعليه أن يقدمهم لدراسة المحتوى ، وإذا لم يتمكنوا من السلوكات المدخلية فيجب أن يتوفر لهم مادة علاجيـة قبل أن يبدأوا المادة الجديدة .

وفي هذه الحال على المشرف أن يشجع المعلمين على استعمال التقويم القبلي قبل بدايـة أية وحدة جديدة ويمكن أن يستعمل التقويم القبلي باستغلال طرق التقويم المختلفة مثل اختبارات بسيطة من صنع المعلمين أنفسهم أو اختبارات مقننة أو أسئلة مقال أو حتى عن طريق الأسئلة الشفوية .

كما على المشرف أن يشجع المعلمين على تجاوز أشكال التقويم القبلي التقليدية مثل استعراض المادة السابقة التي تعلمها الطلاب أو الاطلاع على درجـاتهم فـي المواد السابقة أو تعليق المعلمين على انجازات الطلاب في موادهم التي يدرسونها ، لأن المعلومات من هذه المصادر يمكن أن تساعد لكن لن تكون بديلاً عن مساعدة المعلمين للطلاب بمعرفة تقويمـاتهم القبليـة كي يطلعوا على مهاراتهم المدخلية .

وإذا لم يكشف التقويم القبلي لمحتوى المادة عن السلوكات المدخلية للطلاب فعلى المعلم أن يحدد ما هي السلوكات المدخلية التي تنقص الطالب كي يعززها قبل البدء في تعليمه المادة الجديدة .

التقويم البعدي : إن الطريقة المرغوبة لدى المعلمين لتقييم عملية التعليم هي إجراء تقويم آخر يطلق عليه اسم التقويم البعدي ، فالطلاب يأخذون التقويم القبلي قبل بداية تدريس أية مادة والتقويم البعدي في نهاية تدريسها وتكون النتيجة بمقارنة المعلم للنتائج القبلية والبعدية ليرى ماذا كسب الطالب من خلال عملية التعليم .

وإذا وجد المعلم أن الطالب قد كسب الشيء الكثير من خلال التعليم فهذا لا يعني أن النتيجة اعتمدت على التعليم الصفي وحده لأن الطالب يمكن أن يتمكن من مهارات ومعارف مختلفة من مصادر أخرى .

التقويم المستمر : لو تناقشت مجموعة من المعلمين حول عملية التقويم وجدنا مجموعة من الأجوبة المتنوعة إذ يقول بعضهم : نقوم بعملية التقويم لنخبر الطلاب عن مدى تقدمهم في مادة ما ، ويقول آخرون نقوم بعملية التقويم لإيجاد أساس لوضع العلامات ، بينما يقول آخرون نقوم بعملية التقويم لإرسال تقارير لأولياء الأمور نخبرهم فيها عن أعمال أبنائهم .

ولو سئل المعلمون ما هي الأشياء التي يقيمونها لتنوّعت الأجوبة كذلك إذ يجيب بعض المعلمين أنهم يقيمون إنجاز الطلاب الصفي ، ويجيب آخرون أنهم يقيمون الطلاب بمقارنتهم بالطلاب الآخرين في الصف . وتجيب قلة المعلمين بأنهم يقيمون التعليم نفسه والإجراءات التعليمية والمعلم .

لذا يجب أن تكون عملية التقويم تقويم الأهداف التعليمية لكل طالب من طلاب الصف أي أن يكون هناك صلة مباشرة منذ وضع الأهداف التعليمية من بداية الوحدة التعليمية وحتى نهايتها وخلال التعليم وفي نهايته .

وإن فشل الطلاب في تحقيق الأهداف التعليمية يكشف عن فرضيات عديدة

منها عدم بذل الجهد أو عدم الدراسة أو عدم توفر الدافعية ولكن هناك فرضيات أخرى تقول :

- عدم ارتباط الأهداف بالمهمة التعليمية .

- عدم وضوح الأهداف .

- عدم ترجمة الأهداف إلى سلوكات واضحة يمكن تقويمها .

- ضعف إجراء الاختبار القبلي .

- عدم قيام المعلم بمعالجة نقاط الضعف عند الطلاب قبل البدء بتدريس المادة .

- عدم توفر مصادر المادة التعليمية المناسبة .

- عدم اختيار المعلم للاستراتيجيات المناسبة .

- عدم وجود صلة مباشرة بين الأهداف والمادة .

- إهمال المعلم لعملية التقويم المستمر .

- عدم تركيز التقويم النهائي على الأهداف مباشرة .

- عدم كفاءة المعلم في عرض المادة وإدارة الصف .

إن التقويم جزء متكامل من عملية التدريس وليس نشاطاً مستقلاً ولكنه عملية مستمرة في كل حصة وكل يوم ، والمعلم يقوّم الأداء اليومي وليس الأداء النهائي فقط .

يمكن للمشرف أن يساعد المعلم في إتقان بعض أساليب التقويم المختلفة فأساليب التقويم لا تعتمد فقط على الاختبارات الكتابية بل تتناول الأساليب التالية أيضاً:

- الأسئلة الشفوية .

- مراقبة عمل الطلاب في الدرس .

- تقديم التقارير الشفوية والكتابية .

- تقويم العمل الجماعي .

- إجراء المسوحات والاستبانات .

- اختبارات الاتجاهات .

- الاجتماعات التقويمية .

- الأداء الحقيقي للمهارات .

- التقويم الذاتي .

- تقارير قصصية .

- السير الذاتية للطلاب .

- تقويم المشاركة الصفية .

- تقديم موجز أو خلاصة عن الموضوع .

القياس المعتمد على معيار والمعتمد على قاعدة :

من المعروف أن الاختبار يختلف عن القياس وأن القياس يختلف عن التقويم.

فالتقويم يرتبط في هذا المجال ارتباطاً كلياً بالتعليم الذي يعني أنه عملية إصدار أحكام تتعلق بأوجه سلوك المتعلم وتشمل مجموعة من المهارات يحددها المعلم سواء تمكن منها المتعلم لتحقيق أهداف معينة أو لم يتمكن منها ، أما **القياس** فهو مجال من مجالات التقويم يكمم به المعلم حالات سلوك المتعلم ، وهذه البيانات الكمية توفر للمعلم أساساً لوضع علامات المتعلم في المجالات المعرفية والنفس حركية ، وأما **الاختبار** فهو أداة للقياس للتحقق من وجود السلوك المتوقع واكتشاف درجة اتقان هذا السلوك .

فالفروق بين التقويم والقياس والاختبار ليست فروقاً لفظية ولكنها فروق على مستوى من الدقة والأهمية وعلى المشرف أن يتناقش مع المعلمين لأن سلوك المتعلم يمكن تقويمه بدون قياس ولكن لا يمكن قياس نفس السلوك بدون اختبار .

وليس من السهل دائماً ملاحظة وقياس تحقيق الأهداف كلها بطرق فعالة ولكن من الممكن قياس التمكن من الأهداف المعرفية وعلى الأقل تحقيق المتعلم لهذه الأهداف ، كما يمكن قياس المهارات النفس حركية ، أما الأهداف المتعلقة بالاتجاهات والمشاعر والاهتمامات والانفعالات فبالإمكان الإحساس بأثرها ولكن من الصعوبة بمكان مراقبة تحقيقها ، كما أنه من الصعب قياس مدى التمكن من النتاجات الانفعالية . لأن المحاولات لقياس تحقيق الأهداف الانفعالية تتم عن طريق اختبارات الشخصية واختبارات الميول . إن الاختبارات المقننة المتعلقة بالشخصية والميل توفر معياراً لسلوك الجماعة التي أجريت عليها هذه الاختبارات ، ولا يمكن تطبيق هذه المعايير بدقة لقياس السلوك الفردي بنفس الطريقة التي تقاس فيها مهارة القراءة أو اللياقة البدنية فالأدوات الانفعالية لا تحدد الصواب أو الخطأ أو درجة الصواب ودرجة الخطأ ، لأن سلوك الفرد الانفعالي يمكن أن يقارن بمعايير اجتماعية محددة ، إن السلوك الذي يتماشى مع هذه المعايير يعتبر سلوكاً سوياً والذي يخالفها يعتبر سلوكاً غير سوي .

ويمكن للمعلم في مجال الانفعال تحديد الأهداف التي يمكن مراقبتها داخل الصف مع أن معظم هذه الأهداف لا تظهر بوضوح خلال الوقت الذي يقضيه المتعلم مع المعلم ولكنه يظهر فيما بعد في سنين لاحقة .

ولا يستطيع المعلم قياس الانفعالات بالدرجة التي يقيس بها تحقيق المهارات المعرفية والنفس حركية ، والهدف من مناقشة التقويم هو بيان استخدام المدارس لأسلوبين في عملية التقويم التي تعتمد على تقويم الإنجاز المعرفي والنفس حركي وهما القياس المعتمد على معيار والقياس المعتمد على قاعدة .

القياس المعتمد على معيار :

القياس المعتمد على معيار هو الطريقة التاريخية المستعملة للقياس في المدارس ولا زالت سائدة حتى الآن ، ويستعمل لقياس إنجاز الطلاب ، وفيه يقارن المعلم تحصيل الطالب بتحصيل الطلاب الذين تقدموا لنفس أداة القياس على

شرط أن تكون مجموعة الطلاب من نفس صف الطالب ، ويحدد المعلم علامة المعدل والتي يقارن بها علامة كل طالب أعلى أو أقل منها ويكون معدل المجموعة هو المعيار الذي يقارن به الإنجاز الفردي ، ولكن من الممكن ألا يحقق المعدل الأهداف المحددة في بداية التعليم ، لذا يحق للمعلم (**خيار أول**) بوضع معدل لأي اختبار يعطيه أعلى أو أدنى من إنجاز المجموعة .

وإذا قام المعلمون بإجراء نفس الاختبار لمجموعات متتابعة من الطلاب فإنه يمكن بناء مجموعة معايير خلال سنوات تظهر إنجاز المجموعات السابقة ، كما يمكن للمعلم أن يختار (**كخيار ثان**) أن يقيس الإنجاز الفردي على هذه المعايير التي يطلق عليها المعايير المحلية، و(**كخيار ثالث**) يمكن للمعلم أن يختار اختبارات مقننة إذا كان هذا النوع من الاختبارات متوفراً لأغراضه المحددة ، وفي هذه الحال يقارن المعلم إنجاز طلابه في هذا الاختبار مع إنجاز مجموعة طلاب آخرين أجري عليهم نفس الاختبار .

و(**كخيار رابع**) يجمع المعلم معايير محلية على الاختبار المقنن ويقارن إنجاز الطلاب في صفوفهم الحالية مع إنجاز طلاب سابقين على نفس الاختبار المقنن ونفس المعيار .

إن المعلمين الذين يتبعون طريقة القياس المعياري يقع أمامهم أربع خيارات كأساس لمقارنة تحصيل الطلاب :

❑   المقارنة بإنجاز طلاب الصف على أساس اختبار مع صنع المعلم .

❑   المقارنة بإنجاز مجموعات سابقة في سنوات ماضية تقدمت لنفس الاختبار من صنع المعلم أو ما يعادله .

❑   المقارنة بإنجاز مجموعات سابقة في نفس المادة والمدرسة والاختبار المقنن أو ما يعادله.

❑   المقارنة بإنجاز المجموعات التي أجري عليها الاختبار المقنن .

ويقوم نظام القياس المعياري على أساس المقارنة والنسبة والتنافس فمعاييره نسبية وليست مطلقة ويشجع التنافس بين المتعلمين ويقارن بين أدائهم. إن الغالبية من المعلمين وأولياء الأمور والطلبة يناصرون الطريقة القائمة على التنافس ، ونظام

العلامات القائم على الرموز - أ - ب - جـ - د - هـ - هو جزء من النظام المعياري فعلامة

- جـ - تمثل المعدل الوسط وعلامتا - أ - ب - أعلى من المعدل بينما - د - هـ - أقل من المعدل .

إن نظام القياس المعياري يعتمد في جذوره على نفس المفهوم الإحصائي للمنحنى المعياري

.

إن الاختيار الأول وهو مقارنة إنجاز الطالب بإنجاز طلاب صفه على اختبار مـن صنع

المعلم هو المفضل حيث تتم المقارنة والمنافسة بين طلاب المجموعة الواحدة.

القياس المعتمد على قاعدة :

يعتمد المعلم في القياس المعتمد على قاعدة بمقارنة إنجاز الطالب بإنجاز طلاب آخرين في

تحقيق الأهداف التعليمية وذلك كي يتأكد المعلم أن كل طالب قد تمكن من الأهداف المحددة في

خطة التعليم ، وإذا حقق الطالب تلك الأهداف فإنه ينتقل إلى أهداف أخرى وإذا لم يتمكن مـن

تحقيقها فإنه بحاجة إلى وقت أكثر للدراسة كي يحاول مرة أخرى تحقيق الأهداف التعليمية .

إن تطبيق القياس المعتمد على القاعدة يستخدم كثيراً في المجال النفس حركي فطالب

المدرسة الإبتدائية يمكنه أن يقوم بالمهارات التالية : ربط حذائه ، كتابة إسمه ، استعمال قلم

التلوين ، وطالب المدرسة الثانوية يستطيع أن يرسم زاوية " 60 " درجة باستعمال المسطرة

والمنقلة ويمكنه أن يطبع " 40 " كلمة في الدقيقة على آلة كاتبة كهربائية ، أما تطبيق القياس

المعتمد على قاعدة في المجال المعرفي فإنه يعتمد على تحديد درجة الإتقان في اختبارات المعرفة

سواء أكانت 80% أو 90 % 100% ... إن درجة الإتقان في المجال النفس حركي يحددها وجود أو

غياب المهارة المحددة ، بينما درجة الإتقان في المجال المعرفي فإنها تحدد بعلامة يضعها المعلـم ،

وقد تبين أن المعلمين أخذوا يميلون إلى القياس المعتمد على قاعدة في السنوات الأخيرة .

إن حركة الأهداف السلوكية والتي ازدهرت في أواخر الستينات قد دفعت بالقياس المعتمد

على القاعدة إلى الأمام ، هذه الحركة تقوم على مفاهيم الكفاءة في

التعليم والتقدم الذاتي والتعلم من أجل الإتقان والتمكن من المادة .

وفي بحث التعليم من أجل الإتقان Learning for Mastery يبين بلوم Bloom وآخرون بوضوح المواقع الفلسفية المتصارعة حول القياس .

إذ يبدأ كل معلم بتدريس مادته متوقعاً أن حوالي ثلث طلابه سيتعلمون المادة بصورة مقبولة وثلثهم سيرسب أو يكاد ينجح والثلث الأخير سيتعلم الكثير ولكن ليس بصورة ممتازة ، هذه التوقعات هي أسوأ مظاهر النظام التعليمي الحالي .

إن 90% من الطلاب أو أكثر يستطيعون فهم المادة والتمكن منها ، ومن واجب المعلم أن يجد الوسيلة لتحقيق هذا الهدف ، وإذا كان المعلمون يعلّمون لإتقان المادة والطلاب يتعلّمون لإتقانها فيجب الاعتماد على القياس المبني على القاعدة والذي بواسطته نقارن تحصيل الطالب بدرجة اتقان المادة وليس بمستوى تحصيل الطلاب الآخرين .

إن التقويم يبدأ بوضع الأهداف التعليمية وأحياناً يمكن أن تصاغ الأهداف التعليمية بأعمال تعليمية اختبارية ، ومثال على ذلك :

المجال المعرفي :

1- عرف الكلمات الآتية : معرفي ، نفس حركي ، انفعالي .

2- اذكر اسم مؤلف هذه القطعة الموسيقية .

3- وازن بين مجموعة من المعادلات الكيميائية .

المجال النفسي والحركي :

1- صمم زهرية سيراميك .

2- قلد حركة المعلم في الكراتيه .

3- ازرع بذور البندورة في وعاء ملائم .

إن الأهداف النفس حركية تحول إلى بنود اختبار أدائية وليست بنوداً لفظية ويتم تقويم المعلم لأداء الطالب عن طريق مراقبة المهارات النفس حركية .

أما الأهداف الانفعالية فليس من السهل قياسها ، مثال

1- استمتع بقراءة قصص تاريخية .

2- عبّر عن الروح المدرسية الإيجابية .

3- طوّر إحساساً بمشكلة المسنين .

إن بعض الأهداف التعليمية في المجال المعرفي تصلح لتكون اختباراً لإنجاز أحياناً ولكن ليس دائماً .

إن أغلبية المعلمين تضع بنود الاختبار المعرفي في نهاية الدرس حتى يتأكدوا من كمية المادة التي درست ، ولكن المختصين في التقويم والتعلم يوصون العكس أي على المعلمين أي يضعوا بنود الاختبار في بداية الدرس ويوصي البعض الآخر بوضع التقويم النهائي بعد كتابة أهداف الدرس مباشرة .

وعليه فأمام المعلم مهمتان بعد وضع الأهداف :

❑ إعداد أداة التقويم القبلي .

❑ إعداد مبدئي لأداة التقويم النهائي .

وقد أوصى ميشيل سكريفن Micheal Scriven ببناء مجموعة بنود من الأسئلة في بداية الدرس .

إن تصميم بنود الاختبار قبل بداية الدرس أو في بدايته يخلق تطابقاً ما بين الأهداف وبنود الاختبار . أما إذا وضعت بنود الاختبار في نهاية الدرس فربما أغفل بعض الأهداف المحددة ، وليس من الضروري أن يحقق المعلم جميع أهداف المساق لأن التغذية الراجعة أثناء عملية التدريس تعدل أو تضيف على هذه الأهداف أو تلغي بعضها ولكن لا بد من التطابق ما بين الأهداف المتبقية وبنود الاختبار لأي امتحان نهائي .

وليس من الضروري أن يطالب المعلم والمشرف أن يشمل الاختبار النهائي جميع المادة فيمكن أن يتناول الاختبار الوحدة الأخيرة فقط من المادة المعطاة ، ولكن

إذا قررا أن يشمل الامتحان النهائي مادة التدريس جميعها فلا بد من وضع مجموعة مـن بنود الاختبار في بداية التدريس ، وبذلك ينفذ المعلم ما أكد عليه Scriven من وجـود التطابق مـا بين الأهداف ومحتوى المادة وبنود الاختبار .

وعلى المشرف أن يساعد المعلمين على التمييز ما بين القياس المعتمد على المعيار والمعتمـد على قاعدة وفاعلية كل منهما .

التقويم التكويني والتقويم الجمعي :

لقد كتب الكثير عن التقويم في أشكاله الفنية والكثير منها مألوف لدى الجميع عـلى حـين ترك البعض الآخر للمختصين في القياس والتقويم ، والحاجة هنا ضرورية لمعلمي الصف والمشرفين كي يعملوا سوية في تنفيذ عمليات التقويم لتحسين التعليم .

وعلى المشرف أن يساعد المعلمين في استعمال التقويم التكويني والتقويم الجمعي اللـذين استخدما كثيراً في الآونة الأخيرة كنظريات في عملية التقويم . فالتقويم التكويني يشـمل إجـراءات التقويم التي يستخدمها المعلم في سـياق الـدرس ، والتقـويم الجمعـي هـو التقـويم الفنـي الـذي يستعمله المعلم في نهاية الدرس .

وفي المجال المعرفي يستخدم التقويم التكويني في الاختبارات التي تدل على تقـدم الطالـب بينما يستخدم التقويم الجمعي في الاختبـارات النهائيـة ، وتظهـر فاعليـة التقـويم حـين يسـتطيع المعلم أن يحدد إذا كان الطالب قد تمكن من مادة الدرس ، ولا يظهر التقـويم الـتمكن مـن مـادة معينة حين :

- لا يحدد المعلم مسبقاً الأهداف التعليمية .

- لا ترتبط بنود الاختبار مباشرة بالأهداف التعليمية .

- ينتظر المعلم حتى نهاية الدرس لصياغة بنود الاختبار .

- يفشل المعلم في الاستفادة من نتائج التقويم التكويني لتعديل العملية التعليمية .

- يكتب المعلم اختبارات غير ملائمة للمحتوى وتكون بنود الاختبار ضعيفة الصياغة.

لقد شجع كل من بلوم وهاستنجز ومادوس Bloom & Hastinngs & Madaus المعلمين على تقسيم الدرس إلى وحدات تعليمية صغيرة وإجراء اختبار تشخيصي قصير في نهاية كل وحدة وهذا ما يدعي بالتقويم التكويني ، ويتبع كثير من المعلمين هذا الإجراء لاستغلال نتائج اختبارات التقدم لتشكل جزءاً من علامات الطالب في نهاية الفصل .

كما ركزوا أيضاً على أهمية استعمال الاختبارات التكوينية بهدف تشخيص صعوبات التعلم ووصف حاجات الطلاب للتغلب على هذه الصعوبات ، كما يجب استغلال الاختبارات التكوينية لمعرفة مدى تمكن الطالب من المادة وليس من أجل وضع علامات له .

إن الهدف من التقويم التكويني والجمعي توفير التغذية الراجعة لإعادة تصميم نموذج التعليم ، فالتقويم التكويني يوفر تغذية راجعة للمراجعة المستمرة للأهداف والإجراءات التعليمية ، بينما يوفر التقويم الجمعي تغذية راجعة لمراجعة لاحقة .

إن التقويم الجمعي في شكل امتحان نهائي لا يخدم فقط بإعطاء علامة للطالب بل يستغل في معرفة انجازات الطالب لتكون مؤشراً لإحداث تغييرات في العملية التعليمية .

الاختبار :

يصف المعلمون الاختبارات بأنها فرص للطلاب لإظهار تمكنهم من محتوى المواد التي درسوها مع أنها فرص غير محببة لديهم، ولكنهم يحتملونها لكونها إجراء من عمل مهم يدعى التعليم ، إذ يواجه معظم الطلاب الاختبارات بدون صعوبة ، وبينما نجد قلة ترحب بها كفرصة للتحدي لإظهار معرفتهم يعتبرها آخرون تجربة صعبة مؤذية.

ويدرك معظم الطلاب قوة الاختبارات في السنوات المدرسية الأولى ثم يتحسسون أهميتها بمدى انجازاتهم الدراسية، وهناك أدوات تستخدم لتحديد العلامات أو الوضع المدرسي أو الترقية والدخول في مجالات التعليم العالية التي تهيؤهم للوظيفة .

وعلى المشرف من خلال اجتماعاته بمجموعات المعلمين أن يثير السؤال التالي لماذا نجري الاختبار ؟ وإذا تلكأ المعلمون بإعطاء الإجابة لهذا السؤال يبدأ المشرف بإعطاء الأجوبة التالية :

- لمعرفة معلومات الطالب .

- لاكتشاف الطلاب الأذكياء في الصف .

- لاكتشاف الطلاب الضعاف في الصف .

- لجمع المعلومات لوضع العلامات .

- لجمع المعلومات لمناقشة أولياء الأمور فيما يتعلق بأبنائهم .

وبعد نقاش المشرف مع المعلمين يطور المعلمون إجابات عن السؤال السابق بالآتي :

- لتوفير حافز للدراسة .

- لتكون أداة عقاب لضبط الصف المشاكس .

- لمساعدة الطلاب في تطوير ممارسة مهارة التقدم للاختبارات .

وفي نهاية النقاش ما بين المشرف والمعلمين استخلصت الإجابات التالية :

- لمعرفة مدى تحقيق المتعلمين للأهداف التعليمية .

- لتشخيص صعوبات التعلم .

- لتقييم فعالية التعليم .

- للحكم على فعالية المعلم .

تثير الإجابات الأخيرة الفكرة القائلة أن فشل الطلاب في تحقيق الأهداف المدرسية قد وضع على أكتاف الطلاب انفسهم لعدم الدراسة وعدم حثهم عليها وعدم توفر خلفية ملائمة للدراسة كما أن الطالب تنقصه فاعلية الإنجاز ، وكذلك تقع المسؤولية على عاتق المعلمين لفشل فعاليتهم وكفاءتهم في التعليم ويتحملون هذه المسؤولية أمام المسؤولين مثل مديري التربية ومديري المدارس .

ولكن المعلمين يعارضون عملية حساب المسؤولية هذه بحجة أن هنـاك متغـيرات لا يمكنهم ضبطها والتي تؤثر في تحصيل الطالب منها الطالب نفسه وبيئته البيتية .

وعلى أية حال فمعظم المشرفين يشهدون بوجـود طـلاب ضعـاف غـير جـادين تنقصهم الدافعية وهناك المعلمون الفعالون وغـير الفعـالين ، ومـن المهـمات الأساسـية للمشرف مسـاعدة المعلم غير الفعال ليصبح فعالا .

إن من جدوى تحميل المعلم جزءاً من المسؤولية في تحصيل الطالب تدفع المعلم بأن يعي هذه المسؤولية ولا يحمل الطالب مسؤولية فشله كلياً .

إن القياس المعتمد على القاعدة ينسجم مع تحميل المعلم المسئولية إذا كانت أهداف التعليم واضحة وحقيقية ، وإذا كان المحتوى والأسلوب يـرتبط مبـاشرة بتحقيـق الأهـداف ، وإذا وضع الاختبار لقياس مدى تحقيق الطالـب للأهـداف وتمكنـه منهـا . بـينما القيـاس المعتمـد عـلى المعيار لا يقيم لهذه المسئولية وزناً لأنه يقارن بين تحصيل طالب وآخر .

الاختبارات المقننة :

هناك العديد من أنواع الاختبارات المقننة التي يجـب توفرهـا في المـدارس ومنهـا الأدوات المقننة لقياس الذكاء والتحصيل والميول والاتجاهات والشخصية والاستعداد.

ويرفق مع كل اختبار دليل قياس يبين انجاز المجموعات التي أجري عليها الاختبار المقنن ويمكن للمعلم الاستفادة من هذه الاختبارات للحصول على خلفية من المعلومات عن المتعلم .

إن الاختبارات المقننة المتعلقة بالتحصيل في مواد مختلفة يمكن أن يجريها أي معلم عـلى الطلاب ، أما الاختبارات المقننة الأخرى مثل اختبارات الذكاء والاستعداد ... الخ ، فلا بد أن يجريها معلم مختص ويحصل عـلى النتـائج ويضـعها أمـام المعلم للاسـتفادة منهـا في التخطـيط للـمادة التعليمية .

إن التربويين لا يؤمنون بملاءمة هذه الاختبارات المقننة كأداة لقياس تحقيق

الأهداف التعليمية واعتمادها كقاعدة للحصول على علامات أو قاعدة للترقية ، إذ أنها تهدف إلى مقارنة تحصيل الطالب بتحصيل الطلاب الذين أجري عليهم الاختبار المقنن أي مقارنة معدل الطلاب بالمعدل العام .

الاختبارات من صنع المعلم :

حين يجد المعلم الوقت الملائم لإعطاء اختبار ما يجابه بعدد من القرارات في اختيار نوع الاختبار سواء أكان شفوياً ، كتابياً ، مقالياً ، موضوعياً ، أو مزيجاً من الاثنين أو اختباراً أدائياً ، وكل ذلك يعتمد على الأهداف المطلوب تحقيقها من قبل الطالب وعلى طبيعة المادة ، إذ يجب أن يكون الاختبار انعكاساً صادقاً للأهداف التي وضعها المعلم للطالب والمطلوب تحقيقها لتغطية المادة المقررة .

تستعمل الاختبارات الشفوية لتقويم قدرة الطالب في التحدث والخطابة والتمثيل ، ويتم تقويم المهارات الشفوية والسمعية في أوجه التعليم المختلفة عن طريق الأداء الموسيقي واللغات الأجنبية .

وتقيّم المهارات وإنتاج التعليم الملموس في المجالات التالية :

الفنون الجميلة والفنون الصناعية والتعليم المهني والفني .

إن تقويم المهارات النفس حركية أصعب من تقدير علامات بنود الاختبار الموضوعي لأنها أقرب إلى تقدير علامات اختبار المقالة ، وفي كلتا الحالتين : (تقويم المهارات النفس حركية واختبار المقالة) يحدد المعلم مسبقاً المعيار الذي سيستعمله ويوضح هذه المعايير للطلاب .

وفي مجالات الدراسة هناك اختبارات الانجاز العقلي التي تكون أكثر ملائمة من الاختبارات الكتابية وأحياناً أخرى تكون الامتحانات الشفوية أكثر ملاءمة من الامتحانات الكتابية ، وإجمالاً فإن نوع الاختبار الذي يجريه المعلم يعتمد على الاختبارات الكتابية الجماعية خاصة وأن هذا النوع من الاختبارات اقتصادي وعملي وأكثر شيوعاً في اختبارات الإنجاز المعرفي ، أما الاختبارات الفردية فبالرغم من إيجابياتها إلا أنها غير عملية ما عدا في الأهداف العلاجية والتشخيصية .

إن اللقاءات الفردية تغطي معظم المحتوى ويمكن أن تحل محل الاختبارات ولكنها غير عملية لاحتياجها لوقت طويل، وكذلك التقارير المكتوبة تحتاج من المعلم وقتاً أطول لقراءتها وتقويمها وتعتمد على الحل الروتيني لمشكلات تقويم الإنجاز .

وغالباً يلجأ المعلمون إلى الاختبارات الكتابية الجماعية كمؤشر للإنجاز في المجال المعرفي .

اختبارات المقالة :

الاختبارات الكتابية المستعملة في المدارس عادة نوعان : اختبارات المقالة والاختبارات الموضوعية .

وفي وضع العلامات لهذين الاختبارين تقلل الاختبارات الموضوعية عنصر- حكم المعلم ولهذا دعيت بالاختبارات الموضوعية ، وإذا أثار المشرف التربوي مناقشة حول استعمال اختبارات المقال والاختبارات الموضوعية فإن المعلم يبتعد كلياً عن استعمال اختبارات المقال ويرفضها بحجة أن الاختبارات الموضوعية أوسع انتشاراً في المدارس . وبالرغم من أن النوعين من الاختبارات قد صمما لقياس مدى تمكن الطالب من محتوى المادة إلا أنهما لا يحققان نفس الوظيفة ، إن أسئلة المقال تقيس مقداراً محدداً من المادة ولكنها تقوّم قدرة الطالب على الكتابة المترابطة وتنظيم الأفكار ووصف المواقف وعقد المقارنات واستخدام اللغة بشكل جيد وتطبيق المحتوى وعرض أسلوب الكتابة وتلخيص المحتوى وعرض البحث وبيان الأسباب للمواقف المتخذة .

تغطي أسئلة المقال جزءاً محدوداً من المادة بينما الأسئلة الموضوعية تغطي أكبر عينة من المحتوى ، إذ تتكون أسئلة المقال من بنود قليلة بينما الأسئلة الموضوعية تحتوي على عدد كبير من البنود ولهذا يحتاج المعلم إلى توازن في اختباره لأسئلة المقال والأسئلة الموضوعية ، وإن استعمال المعلم المستمر للأسئلة الموضوعية من المرحلة الإبتدائية وحتى الثانوية يجعل التلميذ غير قادر على الكتابة المترابطة أو التعبير أو الشرح وهذا ما يعاني منه أساتذة الكليات من نتائج المدارس الثانوية .

إن الاستمرار في استعمال أسئلة المقال تترك المعلم غير متأكد فيما إذا كان الطالب قد تمكن من محتوى المادة التي درست .

إن أسئلة المقال من الصعوبة بمكان أن يبني المعلم بنودها ويصححها وينصح المعلم بزيادة عدد بنود أسئلة المقال لأنه كلما ازداد عدد بنود الأسئلة كلما أعطى الطالب فرصة أكبر للحكم على تمكنه من المادة وكان أداؤه أفضل .

إن واجب المعلم الأساسي في وضع العلامات هو وضع مفتاح يحدد النقاط التي على الطالب أن يجيب عليها لأن عدم وجود مفتاح للإجابة يعني غياب مصداقية وضع العلامات ، وبدون مفتاح الإجابة لا يستطيع المعلم مقارنة إجابة الطالب مع الإجابات الحقيقية التي من المفروض أن يجيب عليها الطلاب. إن معظم بنود الأسئلة تتطلب إجابات قصيرة وإذا أراد المعلم اختبار براعة الطالب في الكتابة فيمكنه اللجوء إلى تكليف الطلاب كتابة أبحاث فصلية بدل الأسئلة التي تحتاج إلى إجابات طويلة .

ويمكن صياغة بنود الاختبارات المقالية باعتماد تصنيفات بلوم المعرفية التي تشمل ما يلي :

1 - **المعرفة** مثل وضّح خطوات تحويل مشروع القانون إلى قانون .

2 - **الاستيعاب** مثل فسّر بما لا يتجاوز خمسين كلمة معنى الانتماء كما مرّ بك في الدرس .

3 - **التطبيق** مثل صف باختصار ماذا نعني بالاقتصاد الأردني .

4 - **التحليل** مثل هناك تناقض بين الأمم المتطورة والأمم المتخلفة .. أعط أربعة مجالات تختلفان فيه.

5 - **التركيب** مثل إذا كنت مسئولاً عن السير فما هي توصياتك للتخفيف من حوادث السير .

6 - **التقويم** مثل قيّم بنود استمارة ضريبة الدخل .

وعلى المشرف أن يشجع المعلمين على كتابة بنود اختبارية واضحة ومحددة

فبدلاً من استخدام كلمة ابحث وهي عامة جداً يمكن استخدام كلمات مثل صف - قارن - بيّن أوجه الاختلاف - حدد الخطوط العريضة - حلّل - طبّق - لخص - قيّم بيّن الأسباب - بيّن العلاقة .

اقتراح أخير نقدمه للمعلمين عند تصحيح أسئلة المقال إذا كانت تحتوي على أكثر من بند وهو أن يصحح نفس البند لجميع الطلاب قبل أن ينتقل لتصحيح البند الثاني .. وبهذه الطريقة يضمن العدالة في تصحيح كافة أوراق الطلاب كما يستطيع تحديد نقاط الإجابة الصحيحة ونقاط الضعف العامة ويناقشها مع الطلاب فيما بعد كي تخدم الهدف الذي وضعت من أجله الاختبارات .

الاختبارات الموضوعية :

إن عينة الاختبارات المقالية تحدد عمق محتوى المادة ولكن عينة الاختبارات الموضوعية تدل على اتساع استعمالها وليس على عمق محتواها ، إن طول الإجابات على بنود أسئلة المقال تضلل المعلم أحياناً في وضع العلامة لاتساع محتوى المادة التي اختبرها ، وإذا أراد المعلم اختبار المعرفة فينصحه المشرف باستخدام الاختبارات الموضوعية كأفضل أداة لهذا الغرض بدلاً من استخدام أسئلة المقال ، لأن الأسئلة الموضوعية تغطي معظم أرضية المادة أو أرضية العينة الدراسية المراد اختبارها في وقت أقصر بكثير من أسئلة المقال .

ويقال أن الاختبار موضوعي إذا ألغى حكم المعلم في تصحيح الاختبار وإذا قام معلم آخر أو استخدمنا آلة لتصحيح اختبار موضوعي فيجب أن يكون قادراً على استعمال مفاتيح الاختبار الموضوعي وأن يضع علامة الاختبار نفسها التي يضعها المعلم الأول . وعليه فدرجة ثبات واعتماد الاختبارات الموضوعية أعلى بكثير من درجة ثبات واعتماد الاختبارات المقالية .

تتدخل الذاتية في الاختبارات الموضوعية في مجالين :

1 - يحلل المعلم المحتوى تحليلاً ذاتياً ثم يشير إلى موضوعية الاختبار .

2 - يعطي المعلم في البداية قرارات ذاتية حول البنود التي يشملها الاختبار .

وبما أن كل اختبار يمثل عينة من المحتوى فإن المعلم يدمج فقط بنوداً معينة من محتوى الاختبار ويركز على أكثر البنود أهمية .

كما تتدخل الذاتية أيضاً في طريقين آخرين في وضع علامات الاختبارات الموضوعية :

1 - حين يعطي الطالب إجابة صحيحة عن البند تختلف اختلافاً كلياً عن الإجابة التي يتوقعها المعلم .

2 - بناء وصياغة بنود الاختبار تترك البند مفتوحاً لحكم الطالب الذي يفشل في إظهار الإجابة التي أشار إليها المعلم .

إن صياغة البنود الجيدة للاختبارات الموضوعية صعبة كصياغة البنود الجيدة للاختبارات المقالية .

وإن دور المشرف الفعال هو وضع خطة مع مجموعة من المعلمين يطلب إليهم فيها تحليل ومناقشة بنود الاختبارات الموضوعية المختلفة التي استعملوها في اختباراتهم ، وعليه أن يؤكد للمعلمين أن هذا النقاش والتحليل يتم بطريقة ودية وإيجابية حتى لا يشعر المعلمون أنهم مهددون بدور المشرف ، ومن هذا الدور يدرك المعلمون أن الكثير من بنود الاختبار لا تظهر المستوى المعرفي بشكل واضح وأن صياغة البنود كانت غامضة ومعظمها لا يرتبط بأهداف الوحدة التعليمية وبعضها الآخر يتطلب إجابة واضحة .

تشتمل بنود أسئلة المعلمين الموضوعية عادة على الأنواع الأربعة الرئيسة التالية :

- بنود التذكر .
- الإجابة البديلة .
- الاختيار من متعدد .
- بنود المقابلة وإعادة الترتيب .

وإليك توضيحاً وتطبيقاً :

* بنود التذكر : وهي البنود التي تتطلب إجابة مباشرة من ذاكرة المتعلم وهي من أكثر الأنواع شيوعاً وأسهلها صياغة وتأتي إما عن طريق سؤال مباشر - من قائد الثورة العربية الكبرى ؟

أو بصيغة الأمر - أذكر ثلاث مصادر للمواد البروتينية في الغذاء .

أو تعبئة فراغ - المعادلة الكيميائية لملح الطعام هي ....

وفي جميع الحالات يجب ألا يحتمل السؤال أكثر من إجابة واحدة محددة .

إن أسئلة التذكر تتناول المستوى الأدنى من تصنيفات بلوم Bloom للأهداف وهي تقلل من فرص التخمين .

إن الذاتية تتدخل في اختبارات التذكر عندما يحتمل السؤال أكثر من إجابة كما يجب صياغة البند بدقة فمثلاً ..

ولد جلالة المرحوم الملك الحسين في .... فيمكن أن تكون الإجابة عام .... ويمكن أن تكون الإجابة في مدينة .... لذا يجب أن تكون صياغة البند محددة في سنة .... أو في مدينة ....

ويجب أن تكون أطوال الفراغات متساوية حتى لا يقود طول الفراغ الطالب إلى الإجابة الصحيحة كما يجب أن يكون خطاً واحداً وليس خطوطا مقسمة بعدد كلمات الإجابة .

* الاختيار من متعدد : هذا الاختبار يزود الطالب بعبارة أو سؤال ومجموعة من الإجابات التي يختار منها الطالب الإجابة الصحيحة طبقاً لإرشادات الاختبار ، إن هذا النوع من الاختبارات مرغوب عند المعلمين والمختصين بوضع أسئلة الاختبار لتعدد استعمالاته وقدرته على تمثيل جزء كبير من المحتوى في وقت محدد بالرغم من أن درجة التخمين فيه أعلى بكثير من اختبار بنود التذكر ولكن بالمقارنة مع الأنواع الأخرى من الاختبارات الموضوعية فإن اختبار الاختيار من متعدد يقلل من قدرة الطالب على تخمين الإجابة الصحيحة ، فمثلاً أن يختار إجابة واحدة من أربع إجابات فإن فرص التخمين تكون واحداً إلى أربعة .

ويمكن استخدام اختبار الاختيار من متعدد في المجال المعرفي بجميع المستويات التي تتسلسل من البسيط إلى المركب ، ويمكن أن يأتي بأشكال مختلفة : اختر الإجابة الصحيحة ، اختر الإجابة الخطأ ، اختر أفضل الإجابات :

مثال : الشخص الذي يتمتع بلباقة اجتماعية :

1 - قليل الكلام 2 -حسن الاطلاع 3- سريع التأثر 4- حسن الهندام .

ويمكن للمشرف أن يقدم للمعلمين الاقتراحات التالية لتساعدهم في كتابة اختبار اختيار من متعدد :

1 - من الأفضل إيجاد أربع إجابات لكل بند على الأقل .

2 - ألا يتبع نمطاً ثابتاً في وضع الإجابات الصحيحة بين الاختيارات في البنود المختلفة.

3 - أن تكون الإجابات متساوية في أطوالها منسقة في بنائها .

4 - من الأفضل ألا يكون الاختيار الأول هو الإجابة الصحيحة .

وعلى المشرف أن يشجع المعلمين على إعداد مجموعة كبيرة من البنود الاختيارية للاختبار منها في الاختبارات المتتالية ، كما يعمل المعلمون جاهدين على صياغة بنود تتناول المستويات المختلفة في المجال المعرفي ويمكن أن يتعاون المعلمون من نفس المادة في تبادل البنود .

* الإجابة البديلة : - هذا النوع يوفر اختيارين لانتقاء واحد منهما مثل الصواب والخطأ ، وجدوى هذا النوع تتركز في قدرته على تمثيل جزء كبير من المحتوى بوقت قصير ومسافة قصيرة ، ولكن من سلبياته وجود فرصة 50% للتخمين.

ويمكن جعل البنود أصعب إذا طلب من الطالب أن يبين الأسباب للخطأ ولكن هذا ينقص من موضوعية البنود .

ويمكن أن تأتي الإجابة البديلة بشكل آخر ، ضع خطاً تحت الإجابة الصحيحة ، وتدور بنود الإجابة البديلة حول المستوى الأدنى في المجال المعرفي ، ومن السهل صياغة بنود هذا النوع ، وأيضاً من السهل أن يوقع المعلم الطالب في الخطأ بسبب هفوات بسيطة يتعمدها المعلم في السؤال .

ومن الأفضل تجنب استخدام بعض الكلمات مثل دائماً ، أبداً ، أحياناً ، كل، جميع ، لا في البنود الاختيارية .

كما يجب الابتعاد عن صياغة البنود التي تتطلب حكماً أو اجتهاداً معيناً من الطالب مثل استخدام كلمات : مهم ، الأهم .

يجب أن تكون البنود واضحة وأن تتجنب استخدام النفي المزدوج ، كما يجب الابتعاد عن العبارات غير الدقيقة والمعقدة والملتوية ، فتكون العبارات مباشرة وواضحة ودقيقة وتحتمل إجابة واحدة فقط والابتعاد عن استخدام العبارات الواردة في الكتاب المقرر .

* بنود المقابلة وإعادة الترتيب : صياغة هذه البنود أصعب وتتطلب وقتاً أطول في التصحيح من الأنواع الأخرى ما عدا بنود التذكر ، وهذا النوع يختبر قدرة الطالب على التزاوج بين مثير محدد واستجابة محددة ، وتكون المثيرات في عمود والاستجابات في عمود آخر ، ويجب أن يحتوي عمود الاستجابات على عدد أكبر من المثيرات . وعلى المعلم ألا يضع المثيرات أمام الاستجابات الصحيحة أو أن يتبع نمطاً معيناً في ترتيبها .

أما بنود إعادة الترتيب فهي تختبر التتابع والترتيب في أمور معينة مثلاً رقّم من 1 إلى 4 المدن التالية حسب كثرة عدد السكان :

الزرقاء ( )

الكرك ( )

اربد ( )

عمان ( )

إن لكل نوع من أنواع الاختبارات الموضوعية السابقة إيجابياتها وسلبياتها ويجب تعريف الطالب بجميع الأنواع لإثارة اهتمامه بالتنويع .

والسؤال الذي يطرح نفسه هل يمكن لبنود الاختبارات الموضوعية أن تقيس تحصيل الطالب في أعلى مستويات مجال التعلم المعرفي حسب تصنيفات بلوم ؟

وللإجابة على هذا السؤال نورد الأمثلة التالية على كل مستوى : المعرفة - الاستيعاب - التطبيق - التحليل - التركيب - التقويم .

المعرفة : أي الكواكب التالية أقرب إلى كوكبنا ؟

* المريخ

* الزهرة

* عطارد

* المشتري

الاستيعاب : من قراءتك للقصيدة هل عبر الشاعر عن :

* حماسة لوطنه

* اظهار نفسه كشاعر مرموق

* دفع الأفراد للانتماء للوطن

* التضحية بالغالي والرخيص لأجل الوطن

التطبيق : إذا حمّل شخص خمسين كيساً من القطن في شاحنة خلال ساعة فكم كيساً يحمل في ثماني ساعات ؟

* طرح 8 من 50

* قسمة 50 على 8

* إضافة 8 إلى 50

* ضرب 8 في 50

التحليل : يوجد في الجملة التالية خطأ فما هو ؟

إن المروءة عمل شريف أو صفة حميدة لكل الأفراد دون تحديد

* تركيب الجملة ركيك

* الصياغة النحوية غير سليمة

* الكتابة الإملائية خطأ

* الكتابة الإملائية والصياغة النحوية غير صحيحتين .

التركيب : ذهب ولد إلى بقالة ومعه خمسة وعشرون قرشاً وأراد أن يشتري بها دفاتر وأقلاماً علماً أن ثمن كل دفتر 3 قروش وثمن كل قلم قرشان ، وصمم أن يشتري 6 دفاتر والباقي لشراء الأقلام فكم قرشاً يبقى معه .

* طرح 18 من 25

* ضرب 6 في 3

* طرح 6 من 7

قسمة 7 على 2

أعد ترتيب الخطوات السابقة من 1-4 حسب تسلسلها المنطقي لحل المسألة.

التقويم :

يقرأ المعلم أربعة مواضيع من الإنشاء تختلف في عناوينها وصياغتها ومدلولاتها ويطلب من الطلاب ترتيبها حسب الأفضلية .

تقويم الأهداف الانفعالية : لقد لوحظ أن الأهداف المعرفية يمكن أن تقاس باختبارات المقال والاختبارات الموضوعية واختبارات مهارات النفس حركية فتقاس بالإنجاز الفعلي .

ومن الصعب أو من المستحيل مراقبة تحقيق كثير من الأهداف الانفعالية ولهذا السبب يفضل التفكير بتقويم الأهداف الانفعالية كتقويم وليس كقياس .

وبالرغم من استخدام بعض الأدوات لتقويم تحقيق الأهداف الانفعالية وإخضاع نتائجها للمعالجة الإحصائية ، فإن المطلوب تقويم الأهداف الانفعالية لتحقيق أهدافها وليس للحصول على درجات أو كتابة تقارير تقليدية .

إن المجال الانفعالي الذي يتناول المشاعر والعواطف والاتجاهات يمكن تقويمه بطرق عديدة منها :

1- المراقبة : هي الطريقة الشائعة لتقييم الإنجاز في أي مجال . إن المعلم ذا الخبرة يطوّر مهارات في مراقبة الإنجاز الفردي والجماعي داخل وخارج الصف ،

ويظهر السلوك الانفعالي من خلال تعليقات الطلاب داخل الصف وخارجه ومن تفاعلات سلوكهم في المدرسة وخارجها ، ومن الأسئلة التي يثيرونها والحماس الـذي يبدونه ووضعهم في مواقف معينة أو لعب أدوار معينة ..

2- المقالات : يمكن أن يطلب إلى الطلاب كتابة مواضيع شعورهم وموقفهم مـن بعـض القضايا كما يمكن للمعلم أن يقترح عناوين ومواضيع شخصية مثل موضوعي المفضل في المدرسـة أو أسوأ خبرة في حياتي أو ماذا يقصد بالتعاون ؟

3- استطلاع الرأي : يمكن التعرف علـى اتجاهـات الطلبـة حول قضايا معينة مـن خـلال الإجابة البديلة على بعض البنود ، حيث يبين شدة تأييـدهم أو عـدم تأييـدهم أو حيادهم تجـاه بعض القضايا ، إن الإجابة تبين اتجاهات الطلبة ولكن لا يمكن الحكم عليها بالصواب أو الخطأ .

إن صياغة بنود الاختبار أو وضع تمارين لتقييم الأهداف الانفعالية تتطلب مـن المعلم أن يعود إلى هذه الأهداف كما يفعل عند تقييم الأهداف المعرفية والنفس حركية ، ويجب أن يطور بنود تقييم تبين له إذا كان الطالب قد حقق الأهداف الانفعالية .

وعلى المشرف أن يشارك المعلمين في مناقشة الطرق المتبعـة لتقويم الأهداف الانفعاليـة بإثارة بعض الأسئلة حول الأهداف وطريقة تحقيقها وأولويتها وتحليل نتائج التقويم ، ومـن هـذه الأسئلة :

- ما هي الأهداف الانفعالية التي يجب أن نبحث عنها ؟

- ما هي الطرق التي تحقق فيها هذه الأهداف الملحوظة ؟

- ما هي الأهداف الانفعالية التي تركز عليها أكثر من الأخرى ؟

- ماذا يجب علينا أن نفعل بنتائج تقييم الأهداف الانفعالية ؟

هل هناك أهداف انفعالية نصرّ عليها أو هنـاك أهـداف انفعاليـة تطبـق علـى الحـالات الفردية فمثلاً اعتقاد الطالب أن الغش هو الطريقة الوحيدة للاستمرار ؟ وهل هذا السلوك يكون موضع اهتمام المعلم ؟

الأساليب التقويمية الأخرى :

إن التقويم يأخذ قسطاً من وقت المعلم أكثر من إجرائه الاختبار ، ومن هذه الأساليب :

1 - ملاحظة المشاركة الصفية :

ملاحظة اتجاه الطلاب تعتبر طريقة التقويم الشائعة والتي تحدث يومياً في غرفة الصف ومعظم المراقبة غير رسمية وغير منظمة ، ويتمكن المعلمون من الحصول على انطباعاتهم عن عمل الطلاب في الصف وبتفحص دقيق لأعمالهم وعمق فهمهم لمحتوى المادة والحكم على تحصيلهم عن طريق تفحصهم واستيعابهم ومشاركتهم وكيف يتفاعلون معه وكيف يتفاعل أحدهم مع الآخر ، ويدقق المعلم في مدى الاهتمام والميل من خلال مشاركة الطلاب ، وعلى المعلم أن يثير اهتمامات بعض الطلاب الذين لا يبدون استجابة داخل الصف بأدوات كثيرة منها الأداة التالية التي يمكن استخدامها لتقويم المشاركة الصفية :

تقويم المشاركة الصفية					
اسم الطالب :					
الخصائص	ممتاز	جيد	متوسط	ضعيف	ضعيف جداً
الانتباه والميل					
مدى المشاركة					
نوعية الإجابات والأسئلة المطروحة					
مدى المبادرة					
المساهمة بإعطاء الأمثلة والحقائق والقصص الهامة المتعلقة بموضوع البحث					

2- التقارير الشفهية :

إن التقارير الشفهية المقدمة من قبل أفراد أو لجان توفر للمعلم طريقة أخرى لتقويم إنجاز الطلاب، وعلى المعلم أن يوفر للطلاب الذين تقدم بحقهم تقارير شفهية معياراً يعتمد عليه في تقويمهم ، والمعايير الشائعة تتضمن وضوح العرض وسلامة اللغة وتعزيز المعلومات ووضوح الاعداد ، وتكون على نوعين فردي وجماعي .

نموذج التقرير الشفهي الفردي

نموذج التقرير الشفهي الفردي اسم الطالب :					
الخصائص	ضعيف 1	لا بأس 2	متوسط 3	جيد 4	جيد جداً 5
هل كان هناك وضوح إعداد من المتكلم ؟ هل كان العرض واضحاً للمستمعين ؟ هل كان صوته مسموعاً ؟ هل كان صوته خالياً من الروتينية ؟ هل استخدم لغة سليمة ؟					

نموذج التقرير الشفهي الجماعي

نموذج التقرير الشفهي الجماعي أسماء الطلاب :					
الخصائص	ضعيف	لا بأس	متوسط	جيد	جيد جداً
هل كان هناك وضوح إعداد لمحتوى المادة ؟ هل ساهم جميع الطلاب بإعداد التقرير ؟ هل تحدث جميع الطلاب بشكل مسموع ؟ هل استخدموا لغة سليمة ؟					

ومهما كانت أداة التقويم فعلى المعلم أن يعرف الطلاب بنتائجهم حتى يحسّنوا أداءهم في المستقبل .

3 - الواجبات المكتوبة :

الواجب البيتي عملية شائعة كالتقارير الشفهية وهي على أنواع عديدة مثل حل مجموعة من المسائل والإجابة على عدد من الأسئلة وكتابة مواضيع انشائية قصيرة واعداد أبحاث . وفي جميع الحالات يجب أن يبين المعلم للطلاب المعيار الذي يستخدمه للحكم على عملهم ، وإذا كانت الواجبات اليومية لا تقدر بالعلامات دائماً فلا بد من تقدير علامات للواجبات الكتابية الأساسية وإبلاغ الطلاب عن النتيجة لأنه على المعلم أن يضع في الحسبان أن المقصود من الواجبات البيتية تحقيق هدف معين .

4 - الواجبات الإبداعية :

تتمثل الواجبات الإبداعية في دفتر المجهود الشخصي ـ والأعمال الفنية وهي تعطي وضوحاً لأنواع التعلم المختلفة ومن المفروض أن توفر مجالات المنهاج فرصاً ابداعية للتلاميذ ، وبعض النتاجات الواضحة وعرض المهارات والمعارف المختلفة . وعلى المعلم أن يبين للطالب المعيار الذي يعتمد عليه في حكمه على هذا العمل الإبداعي.

5 - العمل الجماعي :

هناك بعض الواجبات الجماعية الهادفة مثل كتابة بحث - اعداد وسيلة إيضاح - تحليل نص أدبي ونقده ، حيث يقوم المعلم وأعضاء المجموعة في تقويم هذا العمل ومدى فاعلية كل عضو في تحمله المسئولية تجاه هذا العمل ، ولا بد للمعلم من أن يضع للطلاب بعض القواعد لاتباعها في نقد زملائهم ليكون النقد إيجابياً وبناءاً .

نموذج تقويم لعضو اللجنة

الرجاء وضع دائرة حول الحرف المناسب الذي يبين مرتبتك بالنسبة لمختلف مراحل أعمال اللجنة التخطيط : مدى المساهمة في جلسات التخطيط أ ب جـ د هـ الاعداد : البحث المكتبي ، البحث عن المواد ، أعمال اللجنة الخارجة عن التخطيط والجلسات الصفية أ ب جـ د هـ التعليم : الأداء أثناء الحصص الصفية المخصصة للموضوع أ ب جـ د هـ
العلامة الاسم

6 - التقويم الذاتي :

يجب أن توفر خطة التقويم الكلية فرصاً للطلاب لتطوير مهاراتهم وتقويم انجازاتهم ومن المستحب أن يشارك الطلاب معلميهم بتوقعات أعمالهم ولن يكون تقويم الطالب الذاتي بديلاً عن تقويم المعلم ولكن من الممكن أن توفر للمعلم نوعاً من المعلومات التي من الممكن أن يغفل عنها المعلم لمساعدة الطالب الفرد ، ويمكن أن يطلب من الطلاب وخاصة طلاب المدارس الثانوية أن يقوّموا أنفسهم بمعيار يساعدهم على تقويم انجازاتهم في الاختبارات ومشاركتهم الصفية وتعاونهم مع المعلم ومع زملائهم ، وقدرتهم على الاستماع وسلوكهم في الصف ... الخ .

ويمكن أن تطور أداة التقويم الذاتي بحيث تعكس أنواعاً من المعايير يعتبرها المعلم ذات أهمية وهذه الأداة توضح بالنموذج التالي :

التقويم المشترك		
اسم الطالب		
اسم المعلم		
ضع الرمز المناسب في كل مكان خال : (أ - ب - جـ - د - هـ)		
	تقويم الطالب	تقويم المعلم
اختبارات التحصيل الواجبات الكتابية : البيتية . الصفية ، ورقة بحث تقرير عن كتاب .. التقارير التي تقدم للصف : الاعداد ، العرض القراءات المقررة : اتمامها وفهمها المشاركة بالمناقشات الصفية : مدى المساهمة تكرارها ، الانتباه التقدير العام		

إن الاختبارات تلعب دوراً في عملية التقويم ولكن هناك أساليب أخرى لتقويم بعض المهارات ، ولا بد من أن يقوم المشرف بتعريف المعلمين ببعض هذه الأساليب وتنمية مهاراتهم التقويمية من خلال التأهيل أثناء الخدمة .

علامات تحصيل الطالب :

في نهاية كل فصل يقوم المعلمون بعملية وضع علامات تعتبر مظهراً لتحصيل الطلاب فمثلاً يجري المعلمون الاختبارات ويجمعون البيانات ويعالجونها احصائياً ليحصلوا في النهاية على رمز يطلق عليه العلامة ، وتسجل على تقرير

ليطلع عليها الطالب وولي أمره ومن يهمهم الأمر .

ويقسم النظام المدرسي إلى عدد من الفصول توضع في نهاية كـل منهـا علامـة تعتبـر رمـز تحصيل الطلاب .

إن النظام الأكثر شيوعاً في وضع العلامات خاصة في المدارس هـو اسـتخدام الرمـوز أ ، ب ، جـ ، د، هـ ، و ، ولكن يجب اعتماد سياسة محددة وثابتة أو معياراً موحداً في وضع العلامات .

لذا يطلب المدير من المعلمين وضع هذين السؤالين موضع الاعتبار:

1- ما الهدف من وضع العلامات ؟

2- ما هي الخطوط العريضة التي يجب أن يتبعها المعلمون لوضع العلامات؟

يتفق معلمو المدارس الابتدائية مع معلمـي المرحلـة الثانويـة بتحديـد الهـدف مـن وضع العلامات بالتالي :

1- اطلاع الطلاب على علاماتهم في نهاية كل فصل .

2- اطلاع أولياء الأمور على مستوى أولادهم في كل مادة .

3- وسيلة لتقرير ترفيع الطلاب إلى الصف الأعلى .

4- طريقة لإثارة دافعية الطلاب .

5- وسيلة لتحديد الأسماء التي تسجل على لائحة الشرف .

إن عملية وضع العلامات عملية شاقة للمعلمين وللطلبة فالعلامات تثير دافعيـة الطـلاب المجتهدين وتحفزهم وتحبط الطلاب الكسالى ، ووضع العلامات مسئولية تقـع علـى عـاتق المعلـم لأنها السلطة التي يمارسها المعلم على المتعلم ، وعليه فإنها ليسـت عمليـة سـهلة علـى المعلـم ذي الضمير الحي أن يضع العلامة التي تقدر بالضبط تحصيل الطالب .

إن أنظمة وضع العلامات لها مشاكل طبيعية باعتبارها مثار الجدل بين المعلمـين أنفسـهم وبين المعلمين وأفراد المجتمع .

يمكن أن تعطي عملية وضع العلامات ثمارها إذا وضعت لها تعليمات واضحة محددة في نشاط تأهيل المعلم أثناء الخدمة كي يتبعها المعلمون في تنفيذ وضع العلامة في مدارسهم، ويمكن أن يقوم المشرف مع المعلمين بوضع نظام معين للعلامات في المدرسة آخذين بعين الاعتبار ما يلي :

- هل تعتمد العلامات على القياس المعتمد على معيار أو قاعدة .

- ما درجة وضوح أدوات التقويم التي يحتاجها المعلم لتقدير العلامة .

- ما هي العوامل التي تؤخذ بعين الاعتبار للوصول إلى علامة في تحسين مادة ما .

- هل أسلوب وضع العلامات في صف متجانس يختلف عنه في صف غير متجانس؟

- كيف نقوّم التحصيل في المجال الانفعالي ؟

- ماذا تعني الرموز أ - جـ - د - .... الخ ؟

- ما هي علامة النجاح ؟ ما هي الفترات التي تعطي فيها العلامات ؟ المواد ؟ وما مستوى الصف ؟

- هل تؤخذ قدرة الطالب بعين الاعتبار عند وضع العلامات ؟

- هل يؤخذ الجهد الذي بذله الطالب بعين الاعتبار عند وضع العلامات ؟

- هل من مبرر لأن يكون بعض المعلمين أسخياء وآخرون مقترين في إعطاء العلامات؟

على المعلمين أن يبنوا ممارستهم في وضع العلامات على بيانات واقعية وفلسفة منطقية تتعلق بالمتعلم والعملية التعليمية والمجتمع ، وعن طريق تبادل الرأي يصل المعلمون إلى تفهم عام حول الموضوع .

وعلى المشرف أن يبذل جهوداً مثمرة بين المعلمين لتبنى مبادئ أساسية وخصوصاً في الآتي :

1 - أن تعكس العلامة قدر الإمكان درجة تمكن الطالب من المادة .

2 - توفير أدلة كافية لتحديد العلامة .

3 - أن تعرف الرموز التي تستخدم للعلامات تعريفاً مسلكياً وأن يوضح هذا التعريف للطلاب وأولياء الأمور .

4 - إذا حددت المدرسة درجة الكفاءة المبنية على النظام التربوي فعلى الهيئة التدريسية أن تحدد الرموز التي تبين الكفاية المقبولة لمستوى كل صف وكل مادة.

5 - أن تكون الرموز التي تقرر السلوك والاتجاهات والعادات الشخصية والنتاجات الانفعالية الأخرى مختلفة عن الرموز التي تقرر تحصيل الطالب في المجالين المعرفي والنفس حركي .

6 - على المعلمين أن يتخذوا الإجراءات الممكنة لإبعاد صيغة التهديد عن العلامات وتخفيف الضغط والقلق الذي يتعرض له الطالب من جراء الاختبارات والعلامات .

إن الممارسات في وضع العلامات تخدم هدفها إذا ما وضعت لها مجموعة من الإرشادات لإتباعها وإلا أصبحت مصدراً من مصادر الصراع بين المعلم والطالب والمعلم وأولياء الأمور .

التقارير عن تحصيل الطالب :

يحصل الطالب على ورقة بها رموز يأخذها إلى بيته ليعلن عن نجاحه أو فشله في المدرسة في فترة محددة من فترات وضع العلامات وهذا ما يدعى بالتقرير الذي يعني التواصل بين المدرسة وأولياء الأمور كي يطلعوا على مدى تحصيل أبنائهم ، ولا يكشف التقرير لماذا حصل الطالب على هذه العلامة المرتفعة أو المتدنية ، وماذا يفعل أولياء الأمور كي يساعدوا أبناءهم في رفع علاماتهم ؟

وخلال السنين استخدمت المدارس نماذج مختلفة من التقارير واتبعوا اجراءات عديدة لتوصيلها لأولياء ، الأمور فأحياناً ترسل التقارير بالبريد أو تسلم مباشرة للتلاميذ . وبعض المدارس ترسل تقريراً يشير إلى جميع المواضيع بينما مدارس أخرى تستعمل نماذج فردية لكل موضوع ، تكتب بعض التقارير بخط المعلم

وبعضها تطبع على الآلة الكاتبة ، بعضها يوفر متسعاً لتعليق المعلم والبعض الآخر يوفر متسعاً لتعليق أولياء الأمور ، بعضها يطلع عليها وتعاد للمدرسة والبعض الآخر يحتفظ بها أولياء الأمور .

ويرى بعض المهتمين في وضع تقارير عن تحصيل الطالب إجراء تغيير يقع في النقاط التالية

:

□ أن يرفق تقرير العلامات بتقرير آخر يشرح تقدم الطالب مشيراً إلى الجوانب الحسنة والجوانب التي تحتاج إلى تحسين ، وترسل هذه التقارير لجميع طلاب المدرسة الابتدائية ، أما طلاب المدرسة الثانوية ذات الأعداد الكبيرة فيمكن أن ترسل للطلاب المبدعين والطلاب الذين يواجهون بعض الصعوبات للفت نظر أولياء أمورهم لمساعدتهم ، ويكتفي معلمو الصفوف الثانوية بوضع الملاحظات في الأماكن المحددة في التقرير الذي يضم علامات الطالب هذا إلى جانب الاجتماع مع أولياء الأمور .

□ ارسال تقارير تطلع أولياء الأمور على وضع أبنائهم المدرسي بين فترة وأخرى ولا يتقيد بمواعيد ارسال تقارير العلامات ، أما إذا كان عدد الطلاب كبيراً مما يعيق ارسال مثل هذا التقارير فتقتصر التقارير على الطلاب الذين يواجهون صعوبات حتى يتم التعاون بين البيت والمدرسة في التغلب عليها.

□ أن يضع المعلم جدولاً زمنياً للقاءات التقويمية مع الطلاب وخاصة الطلاب الذين يتعثرون في سيرهم المدرسي، ولا تكون هذه اللقاءات رسمية أو طويلة ولكن يجب أن توفر الفرص للمعلم ليتشاور مع الطلاب حول أعمالهم ويعطي اقتراحات للتحسين ويسمع منهم الصعوبات التي يواجهونها وكيف يتغلبون عليها .

والمشرف مطالب أن يطور مجموعة من نشاطات التأهيل أثناء الخدمة لمساعدة المعلمين على تحسين مهارات التقويم والقياس وبناء الاختبار ووضع العلامات وكتابة التقارير .

وبعضها تطبع على الآلة الكاتبة ، بعضها يوفر متسعاً لتعليق المعلم والبعض الآخر يوفر متسعاً لتعليق أولياء الأمور ، بعضها يطلع عليها وتعاد للمدرسة والبعض الآخر يحتفظ بها أولياء الأمور .

ويرى بعض المهتمين في وضع تقارير عن تحصيل الطالب إجراء تغيير يقع في النقاط التالية

:

□ أن يرفق تقرير العلامات بتقرير آخر يشرح تقدم الطالب مشيراً إلى الجوانب الحسنة والجوانب التي تحتاج إلى تحسين ، وترسل هذه التقارير لجميع طلاب المدرسة الابتدائية ، أما طلاب المدرسة الثانوية ذات الأعداد الكبيرة فيمكن أن ترسل للطلاب المبدعين والطلاب الذين يواجهون بعض الصعوبات للفت نظر أولياء أمورهم لمساعدتهم ، ويكتفي معلمو الصفوف الثانوية بوضع الملاحظات في الأماكن المحددة في التقرير الذي يضم علامات الطالب هذا إلى جانب الاجتماع مع أولياء الأمور.

□ ارسال تقارير تطلع أولياء الأمور على وضع أبنائهم المدرسي بين فترة وأخرى ولا يتقيد بمواعيد ارسال تقارير العلامات ، أما إذا كان عدد الطلاب كبيراً مما يعيق ارسال مثل هذا التقارير فتقتصر التقارير على الطلاب الذين يواجهون صعوبات حتى يتم التعاون بين البيت والمدرسة في التغلب عليها.

□ أن يضع المعلم جدولاً زمنياً للقاءات التقويمية مع الطلاب وخاصة الطلاب الذين يتعثرون في سيرهم المدرسي، ولا تكون هذه اللقاءات رسمية أو طويلة ولكن يجب أن توفر الفرص للمعلم ليتشاور مع الطلاب حول أعمالهم ويعطي اقتراحات للتحسين ويسمع منهم الصعوبات التي يواجهونها وكيف يتغلبون عليها .

والمشرف مطالب أن يطور مجموعة من نشاطات التأهيل أثناء الخدمة لمساعدة المعلمين على تحسين مهارات التقويم والقياس وبناء الاختبار ووضع العلامات وكتابة التقارير .

الفصل التاسع

الإشراف مساعدة المعلمين في إدارة الصف

الفصل التاسع

الإشراف مساعدة المعلمين في إدارة الصف

قبل أن يبدأ المشرف في مساعدة المعلمين في إدارة الصف عليه أن يتعاون معهم في تحديد الأهداف الواجب تحقيقها حتى يتسنى لهم الحصول على نتاج مثمر فعال دون أن يبذلوا جهوداً لا طائل من ورائها لإدارة صفوفهم ويمكن تحديد الأهداف بالتالي :

1 - تحديد المصادر الشائعة لمشكلات السلوك .

2 - وصفت سمات الشخصية الوظيفية المتكاملة وعلاقتها بمشكلة النظام .

3 - تحليل الاتجاهات تجاه أ . مشكلات السلوك ب . الأطفال جـ . الذات .

4 - وصف أنماط التعليم الشائعة .

5 - وصف أنماط التعلّم الشائعة .

6 - وضع معايير يمكن استخدامها لضبط مشكلات النظام .

7 - وضع نماذج منوعة للنظام .

8 - وضع أساليب عديدة للنظام .

9 - مقارنة نقاط القوة والضعف في عملية تعديل السلوك .

10 - وضع خطوات عملية لتعديل السلوك .

11 - توضيح دور الثواب والعقاب .

يعاني أكثر المعلمين من مشكلات النظام داخل صفوفهم مهما اختلفت المرحلة التدريسية سواء أكانت ابتدائية أم ثانوية ، لأن من طبيعة الطلاب وخصوصاً الصغار منهم حب اللهو واللعب وإساءة التصرف وعدم احترام السلطة وعدم

تقدير الكبار والإكثار من الحديث والهمس داخل الصفوف حتى أن إحدى معلمات المرحلة الابتدائية والتي عانت من صداع أليم في نهاية يومها المدرسي بسبب نشاط طلابها الزائد عقبت بأن الأمل سيزول لو :

- كان الأطفال أكثر نضجاً ولكنهم ليسوا كذلك .
- وجد عندهم دافع كدوافع المعلم ولكنهم ليسوا كذلك .
- كان بإمكانهم أن يختاروا بين المجيء إلى المدرسة أو عدمه ولكن ليس باستطاعتهم .
- لم يكن لديهم مشكلات نظامية لكنهم ليسوا كذلك .

تعتبر مشكلات النظام العثرة الرئيسة التي تعترض سبل أعمال المعلمين ، ولو تفرغوا لمراحل التخطيط والعرض والتقويم دون أن يتعثروا أو يدوروا حول مشكلات السلوك لإيجاد حل لها لكان الأمر سهلاً ، ولكن الطريق صخرية ومليئة بالحجارة ، ومهمة المعلم إزالتها .

لذا فإن واجب المشرف التربوي مساعدة المعلمين في هذا العمل الشاق ، والنظام كلمة تتردد على ألسنة الكثير من معلمي المدارس الابتدائية والثانوية وخاصة المستجدين منهم . لأن عملية الإحباط التي سببتها مشكلات النظام قد دعت الكثير من المعلمين لترك صفوفهم ، وحتى الأغلبية منهم تركوا مهنة التدريس واتخذوا مناصب إدارية لعدم قدرتهم على ضبط الصف ، مع أن واقعهم يحتم عليهم الإشراف على ضبط النظام المدرسي ككل . كما أن أصعب مرحلة في ضبط النظام هي مرحلة المدرسة الثانوية حيث يكون الطلاب في فترة المراهقة .

ويتحدث الناس عن النظام في المدرسة والنظام في غرفة الصف ويقولون أن المعلم يمتاز بضبط جيد أي لديه القدرة على ضبط الصف ، إذن يُعرّف " النظام " بأنه حالة من الضبط في الصف أو البيئة المدرسية تسمح لعملية التعلم بالتقدم بيسر وإنتاجية .

أما كلمة السلوك فيمكن فهمها من سياق الكلام ، وقد عُرّف معنى السلوك التعلمي في الفصول السابقة " بأنه النتاج أو الأهداف التعلميّة " ، ولكن عند

التحدث عن السلوك في مجال النظام فإننا نعادله مع التصرف ، وسوء السلوك هو سوء التصرف ، فالطالب الذي تعلم تحمل المسئولية بأساليب اجتماعية مقبولة هو الذي يملك نظاماً ذاتياً ، اما الذي يتصرف بطرق غير مقبولة اجتماعياً فهو الذي يشكل مشكلة سلوكية أو نظامية .

إن مسئولية المعلم لا تنحصر بالتدريس ، بل تتعداه إلى إدارة الصف وضبط البيئة التعليمية بطريقة تساعد على استمرارية التعلم ، والمهارات التي يستخدمها المعلم لذلك الهدف تسمى الإدارة الصفية ، وبهذا التعريف يمنع حدوث سوء تصرف ويصحح المشكلات السلوكية .

ويتفق المعلمون والمديرون على أن ضبط الصف هو المشكلة الأساسية التي يواجهها المعلمون وخاصة المستجدون منهم ، وفي دراسة أجراها جورج جالوب George Gallup سنة 1969 لدراسة مشكلات المدارس الحكومية دلت نتائجها أن على رأس قائمة المشكلات مشكلة النظام من وجهة نظر الناس وحتى الطلاب الذين يعتبرون العامل الأساسي في سوء التصرف والسلوك إلا أنهم مهتمون بمشكلة النظام ، إذ يتوقعون من المعلمين أن يغذوا البيئة الصفية بنتاج تعلمي مستمر حتى على الأقل لحماية أمنهم واحترام ذاتهم ، ولا يتوقع الطلاب غياب الاستجابة لسوء تصرفاتهم بل يتوقعون اتجاهات تتصف بالاهتمام والعدل تجاههم كأفراد من المجتمع الذي يعيشون فيه .

إن مهمة المشرف التربوي هي مساعدة المعلم في إدارة الصف لأنها المهمة الصعبة إذ أن عمل المعلم لا يقتصر على التعليم فقط ، لذا يجب أن تنصب المساعدة على الذين يحتاجونها وخصوصاً المعلمين المستجدين .

يستطيع المدير ومساعده من خلال الشكاوى التي يتقدم بها المعلمون ومن خلال إرسال الطلاب المشاكسين إلى الإدارة ملاحظة الاختلاف بين المعلمين في التحكم بعملية النظام ، فمنهم من يتمتع بمهارة السيطرة على مشكلات النظام داخل صفوفه بينما يتساهل البعض الآخر في ذلك . والبعض الآخر يكررون إرسال الطلاب للإدارة بسبب سوء تصرفهم لأنه يتوقع أن الإدارة قادرة على القيام بما لم

يستطع هو نفسه القيام به .

كما يستطيع المديرون أثناء جولاتهم في ممرات المدرسة ملاحظة العلاقة الوثيقة بين أنماط التدريس ووجود أو غياب المشكلات الصفية داخل الصف ، ومن الملاحظ أيضاً أن مشكلات السلوك تظهر عادة في حصص المدرسين حديثي العهد بالتدريس ، مع أن هذا العامل ليس دقيقاً جداً في التنبؤ بمدى نجاح أي مدرس في ضبط الصف .

كما أن الاختلاف في الخبرة ليس معياراً صحيحاً لنجاح المعلم أو فشله في معالجة مشكلات السلوك ولا نستطيع أن نقول أن المعلم المستجد وتنقصه الخبرة أقل مهارة في تحقيق النظام من المعلم ذي الخبرة ، وأن المعلم الكبير في السن هو أكثر قدرة على ضبط الصف من المعلم الأصغر سناً ، كذلك لا نستطيع أن نقول أن المعلمين أقدر من المعلمات على ضبط صفوفهم فقد يحدث العكس ، ونجد أنه بين المعلمين في المدرسة الواحدة ويدرسون نفس الطلاب من يستطيع أن يضبط صفه وآخر لا يستطيع . ومن هنا يخلص المدير إلى أن هؤلاء المعلمين الذين يواجهون صعوبة في ضبط النظام تنقصهم المعرفة وفهم سلوك طلابهم وسلوك أنفسهم ، كما أنهم في حاجة إلى مهارات معينة في إدارة الصف .

على ماذا يشتمل البرنامج الذي يستطيع المشرف أن يضعه لمساعدة المعلمين على تحسين فهمهم للسلوك واكسابهم مهارة ضبط الصف ؟

يجب أن يشتمل البرنامج الذي يعده المشرف على ثلاثة عناصر أساسية :

- إشراك المعلمين في نقاش يدور حول الأسباب التي تؤدي إلى مشكلات السلوك ليساهموا في تطوير فهم أساسي للنظام .
- مساعدة المعلمين على تطوير مهارات تعمل على تخفيف حدوث مشكلات السلوك .
- مساعدة المعلمين على اختيار معايير تصحيحية مناسبة لمشكلات السلوك .

أسباب مشكلات السلوك

تختلف مستويات مشكلات النظام في المدرسة اليوم من البسيط إلى المعقد ،

ومن العادي إلى الإجرامي، وقد قاوم المعلمون سابقاً سلوك الأطفال السيئ مثل كتابة أول حروف أسمائهم على الأثاث المدرسي أو الرسم على الجدران أو عدم الانتباه أو تشويش عملية التعليم بأساليب مزعجة داخل الصف ، ولكن في الوقت الحاضر أصبح المعلمون يعاقبون الأطفال على سوء تصرفات مثل حمل سكين ، ايذاء الطلاب جسمانياً ، التلفظ على المعلمين بألفاظ نابية ... الخ .

هذه النظرة المتشائمة تجعلنا نخطئ في تعميمنا أن نسبة كبيرة من الأطفال في المدارس مشاغبون ، وهناك اختلافات كبيرة بين المدارس في النظام والانضباط . إذ أن بعض هذه المدارس في الريف وبعضها في المدينة أو الضواحي ، وتتميز بعض هذه المدارس بقلة مشكلات السلوك الجدية وبعضها الآخر يتميز بكثرتها كما يلقى الضوء يومياً عبر وسائل الإعلام على مختلف مشكلات النظام التي تحدث باستمرار داخل الصفوف .

وتتصف المدارس التي يسودها النظام بصفتين أساسيتين :

- عدم وجود مشكلات نظام .
- وجود برنامج يساعد على تعليم الانضباط الذاتي .

هاتان الصفتان هما هدفان على كل مدرسة أن تعمل جادة لتحقيقهما رغم إدراك صعوبتهما، ويعني الانضباط الذاتي قدرة الفرد على تعويد نفسه على التحكم بتصرفاته وتحمل مسئولية سلوكه، وعندما يتحقق الانضباط الذاتي تختفي المشكلات السلوكية ، أما غياب المشكلات السلوكية فلا يعني ضمان وجود انضباط ذاتي .

بما أن النظام يعتبر مشكلة أساسية ويبحث المعلمون دائماً عن إجابات لأسئلتهم ، وعلى المشرفين أن يبادروا بدراسة مشكلة النظام والتشاور مع المعلمين ، واقتراح أفضل الأساليب لحلها ومع أن هذا الإجراء عملي ومجد ، لكن الطريقة الأكثر فعالية تكون بعد تطوير المعلمين أنفسهم لبعض المفاهيم التي تتعلق بأسباب مشكلات السلوك ، وحين يشكل المعلمون بعض الفرضيات حول أسباب قيام الطفل بمثل هذا السلوك يستطيعون حينئذ أن يوصوا بحلول ذكية لتلك المشكلة .

صنف التربيون قبل عدة سنوات أسباب المشكلات السلوكية في ست فئات :

- أسباب تعود إلى الطفل نفسه .

- أسباب تعود إلى مجموعة الرفاق .

- أسباب تعود إلى المعلم .

- أسباب تعود إلى المدرسة .

- أسباب تعود إلى البيت والبيئة المحلية .

- أسباب تعود إلى المجتمع الكبير الذي يعيش فيه .

إن تحليل ومناقشة كل فئة من هذه الفئات تساهم مساهمة كبيرة في فهـم المعلـم لسلوك تلاميذه ، وقد يتوصل المعلمـون إلى أن السلوك الذي يظهر داخل الصـف تكمـن أسبابـه في موقع آخر ، كما يدركون أيضاً أن مصادر سوء التصرف والمشكلات داخل الصف يمكن أن تكون أعـراض إزعاج وليست الإزعاج نفسه ، كما يعلـم المعلمـون أن هنـاك أسبابـاً لمشكلات السلـوك يمكن أن يتحكموا بها أو لا يتحكمون .

أسباب تعود إلى الطفل نفسه

يتعرض الأطفال إلى مشكلات شخصية ، جسمية ، عقلية ، اجتماعية وانفعالية والتي تخلق صعوبات نظامية داخل غرفة الصف ، ويضم الصف عادة أطفالـاً ذوي عاهـات جسـمية وقدرات عقلية متدنية ، ومشكلات سيكولوجية واجتماعية ، وأن الإعاقة السمعية أو البصرية الشائعة عند الطفل قد تسبب مشكلة نظامية للمعلم ، وسوء التغذية مشكلة شائعة أكثر ممـا نـدرك ، كذلك صحة الطفل العامة التي تنبئ بوجـود الإجهـاد أو عدمـه ، أو عـدم انتظام إفـراز الغـدد الصمـاء وأمراض الطفل في طفولته المبكرة قد تكون كلها عوامل تؤثر على إنجازه وسلوكه داخل الصف .

إن العوامل الجسمية التي تسهم في مشكلات النظام أكثر شيوعـاً وأكثر وضوحـاً هـي في مراحل نمو الطفل وتطوره ، فالقدرات في استعمال المفاهيم وحـل المشكلات والجلـوس بهـدوء والاستماع والانتباه والتحدث في الدور ومجاراة الآخرين كل هذه القدرات وظائف النمو والتطور ، وتلعب كذلك العوامل البيولوجية

والعوامل الاجتماعية الثقافية دوراً كبيراً في نمو الطفل وتطوره ، إذ يتطور الطفل بيولوجيا في نموذج ثابت فيتعلم المشي قبل الكلام ، والكلام قبل القراءة ومفهوم الأرقام البسيطة قبل حل المشكلات ، كما يتعلم تحمل مسئولية سلوكه .

ومع أن النمو والتطور عوامل هامة في النظام في جميع المستويات، إلا أن الكثير من المعلمين يشعرون أن طلاب المدارس الإعدادية والثانوية هم الأكثر صعوبة ، ويكمن السبب في أن طلاب هاتين المرحلتين يكونون على أبواب البلوغ والمراهقة.

وفي تحليل القدرات العقلية للأطفال في أي صف متغاير نجد التسلسل بين العادي والموهوب وبين المستويات الثلاثة الضعيف والوسط والذكي ، ومن الممكن أن تحدث مشكلات سلوكية إذا كانوا في بيئة تعليمية غير ملائمة ، إذ يجد ذوو القدرات الضعيفة أنفسهم محبطين لعدم قدرتهم على مواصلة دراستهم ، بينما لا يجد متوسطو القدرة الدافعية في دراستهم ، ويكتشف الطلبة الأذكياء أن مناهجهم ليس بها أي تحدٍ لهم ، ولهذا باستطاعتهم خلق مشكلات نظامية للمعلم .

ويشترك جميع الناس في بعض الحاجات السيكلوجية مثل الحب والأمان والتقدير والنجاح وتحقيق الذات ، وعدم اشباع هذه الحاجات تنتج مشكلات سلوكية لا تعد ولا تحصىـ ، ويقول وليام جلاسر William Glasser إن الحب والشعور بقيمة الذات هما الممرات لتحقيق هوية الفرد المتميزة ، وقد دعا علماء النفس المربين إلى الاهتمام بتقدير أهمية فكرة الذات لأن لكل فرد حاجة ليصبح الشخصية الوظيفية المتكاملة كما قال كارل روجرز Carl Rogers أو أن يطلق عليها تحقيق الذات كما دعاها ماسلو . وقد وضع ماسلو حاجة تحقيق الذات في رأس مسلسله الهرمي للحاجات لأن الأفراد الذين يتمتعون بفكرة تحقيق الذات يحملون رؤية إيجابية لذاتهم .

وكثير من الأطفال باشتراكهم مع آخرين بارزين يتعلمون الشك الذاتي وعدم احترام الذات والخوف ، ويعود هذا إلى معاناتهم من عدم ملاءمة فكرتهم عن ذواتهم الشائعة في مجتمعنا فتحبط قدراتهم ، أما الطلاب الذين يظهرون رؤية إيجابية للذات يتفاعلون مع الآخرين بكل ود وصداقة بإظهارهم ثقتهم بأنفسهم

بعكس الطلاب الذين يتمتعون برؤية سلبية لذواتهم لأنهم غالباً ما يظهرون القلق والخجل والانطواء على أنفسهم .

على المشرف أن يساعد المعلمين في الإدراك أن الطفل الذي باشر يومه المدرسي الأول يكون قد أحضر معه مساهماته الجسمية والعقلية والاجتماعية والانفعالية التي تقود إلى مشكلات النظام .

الأسباب التي تعود إلى الرفاق

لا يتصرف الطفل كفرد بل كعضو في مجموعة، ومن الملاحظ أن الأطفال كلهم أعضاء في صفوفهم وتعكس تصرفاتهم ردود فعلهم كل تجاه الآخر ، وإن اختلاف درجات سلوك الفرد في الصف تشكل سلوك الطلاب الآخرين في الصف نفسه .

كما أن البيئة التعليمية التي يتحكم فيها المعلم يمكن أن تساهم في مشكلات السلوك داخل المجموعة .

والطفل ليس عضواً في مجموعة صفه فقط وإنما هو عضو في مجموعات أخرى إما داخل المدرسة أو خارجها : في النادي أو في مجموعة رفاق اللعب أو في الشارع ...

وإن المجموعات التي ينتمي إليها الطفل تؤثر في سلوكه إيجاباً أو سلباً معتمداً على أهداف تلك المجموعة الاجتماعية أو غير الاجتماعية ، فضغوطات مجموعات الرفاق خصوصاً بين المراهقين تجبر الأطفال على تشكيل نماذج سلوكية لا تتلاءم مع أحكامهم الداخلية ، ويجب ألاّ نلوم الشباب وحدهم باستجابتهم لضغوطات المجموعة فاللعب والدراسة والعيش سوية كمجموعات ما تزال مثالاً لمجتمعاتنا .

وإن التوافق أو عدم التوافق مع المجموعة لا يجب أن يكون هدفاً بحد ذاته لأن التوافق مع القانون أو العرف الاجتماعي واجب داخل غرفة الصف أو خارجها ، أما التوافق في الأفكار والآراء فليس هدفاً نبحث عنه سواء داخل الصف أو خارجه، يحب الأطفال في العادة المجموعات التي خارج الصف أكثر من المجموعة داخل الصف إذ تختلف الأهداف والأنشطة اختلافاً كبيراً ، والحل المناسب لتكيف الطلاب مع المجموعات الصفية يكون بإيجاد بيئة تعليمية قادرة على جذب اهتمام الطلاب الذين

سيختارون المتابعة الأكاديمية أكثر من ميولهم واهتماماتهم الخارجية . ولكن السؤال الذي يطرح نفسه هل من الممكن تحقيق ذلك أم لا ؟

سؤال قد لا تستطيع الإجابة عليه وحتى المشرف المجرب يجد صعوبة في اسداء النصح للمعلم عن كيفية خلق بيئة تعليمية أكثر جاذبية للأطفال من التعليم المهني أو النشاطات الصفية أو النشاطات المسلية .

ولكن يستطيع المشرف أن ينصح المعلم بخلق مناخ صفي مرغوب وإيجابي لتعلم الطلاب قدر الإمكان وهذا يعني توفير جو يطلق حرية التعلم بدون ضغوطات أو اكراه من جانب الأعضاء الذين يكونون المجموعات الصفية .

أسباب تعود إلى المعلم نفسه

قد يكون سبب المشكلات السلوكية المعلم نفسه أو أساليب التعليم التي يستخدمها أو الأهداف التي لا تتناسب مع حاجات المتعلم أو عدم وجود أهداف محددة أو بسبب التخطيط العشوائي أو العرض غير الفعال أو نقص المواد التعليمية أو التقويم غير المناسب أو قلة التغذية الراجعة ، كل هذه الأسباب تخلق وتضخم مشكلات الطلاب السلوكية ولكن يمكن القضاء عليها بالتدريب ، ومن الأفضل للمعلم أن يحدد بأن السبب يعود إلى أساليب التعليم التي تتسبب في المشكلات النظامية أكثر من أن يعترف بأن هناك شيئاً ما في شخصيته يثير المشكلات ، وواجب المشرف سواء أكان مختصاً أو مرحلياً أن يعمل باستمرار في مساعدة المعلم في تحسين أساليب تدريسه ، ولحسن الحظ أن تحسين الأساليب يمكن أن يلاحظ ويقاس من قبل المشرف والمعلم معاً .

ولكن أساليب التدريس ليست سبب جميع الأخطاء ، فقد تعود بعض الأخطاء إلى الاتجاهات التي يظهرها المعلم نحو طلابه ونحو التعليم والمدرسة والمجتمع والأخلاق والديمقراطية والحياة بشكل عام... كل هذه عوامل قد تخلق جواً ينتج أو يقلل من مشكلات السلوك ويعتمد ذلك على السلوك نفسه سواء أكان سلباً أم ايجاباً ، فالمعلم الذي يهتم بطلابه ويظهر لهم اهتمامه يواجه مشكلات سلوكية أقل من التي يواجهها معلم لا يحب طلابه أو مدرسته أو عمله .

بالإضافة إلى حب المعلم لمدرسته وعمله وطلابه يجب أن تكون لديه صفات شخصية معينة مثل الثقة والمرح واللتان تعتبران من الإسهامات الضرورية للمعلم ، ويظهر بعض الأشخاص وكأنهم ولدوا بهاتين الصفتين مع أننا نعلم أنهم قد طوروهما طوال السنين من خلال تعاملهم مع البشر .. ورغم صعوبة تطويرهما فإن تطوير الإحساس بالثقة قد يكون أسهل من تطوير الإحساس بالمرح ، فالمعلم يستطيع تطوير شعوره بالثقة بإعطاء تعليم بأساليب جيدة بطريقة تساعد الطلاب على تحقيق أهدافهم ، ويستطيع المشرف التربوي مساعدة المعلم على تطوير احساسه بالثقة بأن يبين له كيفية تخطيط التعليم وعرض الدرس بفعالية ببناء احساس المعلم بالثقة باستمرارية التعزيز الإيجابي ، ومن المشكوك فيه أن يساعد المشرف المعلم بتطوير احساس بالمرح إذا لم يمتلكه المعلم حيث أن هذا يعود إلى صفات شخصية ليست باستطاعة المشرف أن يوفرها له

كما أن اختيار المعلم لملابسه وألفاظه تعمل على احترام تلاميذه له ، لأن سلوك المعلم المنتظر يلعب دوراً اجتماعياً محدداً ، وإذا لم يلعب ذلك الدور المتوقع منه فإنه يجلب المشكلات السلوكية .

إن سلوك المعلم الواثق بنفسه يعمل على تنمية الثقة في نفوس طلابه . كما أن صوته القوي الواضح المسموع من قبل الجميع يعمل على جذب انتباههم .

على المشرف والحال هذه أن يطلب إلى المعلمين أن ينظروا إلى أنفسهم كمصادر ممكنة لخلق مشكلات سلوكية يواجهونها داخل صفوفهم ، وعليهم (المشرف والمعلمين) أن يعملوا سوية للتخلص من الثغرات في سلوكاتهم وأساليب تدريسهم بخلق بيئة تعليمية فعالة .

أسباب تعود إلى المدرسة

هناك حالات عديدة فيما وراء حدود غرفة الصف مجتمعة في المدرسة لتخلق مشكلات نظامية فدراسة المنهاج المدرسي من البرنامج الأكاديمي إلى البرنامج الصفي الإضافي إلى الخدمات الطلابية تظهر أن المنهاج يساهم ويتسبب في الكثير من مشكلات الطلاب السلوكية ، ولقد نسي- واضعو المنهاج أن هناك عدداً كبيراً

من الطلاب يقع أدنى أو أعلى من المتوسط لذا نجد المنهاج والبرنامج نفسه وأساليب التعليم تفشل في اشباع حاجات الطلاب الضعاف والأذكياء ويخلق من جراء ذلك أرضية منتجة لمشكلات سلوكية .

يتسبب المنهاج غير المدروس بإيجاد مشكلات سلوكية لأنه لا يلبي حاجات الطلاب بجميع مستوياتهم العقلية ، أما المنهاج المناسب فهو الذي يساعد الطلاب في حاضرهم ومستقبلهم ، لأن محتواه المتطابق يساعد الطلاب على اتخاذ القرارات وعلى التفكير وعلى القيام بأنشطة الحياة المختلفة .

يعرّف سمث ، كوهن ، وبيرل (Pearl , Cohen & Smith) المحتوى المتطابق بأنه يساعد المتعلم على اختيار المهنة والعضوية في المجتمع وعلى تكوين العلاقات الشخصية والمشاركة في النشاطات الثقافية.

أما جلاسر Glasser فيعرّف المحتوى المتطابق بأنه مزج عالم الفرد الخاص بعالمه الجديد في المدرسة ، ويرى أن التطابق يعمل في ناحيتين : تطابق المنهاج المدرسي مع حياة الطفل وتطابق حياة الطفل مع المنهاج . ويهاجم جلاسر المناهج التقليدية كمرض مزمن إذ تركز على الحفظ وتعارض التفكير وإبداء الرأي والاهتمامات .

ويؤثر المناخ المدرسي على سلوك الطلاب كتأثير المناخ الصفي عليهم لذا يجب أن تكون المدرسة مكاناً يستمتع فيه الطلاب بعيشهم وليس فقط بتعلمهم ، وقد شعر جلاسر أن المدرسة بدلاً من أن تؤكد على النجاح تؤكد على الفشل ، ونرى ذلك في دخول الطفل إلى المدرسة بتشكيل عقلي ناجح ومتفائل (وقلما يذهب الأطفال الفاشلين إلى المدرسة أو يطلق عليهم فاشلين) ولكن الواقع أن المدرسة والمدرسة وحدها هي التي وصمت الطلاب بالفشل ، وهذه من أصعب المشكلات التي يواجهها المعلم في المدارس الابتدائية .

إن تطوير المناخ الصحي المدرسي هو مسئولية كل فرد في المدرسة ، ولا يجب أن تقتصر المسئولية على الإداري وحده أو على مجموعة صغيرة من المعلمين بل يجب على المشرف أن يشرك المعلمين كلهم في دراسة المناخ المدرسي والمناخ الصفي الصحي التعليمي وتحديد المشكلات التي تحتاج إلى الدراسة ووضع الحلول لها .

أسباب تعود إلى البيت والبيئة المحلية

تلعب عائلة الطفل والجوار والمجتمع دوراً بالغ الأهمية في تشكيل سلوكه خلال سنوات ما قبل المدرسة وأثناءها إلى مرحلة النضج ، حيث يتعلم الطفل اتجاهات تؤثر في سلوكه ، فالحب الأبوي للأطفال هو أكثر العوامل تأثيراً على سلوكه ، والطفل الذي يرفض من أبويه هو أكثر خلقاً للمشكلات السلوكية من الأطفال الذين يتمتعون بحب أبويهم ، والأطفال الذين يأتون من أب وأم منفصلين يكونون أكثر قابلية للقيام بالمشكلات السلوكية ، فموقف الآباء من التعليم يؤثر على الأطفال سلباً أو ايجاباً ، فالأطفال الذين يلقون اهتماماً من آبائهم يكونون أكثر نجاحاً وأقل مشكلات سلوكية من أولئك الذين لا يلاقون اهتماماً سواء نجحوا أو فشلوا ، ويخطئ الأبوان إذا لم يوفرا تعزيزاً لنجاح أبنائهم أو يظهران ضغطاً كبيراً كي ينجحوا في المدرسة ، كذلك الأبوان اللذان يصران على أن تكون علامات أطفالهما ممتازة مما يثير شعور القلق والتوتر لديهم ويؤدي هذا إلى مشكلات نظامية في المدرسة شبيهة بالمشكلات التي يثيرها الأطفال الذين لا يلاقون اهتماماً بل اهمالاً من الوالدين .

إن عدم الانسجام في البيت يؤدي إلى سوء سلوك الطفل في المدرسة ، علاقة الطفل مع اخوته وأخواته ، وتفضيل الوالدين لأحد الأطفال على اخوته يخلق مشكلات سلوكية بين أفراد العائلة ، وقد يعتبر الآباء أحد الأبناء نموذجاً للسلوك ويهمل الباقين ، وقد يساهم المعلم مساهمة مماثلة حين يقول لأحد الأطفال أن أخاه الأكبر منه سناً كان أفضل منه .

كما أن الجوار والمجتمع المحلي الذي يعيش فيه الطفل يعطي انطباعاً عن سلوكه ، فالطفل الذي يعيش في بيئات فقيرة تختلف مشاكله عن الطفل الذي يعيش في بيئة مرفهة ، والأطفال يحضرون مشاكلهم معهم إلى المدرسة ، فالمعلم الواعي بتأثير عامل البيئة على سلوك الأطفال يدرك أن مشكلات الطفل ناتجة عن البيئة البيتية ، وعليه أن يستغل مهاراته ومعرفته تلك كي يقدم المساعدة لأولئك الأطفال الذين يتميزون عن غيرهم بمشكلات نظامية .

أسباب تعود إلى المجتمع الكبير

من الصعب أن نحدد الحالات التي تؤثر في الوضع الاجتماعي الذي يساهم في خلق مشكلات نظامية ، فالطالب الذي يغش مثلاً نجده يسمع أو يقرأ عن حالات الغش التي اقترفها الكبار ويخمن من جراء ذلك أنها الطريقة المقبولة في شق طريقه في الحياة ، كما يرى الأطفال أن الجريمة بحد ذاتها ليست سلوكاً إجرامياً إلا إذا ألقي القبض عليه متلبساً .

لقد أجريت دراسات طبقية في الولايات المتحدة وأظهرت أن هناك اختلافات بين الأطفال تعود إلى العوامل الاجتماعية والاقتصادية فكل منهم يختلف في عاداته وتقاليده ولغته وسلوكه ، فالأطفال الذين يعيشون في بيئات اقتصادية اجتماعية متدنية يتعلمون أنماط سلوك تختلف عن تلك التي يمارسها الأطفال الذين يعيشون في طبقات وسطى أو عالية .

وهناك تأثير للعنف على سلوك الطفل ، ويسمع الأطفال يومياً تقارير عن العنف في التلفزيون والسينما وكذلك عن الجنس والعلاقات الجنسية مما يؤثر سلبياً على سلوكهم .

ويستطيع المعلم أن يخفف من بعض المشكلات السلوكية النابعة من الوضع الاجتماعي ، ولكن ليس باستطاعته أن يحدث تغييراً أساسياً في مجتمع ليس تحت سيطرته ، فعلى كل معلم وكل مشرف يعمل في نظام مدرسي أن يعي تأثير المجتمع الكبير على سلوك الأطفال ، فهل عليهم تصميم برامج تبدأ من مرحلة رياض الأطفال تساعد على حل بعض المشكلات الاجتماعية الناتجة من تغييرات المجتمع أو يعمل كل منهما على تطابق المنهاج أو محتوى المادة لتتلاءم مع معاني المجتمع الجديد؟

تجنب مشكلات السلوك

يعتبر تجنب المشكلات السلوكية المهمة الرئيسة في أذهان المعلمين ، وإذا توفرت المعايير التي تعمل على نجاح تجنب المشكلات فلن يقلق المعلم من تصحيحها ، ولمعرفة أسباب المشكلات السلوكية على المشرف أن يتقدم بطرق عديدة لمساعدة المعلمين في تجنب المشكلات السلوكية ويشجعهم على عمل الآتي :

*** تحليل اتجاهات المعلمين الشخصية :**

يجب أن يساعد المشرف المعلم على تحليل اتجاهه نحو أنماط شخصيات المتعلمين ، وأهداف التعليم ، وقناعته بالتعليم كمهنة ، وجدية المشكلات السلوكية لأن النقاش يساعد المعلمين على تصور هذه المشكلات التي تزعجهم داخل الصف مثل قلة النظام والتشويش اللتين تعتبران أكثر خطورة من مشكلات التلميذ الشخصية مثل الخجل والخوف .

*** تحليل أنماط السلوك :**

على المشرف أن يسأل المعلمين أسئلة تساعدهم في اكتشاف ذواتهم وإقرار ما إذا كانت أساليب تدريسهم تثير مشكلات نظامية وهذه الأسئلة هي : هل أساليبهم اوتقراطية تفرض على الطفل إساءة السلوك؟ وهل يتصرفون بلا مبالاة تفسح المجال للطلاب كي يفعلوا ما يشاءون ؟ أو هل يستعمل المعلمون تخطيط الدرس اليومي الصحيح لإثارة اهتمامات الطلاب ودوافعهم للتعلم؟ هل يعارض المعلمون فكرة توجيه وإرشاد الطلاب لتسهيل عملية التدريس التي ستتعارض مع الأنماط السلوكية الأوتوقراطية ؟ هل يعزز المعلم ثقة الطالب بنفسه أو لا يعير اهتماماً لذلك ؟

*** تحليل البيئة الصفية :**

يجب التأكد فيما إذا كانت هناك علاقة اجتماعية بين المعلم والتلاميذ وبين التلاميذ أنفسهم .

*** تحليل المنهاج باستمرار ومعرفة مدى تناسبه مع حاجات الطلاب .**

*** تحليل أساليب التدريس المستخدمة ومعرفة فيما إذا كانت الأهداف واقعية مع تطبيق مبدأ التغذية الراجعة وفحص التخطيط التعليمي** للتأكد من أن الاستراتيجيات ملائمة وتساعد الطالب على الاستمتاع بمحتوى المادة ، كما عليه أن يحلل نجاح الطلاب وفشلهم ليرى ما إذا كان التعديل في التعليم ضرورياً .

*** وضع وتعزيز توقعات للسلوك** وذلك بإشراك الطلاب في وضع قواعد للسلوك لاتباعها بحيث لو خرجوا عن تلك القواعد يستطيعون أن يقوموا سلوكهم بأنفسهم .

* **التركيز على التفكير وليس الحفظ** وذلك بأن يعرف متى يستخدم الحفظ ومتى يستخدم التفكير والتحليل لحل المشكلات .

* **جمع أكبر قدر ممكن من المعلومات عن مدخلات المتعلمين** لأن الإلمام بخلفية الطالب في البيت والمدرسة تساعد المعلم على فهم السبب وراء قيامهم بالمشكلات السلوكية ، وعليه أن يقوّم ويستخدم المعلومات التي تتعلق بماضي الطفل فالمعلمون يتعاملون مع الطفل بالحاضر فقط وعليهم أن يربطوا حاضره بماضيه لأن الماضي يلعب دوراً في تشكيل سلوكه .

* **تجنب استعمال التعلم كعقاب أو تهديد** لأن هدف التعليم جعل التعلم ممتعاً وخبرة مفيدة لاستمرارية الطلاب في حياتهم لذا كان على المعلم ألا يعاقب الصف بالواجب البيتي الطويل أو بإعطاء اختبارات لتهدئة الصف المزعج أو يهدد الطلاب بإعطاء امتحانات أو انقاص علاماتهم إذا لم يتصرفوا بأسلوب محبب .

* **المحافظة على الصف نشيطاً خلال الحصة :**

لاستمرارية فعالية الصف يجب اشراك الطلاب بأعمال ذات معنى وليس تكرار ما ليس ضرورياً ، وعلى المعلم أن يطلع على كل نشاط يقوم به كل طالب ليتأكد من أن العمل الذي يقوم به ذو معنى وذو هدف ، فنجاح الإدارة الصفية من العوامل المهمة في نجاح العملية التعليمية كالتخطيط السليم والعرض الفعال والتقييم الدقيق ، وعلى المعلمين أن يدركوا أن عامل الدافعية يلعب دوراً كبيراً في إنجاح النشاطات المتنوعة داخل الصف ويعمل على تقليص مشكلات الصف إذا أخذ المعلم على عاتقه الابتعاد عن الروتين الصفي بكل دراية ومهارة .

وعلى المشرف أن يساعد المعلم على تشخيص ودراسة البيئة التعليمية السائدة في صفه، وما إذا كانت تلك البيئة تمنع ظهور مشكلات سلوكية، والمثل القديم "درهم وقاية خير من قنطار علاج" متطابق تطابقاً تاماً مع مشكلة النظام وضبط الصف .

تصحيح مشكلات السلوك

ليس المهم فقط أن يفهم المعلم أسباب مشكلات السلوك أو يلم بصحة

مناخ الصف أو المدرسة التعليمي ، أو يعرف مدى الجهد الذي يبذله لتجنب المشكلات النظامية ، لأن حدوث مشكلات السلوك سيبقى مستمراً ويظل المعلمون في المدارس يتوقعون الأخطاء العديدة في سلوك الشباب ، لذا فالأهمية الكبرى تتركز في أن يطوروا مهاراتهم قدر الإمكان لمعالجتها لأننا نجد الاختلاف كبيراً في قدرات المعلمين على ضبط الصف فمنهم من يستطيع فعل ذلك منذ أول يوم في المدرسة ، بينما يطور البعض الآخر مهارات نظامية يكتسبها بالخبرة والثقة ، ويحتاج آخرون إلى المساعدة والدعم حين يسأل أحدهم نفسه السؤال التالي ماذا سأفعل ؟ ومن الممكن أن يلجأ إلى زميل طالباً النصيحة ، وإذا كانت علاقته بالمدير أو المشرف جيدة فقد يلجأ إلى أي منهما . وفي هذه الحال على المدير أو المشرف أن يوفرا نوعاً من التوجيه والإرشاد ببناء علاقة ودية فيما بينهما لا أن ينصح المشرف المعلم بعبارات مكررة بلا معنى مثل : " الأطفال سيبقون أطفالاً " ، وعليك أن تتذكر أن لكل سلوك أسباباً وراءه " أو عبارة " أشعرهم بمحبتك " .

وحين تنشأ مشكلة في الصف على المعلم أن يبدي استجابة ما لأن الطلاب يتوقعون منه استجابة فورية وغالباً ما يختبرونه ليروا ماذا يستطيع أن يفعل ، فمثلاً إذا فوجئ المعلم بطالبين في صفه يتركان مقعديهما ويتضاربان ، فغالباً ما يتصرف المعلم تصرفاً فطرياً فيسرع إلى الولدين ويفرقهما بالقوة ويأمرهما أن يعودا إلى مقعديهما وأن يعود الصف إلى العمل .

الوضع الفوري عولج بفعالية ، لكن المعلم فكر ملياً في أصح عقاب يوقع عليهما ليكون رادعاً لهما ولغيرهما من الطلبة ، وقرر المعلم أن يخبر المدير ويسأله ماذا ينبغي أن يعمل ؟

وتتنوع حلول المدير وتختلف فمن هذه الحلول قوله : " أرسلهما إليّ لأفصلهما لمدة ثلاثة أيام " ، أو أرسلهما إلى الحجز مع أني لا أنصح بهذه الحلول وما عليك إلا أن تضبط أعصابك وتفكر في الأمر ملياً قبل أن تقرر : هل العقاب أفضل أم تصويب السلوك ؟ وقد يقود الأمر إلى نقاش متأن هادئ حول الحادثة وأسبابها ونتائجها ، ومن الممكن أن تنتهي بقرار إلى نفس العقاب الذي من

الممكن أن يكون المعلم أو المدير قد اختاره قبل النقاش ، ومن الممكن أن تفضي المناقشة إلى اختيار أساليب أخرى في تصحيح السلوك .

في بداية السنة الدراسية حين تكون الهيئة التدريسية متمتعة بالنشاط وسلوك الطلاب لا يساعد على خلق مشكلات نظامية يكون من المفيد للمدير أو مساعده أو رئيس القسم أو أي مشرف أن يجمع مجموعة المعلمين ويساعدهم في تطوير مجموعة من الإرشادات لتنفيذ معايير سلوكية مدروسة ، وإذا وافق المعلمون على الإرشادات التي نوقشت مع الإدارة سيرجعون إليها في الوقت الذي تظهر فيه مشكلة سلوكية بسرعة وذكاء ، ويقررون في الحال نوعية العمل الذي يستجيب لمشكلات السلوك ، كما أن على المشرف أن يناقش معلميه نقاشاً بناءً للموافقة على البنود التالية :

1- يجب أن يتلاءم العقاب مع الذنب المقترف فالطفل الذي يهرب من المدرسة عقابه أقل من الطفل الذي يسرق .

2 - يجب أن يتلاءم العقاب مع مقترف الذنب : إذ أن التطبيق الديمقراطي يظهر سطحياً عند معاملة جميع المذنبين سواسية ، وحتى في المحاكم لا يعامل المذنبون بنفس الطريقة ولا تظهر الأحكام بأنهم يعاملون بطرق غير ديمقراطية إذا اختلف الحكم على مذنبين مختلفين ، لكنهما اقترفا نفس الذنب " مذنب ذو خبرة ومذنب مستجد " .

ويجب أن يكون هدف التصحيح تغيير السلوك لأن العقاب يجب أن يأخذ بعين الاعتبار الذنب ومقترفه.

3- يجب أن تعالج أنماط السلوك الطفولي الروتيني البسيط بأبسط الأساليب ومنها : الحملقة بغضب ، التحديق ، الهدوء ، التهديد بالإصبع ، الضرب على اللوح بالطبشورة ، ارتفاع نبرة الصوت فجأة ، تغيير مقاعد الطلبة ، كل هذه أساليب شخصية صغيرة يتخذ منها المعلمون أسباباً لتطبيق النظام وجعل الصف أكثر هدوءاً.

هناك الكثير من المعلمين الذين لم يتخذوا من هذه الأساليب البسيطة وسيلة للضبط ولكنهم يلجأون إلى المدير لعقاب الطلاب على مشكلات

سلوكية شائعة وناجمة عن طاقة الطفولة مما يضعف مركزهم في عيون الأطفال والمدير وأولياء الأمور ويضعون أنفسهم في موقف حرج . وحين يواجه أحدهم بمشكلة خطرة ويبحث عن المساعدة عند الآخرين وخاصة عند المدير فلا يجدها .

4- يجب أن يلجأ إلى الأساليب العلاجية قبل العقاب إذ يجب أن يبذل المعلمون اهتماماً في مساعدة الطفل لتغيير سلوكه بدلاً من فرض العقوبة على سوء تصرفه وإذا استطاعوا العمل مع الطفل لمعرفة الأسباب فعليهم بالتالي :

أ - اللقاء الفردي بالطفل حيث يحاول المعلم أن يساعد الطفل في تقييم سلوكه ويرى كيف أن هذا السلوك المحدد قد أساء إليه كطفل وإلى الأطفال الآخرين وأن يختار طريقاً أفضل لسلوكه ، ويوفر هذا اللقاء للمعلم فرصة لمعرفة الكثير عن الطفل ولإيجاد الأسباب لسوء تصرفه ، ويعطي اللقاء فرصة للمعلم كي يؤكد للطفل ذي المشكلة السلوكية اهتمام الكبار به وحبهم لمساعدته . ويجب أن يقتصر اللقاء على المعلم والتلميذ فقط كي يفسح المجال له كي يتكلم بطواعية ، وإذا لم تجد هذه الطريقة فعلى المعلم :

ب - استدعاء أولياء الأمور للتشاور معهم ولكن المعروف أن الآباء يرغبون في الذهاب إلى المدرسة للتحدث عن تقدم أطفالهم الأكاديمي ولكنهم لا يرغبون الذهاب إلى المدرسة للتحدث عن المشكلات السلوكية لأطفالهم ، ويفضل أن توجه إلى الآباء دعوة ودية مكتوبة أو مكالمة هاتفية من المعلم المسئول .

كما يجب أن يهيئ لقاء أولياء الأمور فرصة لهم وللمعلمين للتواصل والتحدث والإلمام بكل ما يمتّ للطفل بصلة ، فهدف اللقاء إيجاد سبيل يتعاون فيه الآباء والمعلمون لمساعدة الطفل على تحسين سلوكه.

ج - من الممكن أن يلجأ المعلم إلى طلب خدمات المرشدين النفسيين سواء داخل المدرسة أو خارجها للمساعدة في حل المشكلات السلوكية لأن هذه الطريقة أولى خطوات العلاج .

د - يلجأ المعلم إلى العقاب إذا رأى أنه الطريقة الوحيدة لمعالجة سلوك الفرد، إذ يخدم العقاب أو التهديد به كرادع عن تكرار الذنب من نفس المتهم أو

آخرين، وحين يوقع العقاب يجب أن يوقع بحزم وبأسلوب هادئ، ولذا فعلى المعلم أن ينتظر حتى يهدأ غضبه قبل اتباع أساليب العقاب ، ومهما يكن فيجب أن يكون العقاب محدداً ومعلوماً لدى الطلاب، فالطالب الذي أساء التصرف عليه أن يعي أن سوء تصرفه هذا يقود إلى ذاك النوع من العقاب. وإذا كان العقاب عادلاً ومعقولاً فإن الجمهور سيدعم المعلم والإداري .

وعلى المشرف أن يساعد المعلمين على تحديد واستعمال الأساليب التأديبية والتي تعتبر عادلة ومعقولة وعلى تجنب نقيضها .

ليس من الصعوبة أن نجد تفسيراً لأساليب العقاب التي لا تتساوى مع معايير العدل والعقل والموضوعية ، كما يجب أن يؤدي اعداد وتأهيل المعلم المهني والوظيفي إلى تكوين مفاهيم حول النظام والعقاب كي يستخدم المعلمون الخطوات النظامية ذات الصدى النفسي- والتعلمي معاً .

إن التدريب قبل الخدمة لا ينجح في بناء أساسيات مناسبة بهذا الغرض وأن التدريب أثناء الخدمة تحت قيادة مشرفين أكفاء ومؤهلين يعزز استمرارية ذلك العمل.

ويجب أن يشتمل العقاب على العناصر التالية :

1 - يجب أن تحلل وبكل دقة كل مشكلة سلوكية تستدعي إيقاع أي عقاب قبل اتخاذ أي إجراء .

2 - يجب أن يتلاءم العقاب مع كل من الذنب والمذنب .

3- يجب أن يكون العقاب عادلاً ومعقولاً وذا صدى .

4- يجب أن يكون العقاب ضمن القانون .

5- عندما تكون مبررات العقاب واضحة فإنها مسئولية كل من المعلم أو المدير في اتخاذه.

إن قوة الإداري أو المعلم تشتق من ثلاثة مصادر :

- هيئة الموظفين في المدرسة التي تمثل قوة عالم الكبار على عالم الصغار .
- هيئة المدرسة التي تمثل المجتمع ، عليها مسئولية تعليم الصغار .
- دور المعلمين والإداريين الذي يعتبر بمثابة دور الآباء أثناء فترة وجود الطفل في المدرسة ويمتلكون الحق في فرض العقاب عليهم كما يفعل الآباء .

ونعود الآن إلى الإجابة على سؤال المعلم للمدير : ماذا سأفعل ؟

إن السؤال يقع في شقين :

أ - ماذا يفعل المعلمون ؟

ب - ماذا ينبغي عليهم أن يفعلوا ؟

إن الإجابة على هذين السؤالين ليست واحدة دائماً ، لأن المعلمين أحياناً وبالتعاون مع المدير يستطيعون أن يستخدموا الأساليب النظامية التالية والتي يعتبر بعضها فقط تأديباً قاسياً ، وبعضها الآخر حاداً نوعاً ما ، مثل تهديد الفرد أو الصف، توبيخ أو إجبار سيئ السلوك على الاعتذار إليهم أو إلى رفاقهم، اخراج الأطفال من غرفة الصف، ارسالهم إلى الإدارة ، طرد الأطفال من المدرسة لمدد مختلفة ، الحرمان من الثواب ، تغريم الأطفال ثمن ما خرّبوا ، إعطاؤهم إشارة سوء سلوك ، نقل الأطفال إلى مدارس أخرى ، تأخير الفرد أو الصف في المدرسة بعد الانصراف ، عزل سيئ السلوك عن بقية الصف ، عقاب كل الصف في حال وقوع ذنب لم يحدد فاعله ، استعمال التعليم كعقاب ، إنقاص العلامات ، إعطاء الاختبارات الفجائية ... إلى آخر قائمة خطوات التأديب أو العقاب الموجودة في المدارس . إننا كمعلمين قادرون على استخدام أساليب التأديب المتنوعة ، كما أن الأطفال قادرون على القيام بأشكال مختلفة من سوء السلوك .

السؤال الذي يطرح نفسه فيما إذا كانت كل الأساليب التأديبية السابقة عادلة وفعالة في تغيير السلوك ؟ ومن المحتمل أن يثير المعلمون نقاشاً حول الموضوع وفي هذه الحال على المشرف أن يشجع المعلمين على فعل ذلك للوصول إلى قرار جماعي يجيب على الأسئلة التالية :

ما غرض هذا الأسلوب ؟

هل هذا الأسلوب أكثر نفعاً أو ضرراً للمجموعة ؟

ما هو تأثير هذا الأسلوب على المدى الطويل ؟

هل يستخدم هذا الأسلوب لضبط السلوك ؟

وهل أثبت هذا الأسلوب فعاليته في الماضي ؟

وبالرغم من نقاش أساليب التأديب المتقدمة وإقرارها إلا أن هناك صيحات محتجة على أساليب العقاب التالية :

- الحرمان من بعض امتيازات المدرسة : لأن تقليل الامتيازات المدرسية يعتبر سياقاً طبيعياً لسوء السلوك وشكلاً من أشكال العقاب التي اعتادها الطفل في المدرسة، فمثلاً حرمان الطفل أو المجموعة التي تخلق الفوضى في ملعب المدرسة من حضور الاجتماعات المدرسية الترفيهية لفترة من الزمن، ومع هذا يجب أن يعطى الطفل الفرصة لتغيير سلوكه وتجديد نفسه بإصلاحها ، على شرط أن تعاد الامتيازات عندما يكون المعلم متأكداً من عدم تكرار سوء السلوك .

- الطلب من الطالب إرجاع أو تصليح أو دفع ثمن ما خرّب ، حين يأخذ الطالب ممتلكات غيره فيجبر على إعادتها وإذا أتلف أملاك الغير فيفرض عليه تصليح أو إعادة أو دفع ثمن ما أتلف ، وبما أن هذه الأعمال تتطلب عملاً أو مالاً ففي هذه الحال يستشار والدا الطفل إعطاء رأيهما ، ويعتبر هذا العقاب عملياً فقط إذا كان الطالب يملك القوة والمهارة والمعرفة لإصلاح ما أتلف أو دفع ثمنه وهذا النوع من العقاب فيه تحمل مباشر لسوء التصرف من قبل الطالب وهو أسلوب شائع ومقبول من المجتمع .

- تأخير الطالب بعد المدرسة : يتخذ هذا النوع من العقاب شكلاً قديماً نسبياً لأنه لا يؤذي وغير فعال دائماً في تغيير سلوك الطالب ، وعلى المعلم حين مواجهة مشكلة ما أن يحدد نوع النشاط الذي يقوم به الطالب أثناء تأخيره مثل أن يدرس الطلاب دروسهم أثناء هذه الفترة والتي تظهر المتطلبات الأكاديمية بشكل عقاب.

كما يجب أن يتبع العقاب سوء السلوك فوراً، ولكن ليس باستطاعة المعلم دوماً أن يفرض العقاب في نفس اليوم الذي حدث فيه سوء السلوك .

وحيث أن التأخير ليس نمطاً جاداً من العقاب يميل المعلمون لاستعماله على شكل واسع لمعظم المذنبين ، لذا كان على المعلم الذي يرسل طالبه إلى الحجز في فترة التأخير أن يشرف عليه ، وهذا يتيح الفرصة لمحادثة مفيدة بينهما وأن يساعده في بعض المواد التي يدرسها له .

ويعتبر اتخاذ هذا الأسلوب كعقاب جماعي لكل الصف لسوء سلوك أحدهم أمراً ليس حكيماً ولا عادلاً وقد يدعو الجماعة إلى العصيان وخصوصاً الكبار منهم الذين لم يذنبوا أبداً وشعروا أنهم عوملوا بغبن، لأن عقاب الصف ككل يقلل من هيبة المعلم وتؤدي إلى استمرارية إثارة مشكلات سلوكية .

- إرسال الطلاب إلى الإدارة : عندما يشوش طالب في مجموعة فمن المنطق عزله مؤقتاً عنها فمصلحة المجموعة فوق مصلحة الفرد، ولسوء الحظ يستعمل المعلمون هذا الشكل من العقاب لأتفه الأسباب كما أن استمرارية استعماله يضعف فعاليته ، لأن إخراج الطالب من الصف غير محبب ويفضل المديرون ويدعمون المعلم الذي قلما يرسل الطالب ذا المشكلات السلوكية إليهم، وإذا حدث فيجب أن يكون المديرون ملمين بكل دقائق الحالة، ويميل المدير أحياناً إلى اعتبار المعلمين الذين يكثرون من إرسال الطلبة إليه كمعلمين ضعاف في حفظ النظام.

ويخطئ المعلم عندما يعاقب طالباً بإخراجه من الصف وأمره بعدم العودة إذ أنه لا يملك صلاحية طرد الطالب من المدرسة ، ويفقد المعلم احترامه عندما يسمح للطالب بالعودة إلى الصف لأن أمره كان تهديداً فارغاً .

- عزل الطالب في الصف : عزل الطالب سيئ السلوك عن رفاقه أسلوب بسيط وعادل نتيجة ما قام به الطالب من إزعاج الآخرين أثناء عملهم ، ويتم العزل بجعل الطالب يجلس في مقعد منفصل في الغرفة بعيداً عن أقرانه حتى لا يزعجهم ، وحين يظهر الطالب استعداده للمشاركة ثانية في نشاطات الطلبة فيسمح له بالانضمام إليهم .
- طرد الطالب من المدرسة أو الصف لفترة زمنية : يعتبر هذا الأسلوب من أكثر الأساليب قسوة في العقاب وهو محدود قانوناً، وعلى المدرسة ألا تستعمله ببساطة، وأن المربين الذين يرفضونه كشكل من أشكال العقاب يعتمدون على أنه أسلوب قليل الفائدة يتيح المجال للطالب للتسكع في الشوارع حيث يكون بالإمكان أن يتعلم مشاكل أعظم ويكره الدراسة ، ويظهرون وجهات نظرهم في أن الأبوين اللذين يعملان لا يستطيعان الإشراف على أطفالهما أثناء ساعات الدوام .

ومـن ناحيـة أخـرى فـإن الإداري حـين يقـرر فصـل الطالـب يأخـذ في اعتبـاره مصـلحة الجماعة قبل مصلحة الفرد .

ويجب ألا يُلجأ إلى هذا الأسلوب إلا بعد تجربة الأساليب العلاجية والتأديبية الأخرى .

وتختلف مدة الفصل من حالة لأخرى طبقاً لما يراه المدير ومجلس الضبط وكلما طالت مدة الفصل كلما باعدت بـين الطالـب والمدرسـة ومـا لم تمـد لـه يـد المسـاعدة عنـد رجوعـه فسيبقى مشكلة سلوكية .

- طرد الطالب نهائياً من المدرسة : يعتبر هذا الأسلوب أقسى الأساليب وآخر أسلوب تلجـأ إليـه المدرسة بعد فشل كـل أسـاليب العـلاج . ويعتـبر هـذا الأسـلوب مـن صـلاحية وزارة التربيـة والتعليم بعد الاقتناع بما جاء في تنسيب مدير المدرسة ومجلس الضبط فيها .
- تحويل الطالب إلى مدرسة أخرى : ويتم هـذا إذا تقـرر بعـد النقـاش والمداولـة مـع ولي أمـر الطالب أن الطالب لا يستطيع أن يستمر في وضعه في مدرسته الحالية ، لذا يجب تحويله إلى مدرسة أخرى، والسؤال الذي يطرح نفسه: هل بإمكان الطفل أن يحرز تقدماً في نمط آخـر مـن المدارس؟ وإذا كان الطفل في سن المرحلـة الإلزاميـة يجـب أن ينقـل مـن مدرسـته إلى مـدارس أخرى ملائمة ، اما الطلبة الذين تجاوزت أعمارهم المرحلة الإلزامية فيخـيرون بـين الانضـمام إلى مراكز خاصة تقدم المسـاعدة لهـم، لأنهـا هيئـت لهـذا النـوع مـن الطـلاب المشاكسـين لدراسـة مشكلاتهم السلوكية ووضع الحلـول المناسـبة أو بالاسـتمرار في التعلـيم الأكـاديمي أو التعلـيم المهني .

العقاب البدني

ثار الجدل حول العقاب البدني منذ أن أدخل الأطفال في مؤسسـات أطلـق عليهـا المـدارس حيث أمسك المدرسون بالعصا .

ويعتبر الضرب على اليدين عادة الملجأ الأخير بعد عقاب الطفل وفشل فعاليته.

وعلى المشرف أن يحفز المعلمين على دراسة تأثير العقاب البدني إذا كان

مسموحاً به في أنظمة مدارسهم وعليهم أن يبحثوا عن أجوبة للأسئلة التالية :

كم عدد الطلبة الذين فرض عليهم العقاب البدني خلال العام الدراسي ؟

ما هي أعمارهم ؟ ما جنسهم ؟ ما مدى قسوة العقاب ؟ ومن أوقعه عليهم ؟ ما عدد الذين ضربوا أكثر من مرة خلال العام ؟ ما الذنوب التي اقترفوها ؟ وهل يدرك الطلبة أن الضرب فعال في تغيير سلوكهم ؟ هل يخاف الطلبة حقيقة العقاب البدني ؟ هل العقاب البدني أكثر فعالية في تغيير السلوك من إرسال الطلبة إلى غرف خاصة أو طردهم ؟

وعلى المعلمين أن يكيفوا أنفسهم مع القوانين المتعلقة بالعقاب البدني ، عليهم أن يعرفوا أولاً إذا كان العقاب البدني مسموحاً به في المجتمع والدولة ، وعيهم أن يلموا بالظروف التي تبيح ذلك .

ويعتقد المربون أن على المعلمين معالجة مشاكل طلابهم السلوكية قدر الإمكان ، كما يجب أن يتأكد المعلمون إذا كان يحق لهم إيقاع العقاب البدني بأنفسهم أو أن النظام يقصره فقط على مدير المدرسة ، وإذا سمح لهم بإيقاع العقاب البدني يجب أن يتمتعوا بقوة بدنية تساعدهم على فعل ذلك ... وتظهر المشكلة واضحة إذا حاول المعلم ضرب طالب يتمتع بقوة جسمية أكثر منه .

ويكون العقاب البدني فعالاً فقط إذا كان الطالب يخافه وينفر منه وحيث أن العقاب البدني أسوأ الأساليب ولكن إذا أرغمنا على استعماله فيجب أن يقتصر ـ استعماله على الذنوب الكبيرة ، ولأن القصد من العقاب البدني هو إيلام المذنب فيجب ألا يوقع من قبل المعلم أو المدير وهو غاضب حتى لا يتسبب في ألم أكبر وإيذاء أشد ... وككل أنواع العقاب يجب أن يتخذ أساليب غير انفعالية .

هذا ويجب أن يشارك المشرف المعلمين في توضيح موقفهم لاستعمال أساليب العقاب المختلفة ، كما يجب أن يتعاون المشرفون مع المديرين والهيئات التدريسية والطلاب الذين تسمح أعمارهم بذلك لفحص جو النظام المدرسي وتحليل أساليبه وتطوير أدلة لإصلاح السلوك غير السوي ... إذ أن النظام بحد ذاته هو تطوير النظام الذاتي من جانب المتعلم .

الفصل العاشر

المشرف الجديد

الفصل العاشر

المشرف الجديد

تعتبر الأشهر الأولى من عمل المشرف الجديد ذات تأثير كبير على نجاحه في النظام المدرسي الذي يعمل في مجاله سواء أكان مشرفاً عاماً أو مشرفاً مختصاً لأنه سيخلق انطباعاً بجهوده المبدئية التي تسهل أو تعيق عمله كمشرف ، لهذا من الأفضل أن يفكر بالطريقة التي يمارس بها عمله وأن يشكل النظرية التي تقود أعماله ويضع معياراً يحكم به مقدار تقدمه .

الخطوات الأولى :

يصل المشرف إلى عمله عن طريقتين : أما عن طريق ترفيعه بتسلسل مراتب وظيفته ، أو يؤتى به من خارج دائرته ليشغل وظيفة مشرف ، وكلتا الطريقتين لها مشكلاتها وصعوباتها . وإذا رفع الفرد من خلال مراتبه الوظيفية فستعرف الهيئة العاملة معه مدى قوته وضعفه قبل البدء بمهام دوره القيادي الرسمي لأنه فرد من مجموعتهم ، وعليه ألا يسمح لتلك العلاقة أن تتغير لأن مشكلته الرئيسة هي سلوكه لذا وجب عليه أن يختار كلماته بحذر حين التخاطب معهم ، وعليه كذلك أن يراقب أعماله حتى لا يقع في الخطأ ويعزز فرضية العظمة ، لأنه بهذا يكون قد مارس مهامه القيادية من نقطة العظمة التي تتطلب إجراءات تختلف عن الممارسة القيادية من وجهة نظر عادية .

وأما المشرف الذي أتى به من خارج الدائرة فيكون الانطباع حوله أما بكسب قبوله ورضاه وإما ببناء الحواجز المعيقة للتغلب على حل أية مشكلة . ومنذ اللقاء الأول مع الهيئة العاملة إما أن يخلق بأعماله شعوراً لديهم بأنه ودود وله احساس

بالاتجاهات وراغب في التعلم ، وإما ان تخلق أعماله شعوراً من التنافر والشك .

إن الطريقة الوحيدة التي تجعل أفراد الهيئة العاملة تتعاون مع المشرف تكون بإفساح المجال أمامهم كي يدركوا بأن مساعدتهم مرغوب بها ، كما أن أولى مهام المشرف هي الإعلان بوضوح أن البرنامج ليس برنامجه ولكنه برنامج الهيئة العاملة بكاملها ، وإن أي تقدم يحصل من جراء تحقيق أهداف المنهاج يعزى إلى الهيئة العاملة وليس للمشرف ، لأن وجود المشرف هو مساعدة الهيئة العاملة في تطوير البرنامج ويتدخل في المساعدة فقط إذا أشارت الهيئة العاملة إلى المجالات التي يستطيع الإسهام فيها، كما أنه بحاجة إلى الكشف عن أسباب أخطائه إذا وقعت لكونه مسئولاً مستجداً ومن الممكن تخفيف هذه الأخطاء باستشارة الهيئة العاملة حولها ، كذلك يخوض المشرف الشاب التجربة بصعوبة إذا فشل في كسب دعم الكبار الذين يتمتعون بخبرة أكثر من أعضاء الهيئة العاملة الذين ينظرون إليه بأنه أقل خبرة ونضجاً .

وعلى المشرف في هذه الحال أن يفسح المجال للكبار ذوي الخبرة باستغلال خبراتهم ومعرفتهم وإتاحة الفرصة لهم وإعطاء دعم لتحقيق أهداف برنامج معين ، لأن الطريقة الأكيدة للحصول على مساعدتهم هي بإشعارهم أنهم مصدر المعرفة والمعلومات والمساعدة ، وعليهم المسئولية الكبرى لإعطاء توضيحاتهم لقيم البرنامج الحاضر كما أن الهيئة العاملة بحاجة لتلك الأفكار كاحتياجها لتفكير أعضاء الهيئة العاملة الجديدة .

وبإعطائه أية ملاحظة حول عمل الهيئة العاملة عليه ألا يغفل عن ذكر الأفكار التي كانت سبب نجاح البرنامج الذي اعتمد وعلى حد كبير على أعضاء الهيئة العاملة التي تعمل سوياً بمساعدة كل فرد منهم الآخر .

إن أحد المصادر التي تساعد المشرف الجديد على القيام بعمله هو المشرف القديم الذي كان يشغل ذلك المنصب قبله ، لذا عليه بالتودد له باستشارته في كل صغيرة وكبيرة ترتبط بعمله ليشعره أنه يتمتع بخبرة واسعة تساعده على حل مشكلات جديدة إذا طرأت .

كما أن على المشرف الجديد أن يأخذ المعلومات التي أدلى بها المشرف السابق مأخذ الجد كي تساعده في استمرارية تحليل نقاط القوة والضعف لأعضاء الهيئة العاملة، كما أن عليه أن يتذكر دوماً أنه في مواقف التجربة ، وذلك لأن مهمته لا تقتصر على احتلال المنصب الجديد أو إصدار أحكام عشوائية على سلفه أو على الهيئة العاملة أو البرنامج المعمول به ، كما أن عليه أيضاً أن يؤمن الراحة للهيئة العاملة لأنها خطوة مهمة للمشرف كي يدرك أن الأشخاص الذين يعملون معه بحاجة إلى راحة نفسية كي تتوطد علاقاتهم مع بعضهم البعض ويفهم أحدهم الآخر.

ولتأمين الراحة النفسية والاجتماعية للهيئة العاملة أن يقوم بمقابلات ودية اجتماعية قدر الإمكان لأعضاء الهيئة العاملة لأن ذلك يعطيهم الفرصة ليعرفوا الكثير عن المشرف الجديد فيما إذا كان إنساناً مرناً سهل التعرف والوصول إليه . وستعطى بالمقابل القائد المسئول فرصة لمراقبة الأنماط الشخصية التي تعيق أو تشجع العلاقات الاجتماعية بين أعضاء الهيئة العاملة ، وهذه المقابلات توفر لهم السعادة والراحة ليدركوا إذا كان القائد الجديد يحس بقيمة الأفراد ويريد التودد والتقرب إليهم .

ويحتاج هذا النوع من العلاقات شعوراً من الاسترخاء والتحرر من الضغوطات في علاقاتهم الاجتماعية ، يقبل ويفهم كل منهم الآخر ليعملوا سوية عمل الفريق ، وحينها يرى أعضاء المجموعة أن مساهمات القائد المسئول لهذا النوع من العلاقة تعطي بيئة وجدانية محببة وملائمة لهم ..

وهناك مجال آخر لإعطاء الراحة لأعضاء الهيئة هو البدء بالفرضية التي تقول أن جميع الأعضاء أقوياء لأن المشرف اختار النوعيات الجيدة التي يريدها ، وأعطى بذلك تقديراً للجانب الإيجابي الإنساني الذي يبني الثقة في علاقاته مع أعضاء المجموعة ، كما أن عليه الابتعاد عن تحليل نقاط الضعف في بداية العمل لأنها تعمل على إبعاد بعض الأعضاء الذين يرغبون في التعامل معه كمشرف جديد ، وإذا بدأ المشرف دوره كمنسق أكثر من واضع سياسة فإنه سيساعد في إعطاء هيئته العامة الراحة التامة لأنه متأكد من رفضهم في تغيير المؤسسة بسرعة أكثر مما يتوقعون لأن

التركيز على دوره المنسق يوضح أن المشرف يدرك عمله كخادم لمهنته أكثر من مشرف لها .

المبادأة في التغيير :

يجب أن يبدأ أي تغيير على أساس التقويم وعلى المشرف أن يقدم برنامجه من هذه النقطة ، وعليه أن يجمع الحقائق من آراء الهيئة العاملة وأن يضع خططه أمامها لمراجعتها وتدقيقها قبل أن يضعها موضع التنفيذ ، وبهذا يظهر للأفراد الذين يعملون معه أنه ليس صانع التغيير وحده ، وعليه أن يؤكد ذلك باحترامه لآراء الجميع وذلك بقبوله للجهد المبذول والعمل الذي يقومون به في البرنامج الحالي ، وعليه أن يتذكر أن البرنامج يقدم أفضل تفكير وأعظم جهد قدمته الهيئة العاملة وهي قادرة على انجازه ، ولكن إذا أعطى من جانبه حكماً سلبياً بدون دليل فسيعتبر ذلك نقداً مدمراً لأعضاء الهيئة العاملة كأفراد ، ويبنى من جراء ذلك تنافراً بينه وبينهم ، أما باستعمال طريقة التقويم فإن المشرف الجديد سيوضح للهيئة العاملة أن البرنامج هو برنامج طريقة التقويم ومسئوليته وهذه الطريقة تجعل الهيئة العاملة لا تشعر بأن البرنامج يخص المشرف وحده وأن التغيير الكلي من اختصاصهم أيضاً .

على المشرف أن يسمع عن عمله أكثر مما يتكلم لأن كل فرد يحتل مركزاً جديداً سيقع في أخطاء أساسها نقص المعلومات حول العمل الجديد ، كما أن أكثر أعضاء الهيئة العاملة خبرة هم الذين يعرفون التفصيلات الكثيرة عن أساليب العمل التي يعرفها المشرف الجديد . وأن أي تعليق مبني على نقص المعلومات سيضعه في موقف لا يحسد عليه ، لذا وجب عليه أن يصحح الخطأ الذي ارتكبه ، كما أن عليه أن يتكيف مع البرنامج الذي يعمل فيه بمساعدة الهيئة العاملة على حل المشكلات التي تواجهها ، وهذه الخطوة تكون بداية الطريق في إظهار إخلاصه ورغبته في مساعدة وقبول تقويم البرنامج الذي طورته الهيئة العاملة ، وعليه ألا يظهر لهيئته العاملة أن المشكلات التي تواجهها في المدارس صعبة ، لكن عليه أن يخلق جواً وبيئة ملائمة تساعد على حل المشكلات بالتعاون مع المشرف الذي

سيكون عوناً لهم في حلها ، والطريقة الوحيدة للكشف عن وجود المشكلات هي مخاطبة مدير التربية الذي يخاطب بدوره جميع الهيئات التدريسية بأن ترسل إليه قائمة بالمشكلات التي تشعر أن على المشرف والهيئة العاملة حلها ، ثم يطلب المشرف من الهيئة العاملة اختيار المشكلات ذوات الأولوية لمناقشتها كأساس لبرنامج التأهيل التربوي الذي تنوي وزارة التربية عقده في تلك السنة .

وفي حديثه مع الهيئة العاملة يتعلم المشرف الجديد الكثير عن البرنامج وهيئة التوظيف المتفاعلة فيه وعليه أن يكون حذراً بألا يبني نظاماً مغلقاً من التواصل مع الهيئات التدريسية بل عليه أن يظهر للجميع أن هناك طريقاً واحدا للوصول إلى مكتبه ، وإذا ظهر أن المشرف يعتمد على أعضاء معنيين من الهيئة العاملة لتزويده بالمعلومات وأبعد الآخرين عن مكتبه فستكون النتيجة تشكيل جماعات تقاوم البرنامج فيما بينها لأنه وضع من قبل مجلس غير رسمي . وهذه الحالة مؤشر على أن مهام الأفراد الذين يلجأ إليهم المشرف للنصيحة لا تعبر عن موقف قيادي في معظم أجزاء البرنامج التي صنعت القرارات له .

والطريقة الوحيدة لتجنب ذلك هي البحث عن صنع قرارات مأخوذة من جميع الأفراد العاملين معه في لقاءات مفتوحة ، لذا على المشرف الجديد أن يفتح المجال أمام الهيئة العاملة بأكملها بإعطاء الدليل الكافي على أن كل خطوة يخطوها هي تشجيع كل فرد والاستماع لكل المعلومات والآراء ووضع اقتراحات حلول الهيئة العاملة الممكنة للمشكلات التي تواجهها بعين الاعتبار ، ويبحث بعد ذلك عن رأي جماعي قبل أن يصل إلى قرار .

وبالرغم من اعتبار البعض لهذه اللقاءات بأنها هدر للوقت إلا أنها في الواقع تلعب دوراً كبيراً في التأثير على بناء معنويات الهيئة العاملة وتوفير الوقت الكافي لها إذ تعطي عمل المشرف الثقة في قراراته المعلنة حتى ولو غاب البعض منهم .

وهناك عمل آخر مهم للمشرف الجديد هو إقناع المعلمين بأن عمله هو إطلاق مواهب الذين يعملون معه عن طريق تقديم اقتراحاتهم حول كل خطوة يخطوها

لإزالة معوقات التعليم الفعال، وعليه أن يشارك في وضع نماذج العمل للتنظيم التربوي، وإذا أراد المشرف الجديد لأعضاء الهيئة العاملة أن تبدأ عملها في الوقت المحدد وأن يكون عملها على مستوى عال من الفعالية فعليه أن يبدأ بنفسه أولاً من اللحظة التي يبدأ فيها عمله الجديد ، وإذا كان مجدداً منتمياً ملتزماً يضع من نفسه مثلا يحتذى به بأن يبدأ العمل قبل الآخرين وينهيه بعدهم ، لأن ذلك يجعل الهيئة العاملة تحذو حذوه وتتحمل نفس المسئولية ، وعليه أيضاً أن يتجنب أي تغيير في شخصيته المحببة لأن المسئولية الجديدة لا تتطلب تغيير سلوكه الودود وطبعه المرن.

وتؤخذ تلميحات المشرف أحياناً بسوء فهم وأحياناً أخرى تؤخذ التلميحات الهزلية مأخذ الجد لأن التعليقات التي طرحت أمام أحد الأفراد في وضع معين ربما تسبب سوء فهم عند أشخاص آخرين لم يتواجدوا في نفس الزمان والمكان ، لذا يجب أن يحذر المشرف استعمال أي نوع من التعليقات التي من الممكن أن يساء فهمها إذا كررت على مسامع الآخرين بصيغة تختلف عما قيلت فيها أول مرة ، لذا يجب أن يحرص الأشخاص في مراكز مسؤولة في تعليقاتهم وتلميحاتهم حتى لا تفسر بمعنى آخر إذا نقلت إلى أشخاص آخرين ، وأن يكونوا حذرين في نبرات أصواتهم وقسمات وجوههم التي تعبر عما يريدون .

الولاء للمبادئ :

على المشرف التربوي الجديد أن يكسب قبول واحترام الآخرين الذي يعملون معه وعليه ألا يركز على تطوير ولاء شخصي بل عليه أن يحرر الهيئة العاملة منه لأنه يبعدهم عن المبادئ والقيم التي يتمسكون بها ، وعلى المشرف أن يبحث عن القبول بدلاً من الولاء الشخصي لأنه يسهم في تطوير برنامج جيد يحترم قدراتهم ومهاراتهم التي تجعل من المدرسة أكثر فعالية ، فالقبول والاحترام يبنى من خلال عمل المشرف وليس من التركيز على الولاء لشخصه .

نظرية المشرف الجديد للتغيير :

إن أي مشرف جديد يعمل بذكاء يجب أن تكون لديه نظرية تغيير توجه

تصرفاته باعتبارها شيئاً مهما جداً ، إذ أنه يعرف دوره جيداً مما يجعله يتحمل مسئولية التغيير في الاتجاه المرغوب ، فالنظرية المدروسة تعطيه أبعاداً واضحة في قراراته وأعماله لأنها المهمة الأساسية له وتشد انتباه واهتمام الأفراد الذين يعملون معه لسلوكه الموجه .

كيف يحدث التغيير ؟ وما هي الأشياء التي يشملها التغيير ؟

وتظهر نظرية التغيير أكثر فعالية إذا حققت الفرضيات الخمس التالية :

1- يحدث التغيير في البرنامج والمؤسسات بتغيير الأفراد : بماذا يؤمنون وكيف يفكرون وكيف تتطور مهاراتهم بالأسلوب الذي يعيشونه ، فالتغيير لن يعطي معنى ما لم يحس الأفراد المعنيون به ويؤثر في سلوكهم .

2- يتغير الأفراد حين تتغير ادراكاتهم لأنفسهم وللدور الذي يلعبونه والمراكز التي يشغلونها ، وحينما تتغير صورة أنفسهم بالنسبة للوضعية التي هم فيها فإنهم يعملون باختلاف واضح ، وتتغير الوضعية بتغيراتهم وإذا شعر الفرد أنه أكثر ملائمة لدوره يبدأ بالتصرف بطريقة مختلفة ، وإذا شعر أن دوره ليس كما يريد فإنه يعيش في مستوى توقعاته لنفسه بالنسبة للوضعية الجديدة ، وإذا اكتسب مفهوماً أكبر أو أقل لواقعية وضعه يتغير سلوكه ، وبهذا فالفرد ينسجم مع التغيير إذا حاول المشرف جهده في تغيير إدراك المعلم لنفسه ودوره ووضعيته .

3- يتغير الأفراد كلما تفاعلوا مع بعضهم البعض في أمور تهمهم ، ولن يتغير الأفراد إذا رغب الآخرون بذلك أو طلب إليهم أن يكونوا كذلك ، ولكنهم يتغيرون كلما تفاعلوا في أمور يشعرون بأهميتها ، كما أن أعمال المشرف في الوضعية المهمة وكيف يتصرف تجاههم يؤثر في إدراكاتهم لأنفسهم وللأدوار التي يقومون بها .

وإذا أراد المشرف إحداث تغيير في الأفراد فعليه أن يخلق نوعاً من الوضعية تجعل منهم أناساً قابلين للتفاعل مع الآخرين .

4- يحدث التغيير المرغوب فيه حين يدرك الأفراد تماماً المسائل التي تفرقهم لأن

الأفراد لا يرون الوضعية أو أنفسهم أو أدوارهم بالطريقة التي يراها الآخرون ، فالفرد يتصرف في وضعيته بطريقة فريدة ويترجمها بطريقة مميزة لذا فالإدراكات المختلفة توجد الاختلافات التي تقود إلى الاضطرابات التي تؤدي إلى الانسحاب من مجموعاتهم ، ويعتمد ذلك الانسحاب على الوضعية التي طوروها لأنفسهم وإذا قدمت المساعدة للأفراد لتدقيق واكتشاف المعلومات وإعطاء البدائل لمجالات العمل فسيحدث التغيير المرغوب به ، وعلى العكس إذا كان الأفراد منفعلين أو يقومون بمحاولات عشوائية لتخفيف اختلافاتهم أو لم يعطوا المعلومات الكافية أو فتح مجالات العمل فسيحدث التغيير غير المرغوب فيه لأنه قائم على قرار غير مدروس .

5- مكان التغيير يتطلب تنظيماً وبناء وإجراء باتخاذ الخطوات اللازمة لتبدأ الجماعة عملها بذكاء ، وهذا العمل الرئيسي للمشرف المسئول الذي يحدث تغييراً ذكياً لأن إحداث تغيير لا يكون بالإكراه أو التهديد ، وإذا أراد المسئول أن يحدث تغييراً مرغوباً به فعليه أن يوجد وضعية يستطيع بواسطتها الأفراد التفاعل بأسلوب ذكي لحل المشكلات التي تهمهم وتعترض سبيلهم ، فالوضعية الملائمة تساعد على التفاؤل وتشجيع الإجراءات في سلوك ذكي يجمع المعلومات التي تتعلق بالبدائل المختلفة وتحقق الاختيار الصحيح .

إن المشرف الجديد في تطبيقه لهذه الفرضيات يحاول إحداث تغيير في البرامج المدرسية التي تتميز بوجود ضغوطات داخلية وخارجية تعمل للتغيير في المؤسسات الحكومية ، فهناك ضغوطات في المجموعات على المستوى المحلي لإحداث التغيير في البرامج المدرسية ، وهناك ضغوطات من مجلس التربية لوضع سياسة وإعطاء اتجاهات وهناك ضغوطات أخرى للتغيير من المديرين الذين يحاولون أن يظهروا أهدافهم وحاجاتهم لذلك ، كما أن الطلاب هم القوة الحقيقية التي تعمل للتغيير إذ أن التغيير سيأخذ مجراه في الواقع ولكن هناك أسئلة تحتاج إلى أجوبة :

هل التغيير ذكي ؟

وهل هو في الاتجاه المرغوب فيه ؟

إن التغيير العشوائي الإكراهي ينتج تغييراً غير مرغوب فيه لأن القرارات في هـذه الوضعية تصنع بالقوة وليست بذكاء وتصبح القوة هي العامل الفعال في إحداث تغيير تـم بناء عـلى رغبـة عدد قليل من الأفراد المعنيين به .

ويجب إيجاد بناء مؤسسي يجعل الاقتراحات البديلة مبنية على دليل واضح يكشف القيم المطروحة ، وهذا يعني إعطاء الأطراف المتفاعلـة الفرصـة لاقتراح نصـوص تؤخـذ بعـين الاعتبار ، وإعطاء المعلومات بحرية تامة لتناقش وتوضح قيم العمل المراد تنفيذه . وإذا كانت القيم تسـير في اتجاه خطأ فإن اتجاه التغيير سيكون خطأ أيضاً لأن أولئك الذين يحملون قيماً مختلفة سـيرون اتجاهات التغيير ارتـداداً وليس تقدماً ، كـما أن أولئك الـذين سـيتأثرون بـه سـتتاح لهـم فرصـة المشاركة في عملية صنع القرار . وإذا كانت المبادئ والقيم التي ستناقش قـد اختبرت مـن قبـل أولئك المهتمين فستكون خيارات القيم أكثر ذكاء من أفكار أولئك الذين ينادون بها لفظاً .

ومن المشكلات الحقيقية في عملية اتخاذ القرار هي من الذي يستطيع صنع القرار ؟ وهل مجالات القرار ومدى الحرية في الاختيار موزعة ومحددة على كـل عنصرـ في المؤسسـة قـادر عـلى صنع القرار؟

إن المقياس الأمين هو أن يعرف الفرد من هم الأشخاص الذين يتأثرون بعملية صنع القرار كي يشاركوا فيه ، وبالنسبة للأوضاع المدرسية فهذا المعيار يستحيل تطبيقه في جميـع حـالات أي نظام مدرسي ، لذا يجب أن يشترك ممثلون في عملية صنع القرار ، وهـذا يعنـي أن عـلى المشرف التربوي أن يكون مهتماً بالبناء المؤسسي الذي يحدد أسلوب الاختيار ونوع قنوات التواصل المتوفرة بين أعضاء المؤسسة وممثليهم ، وإذا كان البناء المؤسسي لا تتوفر فيه الشروط المطلوبة فلن يبقى التواصل بصورة جيـدة وستفشل المشـاركة في عمليـة صنـع القرار . ولهـذا يجـب أن يكـون البنـاء المؤسسي واضحاً يستطيع الأفراد التفاعل فيه مـن خـلال ممثليهـم ، وإذا كانـت هيئة الإشراف في تغيير دائم للبرنامج فيجب أن ينصب الاهتمام الرئيسي على درجة التفاعل بين أفرادها ، وإذا تغاير الأفراد في مدى التفاعل فيجب أن يكون

التركيز الرئيسي في تغيير وتدقيق وفحص البناء المؤسسي لتحديد فرص المشاركة وتحمل المسئولية في القرار الذي سيؤخذ ، ونظرية التغيير هذه تخدم المشرف الجديد بإعطائه إطاراً لتقويم قراراته وأعماله .

فرضيات تسبب صعوبة للمشرفين :

يجب أن يعرف المشرف الجديد أن الأفراد في مراكز المسئولية وجدوا صعوبة في الماضي لأنهم عملوا على أساس فرضيات مغلوطة تتعلق بالطبيعة البشرية والمجموعات الإنسانية والتواصل والتعلم ومن هذه الفرضيات :

- يعطي المركز قيادة للفرد : لنفرض أن أحد المديرين قد عين مساعداً لمدير التربية لشؤون التعليم وفي إحدى اجتماعاته مع المعلمين أطلعهم على الواجبات الملقاة على عاتقهم ، لكن هذا العمل أغضب الكثير من المعلمين وأبدوا اعتراضاتهم ، ومن جراء ذلك استشاط المسئول الجديد غضباً وقال بكلمات جارحة أنه مساعد المدير وعليهم أن يطيعوا .

لقد افترض هذا المسئول أن على المعلمين إطاعته وتنفيذ اوامره للمركز الذي يحتله ولكنه لم يدرك أن القيادة تكتسب ولا تأتي طواعية باللقب .

- الولاء للأشخاص وليس للمبادئ : لا يشعر الكثير من القياديين بالراحة لهذا يتصرفون بعدم ثقة بأعضاء الهيئة العاملة لأنهم يؤمنون بهذه الفرضية مما يجعلهم غير مطمئنين لتصرفات بعض الأفراد الذين اعتبروهم أصدقاء وساعدوهم ووقفوا إلى جانبهم في مشكلات سابقة لكنهم اليوم لا يقدمون لهم الدعم في أوضاعهم الحالية ، لقد شعروا أن زملاءهم قد أصبحوا أكثر عداوة وعديمي ولاء لهم لأن فكرة الولاء عندهم تتطلب فرداً يتوافق مع القائد المسئول ويقدم الدعم له في جميع تصرفاته ويعطيه ثقة بنفسه دون أن يدرك أن ذلك يقود إلى تفكك المجموعة .

- يجب أن تتكيف الهيئة العاملة مع القائد المسئول : إذا افترض أن المشرف إنسان مزاجي لا يعي معنى المسئولية وعلى الأفراد الذين يعملون معه أن يطيعوه ومن

جراء ذلك يواجه فشلاً يزعزع قيادته وإن احتفظ بمركزه لأن القيادة توهب إلى الأفراد الذين يشعرون مع الآخرين ويتفاعلون معهم ولا توهب لمن يطلب إلى الهيئة العاملة أن تتكيف معه حسب مزاجه وتصرفاته .

◻ ليس للمشاعر أهمية : من السهل أن تقول أن أعضاء الهيئة العاملة بالغون وعليهم أن يبذلوا جهداً في عملهم ولكن شعور أعضاء الهيئة العاملة بعمل المشرف هو أكثر أهمية من العمل نفسه ، وإذا ترجم أحد المعلمين عمل المشرف بأنه مثبط وغير مشجع فإن سلوك المعلم المستقبلي سيكون صدى لهذا الشعور وليس لما يقصده المشرف وما لم يحاول المشرف وفي الحال أن يضع نفسه في موضع الفرد الآخر وأن يرى كيف تظهر أعماله لهم فإن قيادته ستبقى مهزوزة في نظر الآخرين .

◻ الإدارة صنع قرار : إذا فكر أحد المديرين بأن الإدارة هي صنع قرار وليس له مهمة غيرها فوجهة نظره هذه لا يعتبرها الكثيرون ، لأن فكرة التمسك بالقوة هي جزء من الثقافة الإنسانية لسنين خلت ، وإذا اكتشف المشرفون أن المشاركة في صنع القرار هي أكثر فعالية في إطلاق قوة الجماعة يدركون أن أحد أدوار القائد هي المشاركة في عملية صنع القرار وليست أدواره المهنية كلها .

◻ يجب اطلاع الأفراد على مشاكلهم : إذا أطلع مدير مدرسة هيئة التدريس على وجود مشكلة تتعلق بنشاط الطلاب وعليهم حلها فسيشعر المعلمون أن عليهم دراسة طرق تخطيط النشاط إذا أرادوا الحل لتلك المشكلة ، ويبدأ المعلمون والطلاب بلقاءات منظمة ولكن وبعد مرور أيام على اللقاءات التي تسبق التخطيط يفاجأون بتدخل المدير قائلاً المشكلة الحقيقية المتعلقة بنشاط الطلاب هي كذا وذلك قبل أن يصلوا للكشف عن المشكلة وطرق حلها وفي الحال توقف الجميع عن العمل ورفضوا التعاون مع المدير .

لذلك إذا حاول المشرفون أن يخبروا التابعين لهم ما هي المشكلة التي سيعملون على حلها فسيواجهون بالمقاومة والرفض إذ المفروض أن يتحسس

التابعون وجود المشكلة ويعملوا على مواجهتها وحلها بالتعاون مع المشرف .

- يجبر الأفراد على أن يكونوا ديمقراطيين : ما لم تتوفر الرغبة لدى الهيئة التدريسية في المشاركة في تشكيل سياسة المدرسة فلن يجدي إجبارهم نفعاً إذ لا تتحقق الديموقراطية في الهيئة التدريسية بالوسائل الأوتقراطية ، وغالباً ما تتمرد الهيئة التدريسية وتتهم القائد باللامسئولية إذا أجبرها على القيام بعمله وتحمل مسئوليته ، ولكن حماية الهيئة التدريسية تكون بالمشاركة في عملية مستمرة يستطيع بها القائد المسئول إتاحة مشاركته في قرارات له الصلاحية في اتخاذها .

- تكون الأعمال بين القائد المسئول وأعضاء الهيئة العاملة فردية : إذا حاول مدير مدرسة مختلطة أن يقضي معظم ساعاته محاولاً مساعدة معلمة مبتدئة لإزالة بعض صعوبات التعليم التي تواجهها ، وإذا كانت المعلمة على جانب كبير من الجاذبية والمدير رجلاً تبدأ الهيئة التدريسية في الهمس ، مع أن هذا المسئول بذل جهوداً مسئولة لمساعدة تلك المعلمة ولكنها في الواقع قد أثرت على مركزه والمدرسة كلها . وفي هذه الحال يفضل العمل مع المعلمة المبتدئة بمساعدة ومشاركة زميلاتها .

تشجيع أوضاع العمل :

إن الاتجاه الذي يتخذه المشرف في المستقبل يعتمد على وضعية العمل الذي يرغب فيه ، فالأعمال محاولات لإدراك المثاليات ، وإن أية محاولة يخطوها الإشراف في المستقبل يجب أن تتفاعل مع أي جهد لتحديد العلاقات بين الهيئات العاملة التي يرغب في تحقيقها ، كما أن المساعدة في تطوير أوضاع تعلم فعالة للطلاب هي المهمة الرئيسة للمشرف ، ولكن الانتقاد المباشر لا ينتج نتائج مرغوبة وما لم يشعر المعلم بالرضا عن نفسه وعن عمله وعن زملائه وعن المشرف الذي يعمل معه فلن يكون مستعداً لتحسين عمليات التعليم .

ما نوع الأوضاع المدرسية التي يأمل المشرف أن يحسّن التعليم فيها :

1- يقيم كل عضو نفسه والآخرين : حين لا يشعر الفرد بالرضا عن نفسه أو يشعر

بعدم كفاءة يحاول أن يجد عزاء في إقناع نفسه أنه أعلى وأسمى من الآخرين ، وهذا النـوع مـن السـلوك يقلل مـن قـوة المجموعـة واتحادهـا لأن نتـاج الهيئـة التدريسـية يـزداد حـين يتحـد الأعضاء لتعزيز الإحساس بقيمة الفرد وتقدير مساهماته ودعم مجهوداته .

2 - اهتمام عميق بمصلحة الأفراد وشعورهم : إذا واجـه المشرف مشكلة وكانت مـن الخطـورة بحيث تفقده وظيفته فسيجلس في مكتبه محاولاً تقرير مـا يفعل ، وتتضارب الأفكار فـي مخيلته ويركز جلّ اهتمامه عـلى الأفـراد المتفاعلين معـه بـأن يجد حلـولاً لمشكلته لا تضـر بشعورهم أو تخدش احساسهم ، فهذا الاهتمام والشعور بمصلحة كـل فـرد لـه تـأثير عـلى الجماعة ، وفي هذه الحال يشعر المعلمون أنهم أكثر أمنـاً واطمئناناً وأدعـى للاهتمام بشعـور طلابهم وتحسين البرامج المدرسية .

3 - شعور كل فرد من أفراد الهيئة التدريسية أنه ينتمي إلى المجموعة : حين يشعر الفـرد بـأن أعضاء المجموعة لا تقبله ولا تريده أن يشترك معها فإنه لن يحاول أن يجد مجالاً يسهم فيـه إسهاماً فعالاً في تحسين المدرسة بـل سيتفاعل في طـرق أخـرى يكون فيها أكـثر قبـولاً لـدى المجموعة ، وفي هذه الحال لـن يكون باستطاعته التركيـز عـلى مشاريع الهيئة التدريسـية لتحسين نوعية عملها بل عليه فقط تنفيذ اجراءاتها ، ومن الممكن أن يصبح أكـثر نفـوراً إذا أبعد عن المجموعة ، وسيتورط في نشاطات عدوانية مؤذية لأعضاء المجموعة .

على المشرف إذن أن يقوم بأفعال تساعد كل فرد أن يشعر بحرية التصرف ، وأن يجتهد والهيئة العاملة في مساعدة كل فرد بإشعاره أنه عضو له مكانته وتقديره فيها .

4 - أن يثق كل فرد بالآخر : حين لا تتوفر الثقة فسيكون الأفراد في موقف دفاعي يصبون جلّ اهتمامهم لحماية أنفسهم وأوضـاعهم أكـثر مـن البحـث عـن طـرق فعالـة للقيـام بـأعمالهم ليصبح العمل أكثر انتاجاً .

إن الثقة هي حجر الأساس في التواصل وإذا لم يثق كل فرد بالآخر فستقاوم أفكاره وترفض مشاركته في المناقشات ، وما لم تؤسس الثقة فسيكون الأفراد في وضعية تقوم على التصنع والمناورة لخداع الآخرين .

ولا يمكن لقائد مسئول أن يحرز ثقة بطلبه من الآخرين أن يثقوا به ، إن الثقة شيء يكتسب بالأعمال وإذا أردنا أن نكشف عن الثقة في الهيئة العاملة فأول شيء نفعله هو أن نثق نحن بها لأن الطريقة التي يعمل بها القائد المسئول مع أفراد المجموعة تحدد ما إذا كانت المجموعة تثق به أو يثق كل فرد بالآخر .

5 - تشارك الإدارة في قرارات نابعة من سلطتها : إنها الطريقة البسيطة للمشاركة في القرار وهي الأداة الأكثر فعالية والتي يمتلكها القائد وهي مفتاح حماية القادة وفرضية المسئولية وقبول الواجبات وتطوير معنويات عالية ، فأي قرار نابع من سلطة القائد المسئول تشجع الأفراد على المشاركة فيه ، ولكن يجب أخذ الحذر للتمييز بين القرارات التي يستطيع القائد المسئول اتخاذها وبين تلك التي تتخذها السلطة العليا مثل مجالس التربية ، كما أن انفراد المسئول في اتخاذ القرار يسبب احباطاً وربما يقود المجموعة لرفض تنفيذه .

6 - كل من تؤثر عليه السياسة يجب أن يشارك في صنعها : حين يتيح القائد المسئول الإمكانية لأعضاء هيئته العاملة للمشاركة في صنع القرارات فإنه يزيد من فرضيات مسئولياتهم والتي بالمقابل تشجع الإنجاز الأفضل للعمل الذي يقومون به ، وحين يشترك الأفراد في عملية صنع القرار فسينصبّ جلّ اهتمامهم على نتاجهم .

7 - شعور كل فرد بالتكامل : إن التسامح هو أساس احترام الذات ، وما لم يشعر الفرد بحرية التعبير عن معارضته فالوضعية لا تدعه يتصرّف بأخلاقية فهو يخالف القيم التي يحملها ، والشخص الذي يفقد تكامله في المركز الذي يشغله فلن يستطيع أن يقيّم نفسه أو الآخرين الذين يعملون معه لأن التكامل يزداد بمساهمات الأفراد في تقييم أنفسهم وزملائهم الذين يعملون معهم في بيئة

ودية متفاعلة .

8 - البحث عن تزايد الاتجاه الذاتي من قبل كل عضو من أعضاء الهيئة العاملة : إذا حدد أعضاء الهيئة العاملة سوياً ماذا يأملون أن ينجزوا ويخططوا من إجراءات يمكن أن تحقق أهدافهم فسيصبح كل فرد فيهم قادراً على وضع قرارات صحيحة ، وكلما كان قادراً على إعطاء معلومات يصبح أكثر إلفة بأفكار المجموعة ويطوّر الفرد من جراء ذلك شعور الاطمئنان الذي يساعده على إعطاء أحكام دون الرجوع إلى شخص آخر مما يقلل من فرص الاضطراب وعدم في اتخاذ القرار .

9 - يكتسب الفرد احساساً بالاتجاه بالمشاركة في وضع أهداف المجموعة : يطور الفرد احساساً بالاتجاه باشتراكه في وضع الأهداف ولكن إذا أخبر من شخص ما عن الأهداف التي رسمت له فربما يسئ الفهم أو يقاومها ، أما إذا شارك فسيفهم الهدف لأنه ساعد في وضعه وسيبذل قصارى جهده لتحقيقه لأنه أحس بقيمته.

10 - يجب ان تكون المعلومات في متناول الجميع : لا يتوقع من أعضاء الهيئة العاملة إعطاء قرارات حكيمة ما لم يحصلوا على كافة المعلومات إذ أن عدم الحصول عليها من قبل الإداري يتسبب بالرفض في المشاركة بها ، كما أن غلق قنوات التواصل يتسبب في إعطاء قرارات خاطئة ، والقرار الخاطئ ينتج عدم ثقة في قدرات الأفراد وفي قياداتهم ، وبحكم مركز القائد الرسمي تصل إليه كل المعلومات والوثائق ويحضر اللقاءات التي تناقش فيها المعلومات مع الإدارة ولكن لا يكشف عن كل المعلومات للهيئة العاملة لأنه لا يريد أن يثقل كاهلها بتفاصيل غير ضرورية أو غير مهمة برأيه فهو يريدها أن تتصرف بحرية دون أعباء ودون إيصال معلومات لها لا نفع فيها ، لكن أحياناً تظهر المعلومات التي يعتبرها غير مهمة على مقدار من الأهمية لأعضاء معنيين في الهيئة العاملة ، والإجراء السليم هو وضع كل المعلومات التي بحوزته في متناول الجميع .

11 - تعتبر الأفكار ملكاً للجميع : حين تحدد الأفكار مع الأفراد توضع القرارات على أساس وضعية الاقتراح ، وإذا اعتبرت الأفكار من مصدر الجماعة

فسيشترك المعلمون فيها بحرية ، أما حين توضع الاقتراحات منسوبة إلى الأفراد الذين وضعوها تبدأ الأنانية بالظهور فمثلاً في مؤسسات تدريب المعلمين يهتم أعضاء الهيئة التدريسية بالاحتفاظ بالمواد الجديدة التي طوروها بعيداً عن الأعضاء الآخرين وتحفظ المواد في ملفاتها وتوضع في الخزائن أو الأدراج ، وكل فرد يحاول أن يحتفظ بكل تجديداته حتى تعترف الهيئة التدريسية بأكملها بإسهاماته ، وفي مؤسسة تدريب أخرى يؤكد على التخطيط المشترك في تطوير المواد ، ونادراً ما تذيل المواد باسم الفرد الذي صنعها ، ففي الحالة الأولى يظهر الشك والغيرة وفي الثانية تظهر المشاركة والتعاون .

12 - الولاء للأفكار والقيم وليس للأفراد : هذه الحالة تتقارب مع الحالة السابقة وإذا كان عدم التوافق مع القائد المسئول يعتبر عدم ولاء فإن النشاط الوحيد الذي يتواجد بين أعضاء الهيئة التدريسية سيتطور فقط في المجالات التي يكون للقائد المسئول اهتمام بها .

13 - إذا تكلم المعلمون بصراحة فالإدارة لا تقيد أفكارهم : في بعض الحالات التي تختلف فيها أفكار الفرد عن أفكار القائد المسئول يعتبر ذلك الفرد مزعجاً ويجد نفسه غير مرغوب فيه في المدرسة فهو متجاهل في لقاءات الهيئة التدريسية وإذا قاوم تبذل المحاولات لاحتقاره واحتقار آرائه ، والطريق الوحيد للابتعاد عنه هي التزام الهدوء وقبول سياسات الإدارة .

وإذا أراد المشرف التربوي أن يطلق الطاقات الكامنة للهيئة التدريسية فالإجراء السابق مرفوض إذ أن اختلاف وجهات النظر لا يعني الانشقاق أو التوتر ووجود خطر يزعزع وحدة المجموعة بل يعتبر مصدراً من مصادر التطور والإبداع .

14 - القرار بالإجماع مطلوب : يقود القرار إلى العمل إذا اقتنع أعضاء المجموعة بقيمته ، وإذا كانت الأغلبية في جانب اقتراح العمل المطروح فإن القوة الكلية للمجموعة لا تسانده ، لأن قرار الأغلبية ليس مفضلاً ولكن حين تكون

الموافقة جماعية تظهر مهارات المجموعة والتزامها الكلي لتنفيذ العمل .

15 - يجب أن تتاح الفرصة للمعلمين والمديرين كي يطلع كل منهم الآخر وبصراحة عما يتوقع كل منهم من الآخر وما هي المساعدة المطلوبة التي يرغبون فيها .

16 - يتقبل أعضاء الهيئة التدريسية مسئولية صنع القرار ويرغبون في تحقيقها لأن المشاركة في عملية صنع القرار لها معنى ضئيل إذا فصلت عن مسئولية تحقيق القرار ، وإذا لم يعمل الجميع على تحقيق ذلك فيكون السلوك غير مسئول ويتوقع كل عضو من أعضاء الهيئة العاملة من القائد المسئول أن يحمل نفسه وإياها مسئولية تحقيق القرارات ، وإذا تعزز موقف المعلم بقيمته وأهمية عمله فسيتولد احساس الانتماء للمجموعة والثقة في القيادة المسئولة ويكون على استعداد لمساعدة القائد على بذل المحاولة في تحسين التعليم في الأوجه التالية :

- البحث عن الموافقة على الأهداف .
- توفير الفرص للمشاركة في طرح الأفكار .
- إثارة همم الهيئة التدريسية ومساعدتها في تقييم ذاتها .
- تزويد المعلمين بالمواد الحديثة اللازمة .
- إعطاء توضيحات حول استعمال الأساليب الجديدة أو عدم استعمالها .
- تشجيع المعلمين في تطوير صفوف مميزة تعكس أعمال ونشاطات الصف .
- تقدير وتمييز الأفراد الذين يحاولون إجراءات جديدة فعالة .
- مساعدة المعلمين في تطوير أساليب لتقييم مجالات نمو الطلاب المختلفة .
- تنظيم اجتماعات الهيئة التدريسية لدراسة مشكلات الطلاب وتحسين البرنامج المدرسي .
- استغلال ورش العمل كإجراء لتغيير البرنامج .

- المساعدة بالاختبارات الناتجة من ورش العمل .

- تشجيع عملية التخطيط بين المعلم والطالب .

- تشجيع المعلمين على لقاء الآباء والتخطيط معهم .

- تشجيع التقويم الذاتي للمعلمين وصفوفهم .

- استغلال اجتماعات الهيئة التدريسية لمناقشة أساليب التقويم التي استعملها أحد المعلمين وأعطت نتائج مشجعة .

إجراءات التقويم الذاتي للمشرفين :

التقويم الذاتي مستمر طيلة الوقت وفي الواقع لا يستطيع الأفراد تقويم الطريقة التي يؤدون العمل من خلالها لأنهم ميالون للخضوع لأحكام الغير ويشعرون بجودة أعمالهم إذا حصلوا على عدد من الترقيات والترفيع وأحس الذين يعملون معهم بالسعادة والاطمئنان ، والكثير منهم يرفضون تقويم أعمالهم إذا لم يشعروا بالراحة من رؤسائهم أو من يعملون معهم ويهربون من وضع اللوم على أشخاص آخرين لعدم كفاءتهم . والقليل من الناس يقومون بالعمل لأنهم قادرون على تنفيذه ويعملون بكفاءة أقل من كفاءتهم لأنهم لا يحللون مراكزهم ويقيمون أعمالهم بالنسبة لمتطلباتها ، فالمشرف بحاجة للتقويم الشخصي والمهني وذلك للاحتفاظ باحترام ذاته فهو يبحث عن طرق عديدة لزيادة قوته وتقليص ضعفه ولكي ينمو مهنياً ويشعر بالاطمئنان في أداء عمله بالشكل الصحيح فهو بحاجة لوضع أهداف أو معايير يقيس بها أعماله .

ما هي الطرق التي يحكم بها على عمله ؟

هناك مجالان رئيسان يجب أن يتحقق منهما باستمرار :

1- ما مقدار تحكمه بنشاطاته ؟

2 - ما النتائج التي حققها ؟

وليتأكد المشرف من الطريقة التي ينفذ بها عمله عليه أن يسأل نفسه الأسئلة التالية :

* هل وضعت برنامج نشاطات لكل يوم من أيام الأسبوع ؟

يتحكم العمل الإشرافي بالفرد ما لم ينظمه ، ولا يستطيع أي فرد أن يقوم بمئات الأعمال في آن واحد ، والمشرف لديه الكثير من الأعمال التي تتطلب الإنجاز وما لم يضع قوائم بالأعمال مرتبة حسب أولويتها وأهميتها فلن يكون باستطاعته تنفيذ أي منها ، فوضع برنامج عمل هو الطريقة الوحيدة التي تحرره من عبء العمل إذ يساعده البرنامج على تقسيم وتوزيع أعماله حسب أولويتها وأهميتها .

* هل انا مرن في برنامجي دون انفعال أو ازعاج ؟

يوضع البرنامج لينفذ ويشتمل عادة على أفضل النظريات التنظيمية في بداية اليوم وتعطيه توازناً وتشكيلاً ومع مرور الوقت يحصل المشرف على معلومات جديدة ووضعيات عديدة قد تعيق استمرار البرنامج اليومي المخطط ، لذا يحتاج لتغيير برنامجه المعد ، وعليه ألا يشعر بالانزعاج أو التوتر من جراء ذلك لأن تعديل البرنامج يتطلب أناة ومرونة .

* هل أغضب إذا لم تسر خططي بالطريقة التي أتوقعها ؟

حين يخطط الفرد بتعاون ومشاركة فإن الخطط المتطورة قلّما تكون هي نفسها التي وضعت أولا إذ يتوقع من المشاركين أن ينقحوها في ضوء تفكيرهم وفي ضوء نتائجها ، وإذا غضب المشرف من فشل خططه التي لم تتطور بالشكل الذي يريد فإن هذا يدل على اهتمامه بالتحكم بالأفراد أكثر من اهتمامه بتطوير خططه .

* هل دققت وسجلت الأعمال التي أنجزتها ؟

يحتاج كل فرد إلى الإحساس بالإنجاز باستخدام سجلات تظهر إنهاء أعماله التي وضعها لنفسه وتجعله يشعر بالراحة والرضا ، وإذا فشل في تسجيل الأعمال التي أنجزت فسيشعر بعبء ثقيل على كتفيه ، وكل عمل لم ينه يبق جزءاً من الحمل المعنوي الذي يحمله الفرد ما لم يجد طريقة لتحقيقه وتسجيل إنجازه .

* هل خدشت مشاعري ؟

وجدت هيلين جيننكز Helen Jennings سـنة 1959 في دراسـتها أن نوعيات الأفراد الـذين انتخبوا لمراكز قيادية لهم القدرة على الاحتفاظ بإحساسهم الشخصي إذا خدش مخفياً ومتحكماً به كي لا يؤذي شعور الآخرين ، لأنه إذا شك فرد في الآخرين وفي أعمالهم فإنه يقضي ـ وقتاً طويلاً في محاولة لتخمين الدوافع الداخلية التي وراء أعمالهـم ، وحـين يـرى في أعمالهـم تهديداً لـه تظهر مخاوفه مما يقلل من قوة المجموعة التي هو جزء منها أكثر مـن تـوفير المسـاعدة والـدعم لهـم ، وعلى القائد والحالة هذه إظهار قيادة فعالة تعمل على وحدة المجموعة وبناء جسور ثقة بينه وبين العاملين معه .

* هل أنا قادر على تقبل النقد ؟

هـذا السؤال يتعلق بما قبله فالمعيار الذي طرح هنا مـن ان الشـخص الضعيف المتخوف مهدد بنقد الآخرين وبدلاً من استغلال النقد كمعلومات تساعده على النمـو المهني فهو يحاول تجنبها ومحاربة كل من تقدم بها .

أما الأفراد القياديون الأكفاء فهم القادرون عـلى تقبـل النقـد سـواء مـن رؤسائهم أو مـن الأفراد الذين يعتبرونهم أقل مرتبة وأهمية منهم .

* هل أنا قادر على وضع نفسي موضع الآخرين ؟

في الإشراف يعمل الفرد من خلال جهود الآخرين ، ينجح إذا نجحوا ويفشل إذا فشـلوا ، ولإبداء فعاليـة ملائمـة عليـه أن يشـعر مـع الآخرين ويشـاركهم تحديد الصعوبات والأهـداف والمفاجآت وتقويم أعمال الآخرين . وإذا استطاع أن يشعر معهم في الأحداث اليومية فهو قادر على التخطيط والعمل معهم أما إذا لم يكن قادراً على وضع نفسه موضع الآخرين فأعماله ستكون تهديداً لهم دون أن يدري .

* هل أستشير الأفراد الذين يؤثر فيهم العمل قبل أن أبدأه ؟

إن الأعمال التي تنفذ دون استشارة الآخرين هي في الواقع سوء تصرف وإذا

أراد المشرف أن يتأكد من أولئك الـذين يتأثرون مـن الخطـوة التـي سيخطوها عليـه أن يطلعهم عليها كي يرى وجهة نظرهم فهو بحاجة لتوفير الفرصة لذلك كي يشرحها لهـم ويرى ردود فعلهم عليها ، وبإخبار المشرف ما الذي يشعرون به فسيقترح المعلمون مـن جـراء ذلك مراجعـة الإجراءات المقترحة ، ولذلك نجد أن الأفراد الـذين يتأثرون بالعمل لهـم إحسـاس كبير بـالالتزام بالتغيير لأن الفرصة قد واتتهم للتعبير عن آرائهم واقترحوا مراجعة لها حتى تصبح أكثر قبـولاً ، إذ لا يستطيع المشرف تبني عمل لم يقره الجميع .

* هل ألزم نفسي بالالتزامات ؟

إذا أراد المشرف أن يثق به الأفراد فعليه أن يلتزم بكلمتـه ، وإذا اتخـذت المجموعـة التـي يعتبر نفسه جزءاً منها قراراً ، فلها الحق في أن تعبر عن أن الالتزام بالقرار شيء مشرف ، أمـا إذا لم يضعه المشرف موضع التنفيذ فسيجني من جراء ذلك النفور وعدم الاقتناع بقراراته .

يجب أن يقيم عمل المشرف كجزء من الأحكام التي تتعلق بالجهد الكلي للمجموعـة لأنه يعمل ضمن مجموعة ووظيفته هي المساهمة في تحقيق أهدافها .

وإن اهداف المدرسة هي المعيار الذي يقاس عليه عمـل القائـد المسـئول وإذا لم يحـرز أي تقدم فهذا يعني فشل المشرف حتى ولو عزز معنويات الأفراد وزاد من قناعات العمل ، ولتحديـد التقدم فمن الضروري معرفة من أين تبدأ المجموعة وأن تحدد الخطوط الأساسية لها ، كما يجب أن يسجل البرنامج المدرسي بكل دقة حتى تستطيع المجموعة تحديد مدى التغيير الذي يحـدث أو استغلال أي وقت يطبق فيه معيار تقويم للبرنامج المدرسي .

إن نقطة البداية المختارة مهمة ولكن الأهـم هـو إحـداث التغيير في النشـاطات الحاليـة ، وبينما تقيّم المجموعة عملها وكذلك المشرف التربوي فمن الضروري تحديـد مقدار التغيير الـذي أنجز في اتجاه أهداف المجموعة .

كيف يختلف البرنامج المدرسي الآن عن البرنامج المدرسي في السابق ؟

حين تحدد نوعية ومقدار التغيير فستكون المجموعة مستعدة لإعطاء أحكامها وإذا حدث تغيير وأظهر تأثيره فعلى المجموعة أن تحدد ما إذا كان التقدم كافياً في ضوء الأوضاع الراهنة وفي تلك الحالة تكون الأحكام موضوعية ، وكل فرد يتفاعل في هذه الوضعية مثل المشرفين والمعلمين والآباء والطلاب الذين يشكلون جزءاً من عملية التحكيم .

يمكن أن يحدد التغيير بواسطة الأفراد مثل المعلم والمدير وأية مجموعة خارجية، لكن تبقى الأحكام المتعلقة بمقدار التقدم محدودة في الأفراد المهتمين بها .

على المشرف أن يستغل هذه الوضعيات وهذه الأحكام لتحسين البرامج المدرسية وإذا نقصت القائد المسئول الكفاءة وتظاهر بأنه يتجاهلهم ولم يستغل الفرصة لبناء الروح المعنوية للمجموعة فلن يكون هناك دعم متين للبرنامج ، ويستغرب للمعارضة التي تنمو وتتطور ضد أحكام لم تقل ولو تستغل ، أما المجالات التي يستغلها المشرف لتحكيم عمله أو عمل المجموعة وتحديد مقياس لتقويم البرنامج فهي الآتية :

- إعطاء مسئولية أكثر لإشراك الطلاب والمعلمين وأولياء الأمور لتحسين البرنامج.

- تعزيز البرنامج المدرسي من خلال توفير فرص النشاطات للجميع .

- تحسين أوضاع التعليم للطلاب .

- اسهامات المدرسة لتحسين أوضاع البيئة المحلية .

إن تقويم المشرف يجب أن يكون بتقويم تطوير البرنامج وإعطاء اهتمام أكبر للإجراءات التي تساهم في إطلاق الطاقات الكامنة للمجموعة ، فالمشرف الذي يشكل ويتبنى نظرية توجه أعماله ومقياساً يقوم نجاحه فسينمو مهارة وكفاءة وسيستغل نتائج التقويم لاختبار نظريته وتحديد المجالات التي تحتاج لبحث للحصول على معلومات جديدة وبعد نظر لاختيار مجالات عمل يختارها لصالح المجموعة .

حين تحدد نوعية ومقدار التغيير فستكون المجموعة مستعدة لإعطاء أحكامها وإذا حدث تغيير وأظهر تأثيره فعلى المجموعة أن تحدد ما إذا كان التقدم كافياً في ضوء الأوضاع الراهنة وفي تلك الحالة تكون الأحكام موضوعية ، وكل فرد يتفاعل في هذه الوضعية مثل المشرفين والمعلمين والآباء والطلاب الذين يشكلون جزءاً من عملية التحكيم .

يمكن أن يحدد التغيير بواسطة الأفراد مثل المعلم والمدير وأية مجموعة خارجية، لكن تبقى الأحكام المتعلقة بمقدار التقدم محدودة في الأفراد المهتمين بها .

على المشرف أن يستغل هذه الوضعيات وهذه الأحكام لتحسين البرامج المدرسية وإذا نقصت القائد المسئول الكفاءة وتظاهر بأنه يتجاهلهم ولم يستغل الفرصة لبناء الروح المعنوية للمجموعة فلن يكون هناك دعم متين للبرنامج ، ويستغرب للمعارضة التي تنمو وتتطور ضد أحكام لم تقل ولو تستغل ، أما المجالات التي يستغلها المشرف لتحكيم عمله أو عمل المجموعة وتحديد مقياس لتقويم البرنامج فهي الآتية :

- إعطاء مسئولية أكثر لإشراك الطلاب والمعلمين وأولياء الأمور لتحسين البرنامج.
- تعزيز البرنامج المدرسي من خلال توفير فرص النشاطات للجميع .
- تحسين أوضاع التعليم للطلاب .
- اسهامات المدرسة لتحسين أوضاع البيئة المحلية .

إن تقويم المشرف يجب أن يكون بتقويم تطوير البرنامج وإعطاء اهتمام أكبر للإجراءات التي تساهم في إطلاق الطاقات الكامنة للمجموعة ، فالمشرف الذي يشكل ويتبنى نظرية توجه أعماله ومقياساً يقوم نجاحه فسينمو مهارة وكفاءة وسيستغل نتائج التقويم لاختبار نظريته وتحديد المجالات التي تحتاج لبحث للحصول على معلومات جديدة وبعد نظر لاختيار مجالات عمل يختارها لصالح المجموعة .

الفصل الحادي عشر

مستقبل الإشراف

الفصل الحادي عشر

مستقبل الإشراف

ازداد اهتمام الفرد في السبعينات والثمانينات من القرن الماضي في البحث والتنبؤ عن المستقبل، كما زاد الاهتمام بالبيئة: نوعية الماء والهواء والأرض ، وأكثرها أهمية نوعية تفاعل الإنسان مع البيئة وتأثيرها عليه ، وقد قيل إن الإنسان ليس ضحية المستقبل ولا ردّ فعل للتنوعات الواسعة في القوى الاجتماعية والجسدية ، بل باستطاعته أن يعرف ويحدد بدائل المستقبل وخططه التي ترسم نوعية المستقبل الذي يريده ، وإذا كانت الفرضية تقول أن المستقبل هو جزء من الدائرة الحتمية فعليه أن يحاول أن يفهم هذه الدائرة ويحدد مستقبل الإشراف ، ويعد العدّة لتتلاءم معه .

ولكن هناك فرضية أخرى تقول أن مستقبل الإشراف غامض أكثر من أنه وظيفة متعددة العوامل الغامضة وغير المتوافقة ، لذلك فمن الممكن للإنسان أن يحدد ويدرس هذه العوامل وتأثيرها وخصائصها المميزة وأن يضبط إلى حدٍ ما ظهورها وطبيعة تطور الإشراف . ويقترح أن نعرف طبيعة مستقبل المعلمين وعمليتي التعليم والتعلم والمؤسسة التربوية التي من المفترض أن تكون عاملاً فعّالاً في تطور الإشراف التربوي ، لذا فعلى التربويين أن يقوموا بمحاولة لوصف المستقبل المفترض لهذه العوامل ومناقشة تطبيقات الإشراف التربوي .

* فرضيات مستقبل طبيعة المعلمين :

على كل فرد أن يؤمن أن لمعلمي المستقبل حاجات أساسية فيزيولوجية، اجتماعية ونفسية يجب أن تشبع كما حددت في نظرية العالم ماسلو Maslow سنة 1954 ، فهم بحاجة إلى الغذاء والكساء والمأوى والحب والانتماء والاحترام وتحقيق الذات .

وسيعمل المعلمون ليصبحوا أكثر تخصصاً وكفاءة نتيجة للعوامل التالية :

1 - تعقيدات المؤسسة التربوية المتطورة .

2 - تعدد حاجات الطلاب واعتمادهم على الآخرين .

3 - تطوير الإعداد واستمرار النمو المهني .

4- تطوير المواد المختارة للتدريب .

5- نمو المعرفة الذي يعتمد على حالات التعلم المشتقة من المحتوى والأسلوب .

إن نمو وتنوع الأعداد المهنية في المؤسسة التربوية يجب أن تكشف اختلاف أسلوب الحياة وزيادة الحركة وتعميق الاختصاص ووضوح الفروق بين أعضاء هيئة التدريس .

إن الحاجة ملحة لتخفيف هذه الفروق التي تجعل التواصل صعباً لهذا فالتخصص الدقيق والاختلاف بين أعضاء هيئة التدريس تعطي مؤشراً للحاجة إلى تعاون أشد وثقة أكبر متبادلة وتفهم عميق . لكن طبيعة الشعوب ومراكزها واختلاف خلفيات المعيشة تجعل صعوبة في إيجاد مناخ ملائم للثقة ودعم متبادل وتعاون مثمر .

* مستقبل عمليتي التعلم والتعليم

علينا أن ندرك أن للطلاب حقوقاً في الحرية الفردية وتحقيق الذات والمسئولية الشخصية ، فعملية التعلم يجب أن تسير بطريقة ما لتشبع حاجات الطلاب وخصوصاً النفسية ، وتعزيز الدعم النفسي والمساعدة الفنية لضعاف التحصيل ، والضبط الذاتي وحرية التعبير عن الأفكار .

وللفرد الحق في تحقيق الذات وعلى المدرسة أن تساعده على ذلك بالطرق التالية:

1 - التأكيد على تطوير الطلاب وتحديد حاجاتهم التربوية ووضع برامج لإشباع هذه الحاجات .

2 - وضع برامج خاصة لضعاف التحصيل .

3 - وعلى الطلاب أن يسعوا لتحقيق أهدافهم بالدراسة الجادة والتعاون مع الطلبة الآخرين والمرشد الاجتماعي .

4 - تعزيز الاستفادة من التغذية الراجعة لمعرفة مدى تحقيق الأهداف .

وللمدرسة دورها في التغيير والتحسين الاجتماعي ، ويؤخذ في الاعتبار الموروث الثقافي كرسالة مدرسية منهجية إضافة إلى رسائل ومهام أخرى تشمل

تدريب الطلاب وتعويدهم على التفكير في نوعية المجتمع الذي نريد وكيف نحقق التفاعل المطلوب بين أفراده .

وهذا يستدعي تغييراً واسعاً في المناهج والكتب المدرسية لتساعد الطلاب على التعلم ، كما ستوفر المدارس المفتوحة للطلاب حرية الحركة ونوعية جديدة من المصادر البشرية والمادية ، وسيكون هناك مجال واسع للدراسة الفردية والجماعية ، كما سيكون للبيت والمجتمع دورهما في تعليم الفرد كذلك لأشرطة الفيديو والتلفزيون والإنترنت ، وستكون المناهج أكثر انفتاحاً وتنوعاً واستخداماً للمعرفة الجديدة لتحقيق الأهداف المكثفة .

* مستقبل طبيعة المؤسسة التربوية :

نتنبأ نحن التربويين أن المؤسسات التربوية ستكون أكثر انفتاحاً وحرية حركة للأفراد : معلمين وطلاباً ، وسيتحرك المعلمون من نظام مدرسي إلى آخر تبعاً للتغيرات المؤسسية والحاجات الفردية ضمن المؤسسات التربوية ، وستكون هناك الأنظمة الآنية[1] أي أن المدرسة الواحدة ستقدم مئات المشاريع لتسهيل عملية تعلم الطلاب ، وتعيّن أعضاء تدريس مهنيين للإشراف على هذه المشاريع لتتبناها وتتعلم مهارات جديدة ملائمة ولتتحمل مسئوليات جديدة ، وتتيح المؤسسات التربوية للأفراد فيها أن يتحركوا بسهولة من نظام آني إلى آخر لإشباع الحاجات الآنية .

إن التغيير السريع في المؤسسة التربوية هو نتيجة الضغوط الداخلية والخارجية التي تجعل المؤسسة تتحرك باتجاه أهداف محددة باستجابات سريعة وخلاّقة متنبأ بها سابقاً .

ومستقبل المؤسسة التربوية يركز على الأهداف التي تتعلق بالدعم النفسي- الذي يساعد الأفراد على التغيير السريع لتبني حالات جديدة والتخلص من الحالات القديمة وأن يعتمد التعلم السريع الذي يطور علاقات جديدة بتواصل فعال يساعد على حل المشكلات التي تتعلق بالعزلة والفشل وعدم تحمل المسئولية .

---

(1) النظام الآني : نظام تجريبي لا يستغرق أكثر من ثلاث سنوات

تطبيقات الإشراف التربوي :

توقع بعض التربويين أن الإشراف التربوي سيتقلص من المؤسسة التربوية ، وربما يكونون على صواب إذا عرّف المشرف بأنه مشرف عام ، ولكن إذا اعتبر الإشراف البحث عن تحسين التعليم والمنهاج فستزيد أهميته وحاجته إلى عدد أكبر من الموظفين المساعدين ، وقد عرّف المشرف العام في النصف الأول من القرن الماضي بأنه حاول كثيراً إصلاح وظيفة الإشراف مثل تحسين التعليم وتطوير المنهاج والتأهيل أثناء الخدمة وتطوير الوسائل التعليمية والدروس العلاجية وتقديم خدمات أخرى كثيرة مثل تزويد المعلمين داخل الصف بأساليب تدريس مناسبة تساعدهم وقت الحاجة .

إن التغييرات السريعة في أسلوب التعليم ومحتواه خلقت ضغوطاً نفسية للمعلمين ، فاختلاف بيئات الطلاب والمعلمين يزيد مسئولية المشرفين لحل المشكلات التي تواجههم في البيئة التعليمية ومن أجل تهيئة مناخ تربوي ملائم لا بد لوظيفة الإشراف التربوي أن تقوم بما يلي :

1 - تزويد المعلمين بالدعم النفسي .

2 - مساعدة الجسم التربوي - طلاباً ومعلمين - على التواصل .

3 - مساعدة الجسم التربوي على تقديم المساعدة للآخرين وتقبلها منهم .

4 - مساعدة الجسم التربوي على تقبُّل كل منهم الآخر .

5 - الاستفادة من الهيئة التدريسية في الإشراف التربوي .

على الإشراف التربوي وأعضاء هيئة التدريس أن يكونوا أكثر تخصصاً وتنوعاً من الماضي خصوصاً في مواد التدريس وصعوبات التعلم والصحة العقلية والإعلام والبحث ، وأن يكون لديهم خلفية عميقة ومشتركة بين الطرفين خصوصاً في الخبرة التعليمية ، إذا لم يكن أكثر الموظفين المساعدين للمشرف في الأصل معلمين وليس لديهم خبرة وكفاءة في تخطيط المنهاج أو أساليب التدريس كما أن الاعتماد الأكبر للمتعلمين والمعلمين والمشرفين والمختصين على مصادر التعلم الإنسانية يتطلب تناسقاً فعّالاً فيما بينهم لإيجاد بيئة تعليمية فعالة .

إن البيئة التعليمية التعلمية المفتوحة تساهم في إيجاد الفرص التي يتعاون فيها الجميع في تحليل البيئة التعليمية والمشاركة في الإشراف الذاتي .

اقتراحات عملية في الإشراف التربوي التعاوني

في فترة الإدارة العلمية اعتبر المعلمون أدوات إدارية غير فعّالة يمكن تحريكها للمشاركة في تسهيل الوصول للأهداف المؤسسية . والأهداف المؤسسية تكون الإدارة قد وضعت لها مسبقاً أفضل الأساليب لتحقيقها ، والإشراف التربوي مطالب بتوضيحها وتعزيزها ومكافأة من يقوم بتحقيقها ، لأن فرضية الإشراف تقول أن التابعين أي المعلمين عديمو الخبرة في الإبداع وحل المشكلات ، ودور الإشراف يتضمن فحص سلوكيات المعلم وتشخيصها ووصفها وشرحها وتعزيزه لتحقيق الأهداف المؤسسية .

وقد شهد النصف الأخير من القرن العشرين تحدياً لنموذج الإشراف الكلاسيكي الذي تطور من حركة العلاقات الإنسانية إذ تحول التأكيد من إشباع توقعات حاجات المؤسسة التربوية لإشباع حاجات الأفراد مثل التفكير والإحساس .

كان الإشراف التربوي في المؤسسة التربوية مصدراً إنسانياً بلا سلطة ، مستعداً ومنتظراً لتقديم خدماته ، وقد أصبح إدخال السعادة إلى نفوس التابعين المعيار المهم لفعالية الإشراف ، وفي الحقيقة فإن حاجات أعضاء المؤسسة التربوية تعتبر عاملاً مهماً في سلوك المؤسسة التربوية التي لها أهداف يجب أن تتفاعل مع حاجات الأعضاء لتساهم في تحقيق الأهداف المؤسسية ، وهذا الاقتراح يتحدى نموذج الإشراف التربوي التقليدي (الكلاسيكي) ونموذج العلاقات الإنسانية .

وهذا يعني أن التعاون بين المعلمين المهنيين والتربويين ضروري لتحسين البرنامج التعليمي وتحقيق الأهداف التربوية .

وهذا التمازج الضروري في هذا النموذج المقترح هو الفرضية المبنية على أساس عريض من الكفاءة والخبرة بين الطرفين .

وفي هذا المجال فإن الحاجة ملحة للتوضيح والتحليل وتوصيل الكفاءة التخصصية لحل مشكلات المؤسسة التربوية ، إذ أن الأفراد من مشرفين ومستشارين

ومديرين قد عينوا في نموذج الإشراف التربوي المقترح مـن ذوي الكفـاءة التخصصية التـي يجب أن تستغل .

تحديات النموذج التقليدي

إن التحدي للنموذج التقليدي هو اقتراح لنموذج مختلف يعتمد على عدد من الفرضيات التي تحتاجها المؤسسة التربوية وهي التالية :

1 - إن المعلمين في المؤسسات التربوية قادرون على إيجـاد قيـادة لتطوير المنهاج ووضـع سياسة للنشاطات الضرورية التي يحتاجها .

2 - المعلمون في المؤسسات التربوية قادرون على مساعدة بعضهم بعضاً .

3 - إن الإشراف الفعّال ليس مركزاً رسمياً ولكنه وظيفة للكفء من المعلمين القادر على المحافظـة على احترام ذاته .

4 - للطلاب كفاءة تساعدهم أن يشاركوا في نموذج الإشراف التربوي .

5 - هناك حاجة للسلطة في المؤسسة التربوية على شرط أن تكون سلطة فعّالة وليس دوراً هامشياً .

6 - نظام السلوك الإشرافي يجب أن يكون نتاجاً للإدارة العلميـة لتوزيع الجهـد الإنسـاني لتحسـين تعلم الطلاب .

7 - من غير المقبول أن يقوم شخص مسئول مثل المشرف لتوفير احترام الذات لجميـع التـابعين ولا يمارسها في جميع الحالات .

8 - التطورات الجديدة في الإدارة التربوية أسهمت في دعم السلوك الإشرافي التربوي وتعزيزه .

9 - النموذج المقترح لا يلائم الإشراف التربوي في المؤسسة التربوية .

10 - يجب أن يستفيد نظام السلوك الإشرافي من مصـادر سلوك المعلمـين ونظام سـلوك المشرف ونظام السلوك للإدارة الداخلية .

الإشراف التربوي التعاوني

إن مجموعة الفرضيات السابقة توفر شكلاً لنظام مقترح في الإشراف التعاوني الـذي يعنـي الزمالة والتعاون وأشياء أخرى منها :

أن أعضاء المؤسسة التربوية يجب أن يكونوا مختصين كفؤين متفاعلين يعملون لصالح النظام الذي يهتم بالتعاون في تطوير المنهاج والتعليم وصنع القرار وحل المشكلات .

إن النقص في توفر العدد الكافي من المشرفين التربويين مع هذا الكم الكبير من المعلمين مؤشر على أن الحاجة ضرورية لاستغلال المعلمين ذوي الخبرة والكفاءة كي يتعاونوا مع غيرهم من المعلمين الذين هم بحاجة إلى الدعم النفسي والفني ، إذ من المعلوم أن أعضاء المؤسسة التربوية يتفاوتون في الكفاءة والمسؤولية وبما أن المسؤولية مختلفة فالتعاون فيما بين الأعضاء لا يكون على نفس المستوى .

ويفترض أن نظام الإشراف التربوي التعاوني سيحسن من نوعية النتاج التعلمي للطلاب ، والشكل التالي يوضح العوامل الأساسية لنموذج الإشراف التربوي التعاوني ، ويعتبر نظام سلوك الطلاب الهدف الأساسي والسلوك التعليمي يتفاعل مع سلوك الطلاب ، كما يوضح في النموذج الاتجاهات الخمسة : التخطيط ، الاستخدام ، الوصف ، التحليل التعميم .

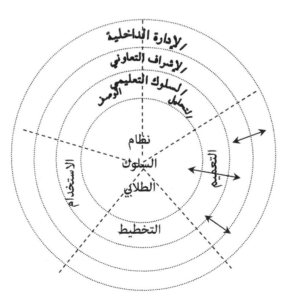

شكل رقم (6) الإشراف التربوي التعاوني

حـين يعلـم المعلـم فمـن المفـروض أن يكون بحاجـة إلى المسـاعدة في بيانـات موصوفة ومشروحة عما سيحدث داخل الصف ، والزميل الكفء يستطيع أن يقدم هذا النوع من المساعدة للمعلم الذي يكون معنياً بالمادة كميتها وكيفيتها وأسلوب التفاعل بينه وبين مجموعة الطلاب الذين يدرسهم ، والزميل المعلم الذي تتوفر فيه الكفاءة والعلاقة الجيدة مع زميله يمكنه أن يوفر هذه البيانات الموصوفة ونماذج التفاعل التي تحدث داخل الصف مثل وسائل الإيضاح ، نـموذج التقويم ، أشرطة الفيديو والخرائط ..الخ . فنمـوذج التقويم يـوفر تغذيـة راجعـة صحيحة للـذي استعان بالبيانات الموصوفة في تدريسه .

وقد يستخدم المعلمون الأسـاليب الحديثة التي تعتمد عـلى العنصر ـ البشـري مـن معلمـين ومديرين لفترة مؤقتة ، فمثلاً مدرسة (أ) تريد أن تستخدم هـذه الأسـاليب الجديدة في التدريس وفي المنهاج ، وهناك مدرسة (ب) كانت قد استخدمت هذه الأساليب لسنين عديدة ماضية ، ففي هذه الحالة تنتدب معلمات من مدرسة (ب) إلى مدرسة (أ) لفترة مؤقتة للتعاون مع معلمات مدرسة (ب) لاستخدام الأساليب الجديدة.

ولا يقتصر ـ العنصر ـ البشـري عـلى المعلمـين فمـن الممكـن أن ينتـدب المـديرون أيضاً كمستشارين تعليميين، وبهذا يعمل المديرون والمعلمون والطلاب سوية في النظام التربوي التعاوني

.

إن نظام الإشراف التربوي يعتمد على العنصر البشري من نظام السلوك التعليمي ، نظام الإدارة الداخليـة ، نظام السـلوك الطلابي مستفيداً مـن الخبرة ، واحـترام الـذات ، والإمكانيـات والحاجات في نظام السلوك التعليمي .

ومن الواضح أن العنصر ـ البشري بحاجة إلى التركيز على جهد نظام السلوك الإشرافي التعليمي .

وقد أخذ بعين الاعتبار الوظيفة الأساسية لنظام السلوك الإشرافي المستمرة لدراسة حاجات السلوك التعليمي من العنصر ـ البشري لمساعدة المعلمين والمشرفين والإدارة الداخليـة والطلاب لتطوير استراتيجيات لاستخدام هذه المصادر .

استراتيجيات استخدام الإشراف التربوي التعاوني :

1 - طريقة إشراف الزملاء :

غالباً ما يواجه المشرف التربوي صعوبة العمل مع كل المعلمين في كل مدرسة في النظام التربوي ، ويفسرون ذلك بالعدد الكبير من المدارس مع الأعداد الضخمة للمعلمين وقلة عدد المشرفين في ذلك المجال .

كما أن الصعوبة الثانية هي تواجد المشرفين في مكان وزمان محددين لبذل الجهود بكفاءة عالية والعمل لإشباع حاجات المعلمين المهنية المختلفة .

والصعوبة الثالثة هي بناء أسس الثقة والاحترام بينه وبين المعلمين .

إذا واجه المعلم فكرة الانضمام إلى نظام الإشراف التربوي التعاوني وتشجع على المشاركة في الإشراف التربوي الذاتي وإشراف الزمالة فهذا يثير لدى المشرف التساؤلات الجدية التالية :

هل تمتع المعلم بتدريب كافٍ على العمل الجماعي، وامتلك مهارات العلاقات الإنسانية، والتعليم المصغر، وملاحظة ووصف مهارات التفاعل والتحليل والتقييم؟

هل يرغب المعلمون فعلاً في مساعدة بعضهم بعضاً من خلال الإشراف التربوي التعاوني ؟

والإجابة الإيجابية على هذه الأسئلة تعني انضمام المعلمين إلى فكرة إشراف الزمالة كنقطة بداية .

يتطلب إشراف الزمالة تعريفاً بالمدرسة وببعض المعلمين الذين يتمتعون بالأخلاقيات المهنية ولديهم اهتمام صادق ، واستعداد صريح جدي لتجريب الإشراف التربوي التعاوني ، وعلى أن تبذل الإدارة المركزية جهوداً فعّالة في التركيز على مصادر التعليم الأساسية " التعليم المصغر ، الفيديو تيب ، والخرائط ... المتوفرة " إضافة للعناصر البشرية في المدرسة للبدء في برنامج إشراف الزمالة على أسس تجريبية ، وللتعاون مع المشرفين التربويين المعنيين لفترة محددة للعمل في مدرسة كهذه ، كما يمكن تعيين مستشارين تربويين لمساعدة المعلمين في تطوير

المهارات الضرورية على أن يخفف عبء المعلم من بعض مسئولياته لتطوير مهارات ضرورية لمساعدة بعضهم بعضاً. وإذا نجح برنامج إشراف الزمالة في هذه المدرسة يمكن أن يعمم على مدارس أخرى باستخدام المعلمين الذين طوروا مهارات ضرورية واهتمامات صادقة واستيعاب جيد لنشر فوائد البرنامج.

2 - الزائر البديل :

هو توفير المعلم المشرف المختص الراغب في المشاركة في السلوك التعليمي أو السلوك الإشرافي في الإدارة المركزية، والمعلم البديل يتم تعيينه إما لمسئولية التعليم أو الإشراف، فمثلاً معلم عادي يتمتع بخبرة معينة تمكنه من مساعدة زميل أو يحل محله معلم بديل.

ومن المحتمل أن يتعاون المعلم البديل مباشرة مع المعلمين من منطلق وظيفة الإشراف أو لمساعدتهم في تطوير مهارات الإشراف الضرورية كما يساعد على تيسير اشراك المعلمين في نظام الإشراف التعاوني.

3 - تعليم الفريق :

تعليم الفريق عمل مؤسسي لتسهيل عملية تفاعل المعلمين في تخطيط وتعليم وتقييم ما أنجز.

توفر عملية الفريق للمعلم - المعلم الرؤية والتفاعل والمشاركة لتوفير القوة الدافعة لإشراف تربوي تعاوني.

يمكن للمعلمين المشاركة فيما بينهم في التخطيط ووضع المقترحات والملاحظات ووصف بيئة التعلم وتوفير التغذية الراجعة والمشاركة في عملية تقييم التعاون، وبهذه الطريقة (تعليم الفريق) تتوفر الطاقة الكامنة للتعاون وكل ما يطلب من المعلم هو توفر الرغبة والجهد والكفاءة.

4 - النظام المفتوح :

يقترح أن تستخدم المدارس برنامج النظام المفتوح كطريقة لتعزيز التعاون في عمليتي التعليم والتعلم بتوفير مصادر من الأشخاص المختصين في مواد مختلفة (ودراسات مستقلة)وترك الحرية للطلاب ليدرسوا ما يشاءون باستخدام وسائل متعددة.

يوفر النظام المفتوح للمعلمين الحرية لمراقبة أعمال بعضهم بعضاً وتعاونهم فيما بينهم وتقييم كل منهم للآخر، كما يصف نقاط القوة والضعف عند كل منهم.

كما يمكن في النظام المفتوح استدعاء أشخاص مختصين خبراء في الإشراف التربوي من خارج النظام المدرسي إذ أن البيئة المدرسية مفتوحة على الجميع .

في النظام التربوي التعاوني نجد صعوبة في تحديد المسئولية الفردية وفي توفير حرية دائمة للمعلم لدراسة البيئة التعليمية ونتاجات الطلاب .

هذه طرق الإشراف التربوي التعاوني التي من الممكن تعزيزها ونشرها ، لكنها لا تحدث أوتوماتيكياً بتطوير النظام التربوي المفتوح ، لأن المختصين المهنيين الذين يعملون في النظام التربوي المفتوح بحاجة إلى فرصة لتطوير مهاراتهم وفهم معنى الإشراف التربوي التعاوني ، ونظام السلوك الإداري الداخلي الذي يعزز هذا النوع من العمل .

5 - التعليم المصغر :

يعني التعليم المصغر اختصار عملية التعليم وقتاً وأسلوباً ومحتوى، إذ أنها توفر فرصة للمعلمين والمشرفين لتجريب أفكار التعليم بدون المخاطرة في الوضع التعليمي الحقيقي وإعطاء فرصة للتغذية الراجعة من الزملاء ، والمعلمين ، والمشرفين، كما أنها توفر الفرص للمعلمين ليتعلموا مهارات الإشراف التعاوني من خلال المشاركة في التخطيط والتعليم والوصف وتحليل أوجه التعليم في الإشراف التربوي.

وأخيراً فإن مستقبل الإشراف يعتمد على الإجابة عن الأسئلة المطروحة في الفرضيات السابقة إجابة مناسبة ، وكل من يعمل في حقل الإشراف عليه أن يتمكن من البحث عن المعلومات التي تساعده في تجريب الفرضيات التي تتعلق بالإشراف التربوي .

إن كفاءة الإشراف وظيفة من عوامل متعددة لأن المشرفين يختلفون عن غيرهم بأنهم فريدون في حاجاتهم ومهاراتهم وتوقعاتهم من الآخرين كما أن الأفراد الذين يتعاملون معهم فريدون في نوعهم لأن لهم حاجات مختلفة وتوقعات للمساعدة في حالتي القوة والضعف .

إن مفتاح نجاح الإشراف التربوي هو تحديد وإطلاق طاقات المصادر البشرية المتنوعة باستمرار لتحسين العملية التربوية التعليمية .

References

- Allen, D.W. 1971. "In-Service teacher training": a modest proposal "in improving in- service education ed., L.I. Rubin. Boston" Allyn and Bacon.

- Amidon, E.J., and E. Hunter, 1966."improving teaching: Analyzing verbal interaction in the classroom", New York Holt, Rinehart, and Winston.

- Anderson, J.G. 1968. "Bureaucracy in education". Baltimore, Maryland: Joins Hopkins.

- Argyris, C. 1961. "Organizational Leadership", Bass. New York: Holt, Rinehart and Winston .

- Barnett, H. 1962. "Innovation: the basic of cultural change". New York: Mc Graw- Hill.

- Blau. P.M. 1956. "Bureaucracy in modern Society". New York: Random House.

- Burton, W.H. and L.J. Brueckner. 1966. "Supervision, a Social Process". New York : Appleton- Century Crofts.

- Getzels, J.W., and E.G. Guba, 1954. "Role, role conflict and effectiveness".

- Goldhammer, R.1969. "Clinical Supervision". New York: Holt, Rinehart and Winston.

- Halpin, A.W. 1966. "Theory and research in administration", New York: Macmillan.

- Jennings, H.H. 1959. "Leadership and isolation". New York" Longmans, Green.

- Klibard, H.M. 1971. "Bureaucracy and Curriculum theory". In Freedom, bureaucracy, and schooling. ed. V.F. Haubrick Washington, D.C.: Association for Supervision and Curriculum Development.

- Likert, R. 1961"An emerging theory of ogranization leadership, and management". in leadership and interpersonal behavior, eds L. Petrullo and B.M. Bass. New York: Holt Rinehart and Winston.

- Lionberger, H.F. and C.M. Milton. 1975. "Social Structure and diffusion of farm information" Columbia Missouri: Agricultural Experiment Station, Research Bulletin 631.

- Lovell, J.T. 1967. "A Perspective for viewing instructional Supervisory Behavior, "In Supervision: Perspectives and Propositions, ed. W.H. Lucio. Washington, D.C: Association for Supervision and Curriculum Development.

- Lucio, W.H. and J.D. McNeil. 1969. "Supervision a synthesis of thought and action". New York McGraw - Hill.

- March, J.G. and H. A. Simon. 1961. "Organizations". New York : John Wiley.

- Maslow, A. 1954. Motivation and Personality". New York: Harper and Row.

- Oliva, P.F. 1984 "Supervision for Today's School". Long man, New York and London.

- Rogers, C.R. 1971. "Can school grow persons"?

- Sergiovanni, T.J. and R.J. Starratt. 1971. "Emerging Patterns of supervision". human Perspectives. New York: McGraw-Hill.

- Wiles, K. & John T. Lovell, 1975. "Supervision for Better School". Prentice". Hall, Inc. Englewood Cliffs, New Jersey.